日本労働法学会誌132号

労働法と知的財産法の交錯

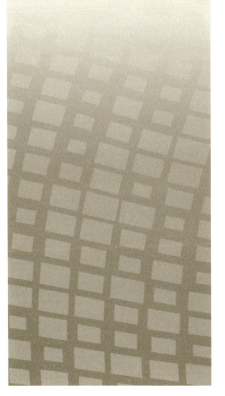

日本労働法学会編
2019
法律文化社

目　次

《大シンポジウム》

労働法と知的財産法の交錯
——労働関係における知的財産の法的規律の研究——

労働法と知的財産法の交錯………………………………野川　　忍　3
　　——シンポジウムの目的とテーマの俯瞰——

営業秘密・不正競争防止法と守秘義務………………河野　尚子　17

営業秘密保護と退職後の競業避止義務………………石田　信平　34

職務発明・職務著作と労働法の規律…………………土田　道夫　52
　　——労働法と知的財産法の交錯問題に関する一考察——

労働法と知的財産法の交錯領域における

　　集団的利益調整………………………………………天野　晋介　73

労働法と知的財産法の交錯に関する問題の検討………茶園　成樹　91

《シンポジウムの記録》

労働法と知的財産法の交錯…………………………………………104
　　——労働関係における知的財産の法的規律の研究——

《ワークショップ》

I　フランスの労働法改革

ワークショップ「フランスの労働法改革」

　　に関する覚書………………………………………矢野　昌浩　139

フランスの労働法改革…………………………………小山　敬晴　140

II 結社の自由について改めて考える——東アジアにおける「結社の自由」の法制・実態を踏まえて

アジアの結社の自由の問題点……………………………… 香川　孝三　149

III 「同一労働同一賃金」の法政策

「同一労働同一賃金」の法政策……………… 村中　孝史・島田　裕子　158

IV 「労働時間法」をどのように構想するか？

「労働時間法の過去と現在，そして未来」の趣旨…… 唐津　　博　166

労働時間法の目的と具体化の手法…………………… 長谷川　聡　167

労働時間法をどのように構想するのか？ ………… 北岡　大介　171

　　——実務家からの視点——

V LGBTと労働法の理論的課題——トランスジェンダーを中心に

ワークショップの討論内容…………………………… 名古　道功　175

企業によるトランスジェンダーの外見・服装の

　　制約………………………………………………… 内藤　　忍　177

　　——服装等の自己決定権や性の多元論の観点からのS社事件の再検討——

LGBTに対する合理的配慮を中心に………………… 濱畑　芳和　181

VI 山梨県民信組事件最高裁判決の意義と射程範囲——労働契約関係における労働者の同意

議論の概要について…………………………… 水口　洋介・石井　妙子　185

労側弁護士からの報告………………………………… 鴨田　哲郎　189

使用者側代理人としてみる本判決の意義と射程……… 木下　潮音　193

《個別報告》

公務員の法的地位に関する日独比較法研究………… 早津　裕貴　199

フランスの企業再構築にかかる法システムの

　　現代的展開………………………………………… 細川　　良　211

目　次

アメリカにおける労働組合の「市民団体的」

プレッシャー活動……………………………………… 藤木　貴史　224
　　──その憲法的保護の歴史的変遷──

《回顧と展望》

働き方改革における労働時間規制………………………… 紺屋　博昭　239
　　──労働時間の上限規制と高度プロフェッショナル制度を中心に──

パートタイム・有期雇用労働法の成立とその意義… 稲谷　信行　248

高年法の継続雇用制度の下で定年前より低い労働条件

　を提示することの適法性……………………………… 植田　　達　256
　　──九州惣菜事件・福岡高判平29・9・7労判1167号49頁──

2018年度学会奨励賞について ………………………… 和田　　肇　265

日本労働法学会第135回大会記事……………………………………… 267

日本労働法学会第136回大会案内……………………………………… 275

日本労働法学会規約…………………………………………………… 277

SUMMARY……………………………………………………………… 281

iii

《大シンポジウム》

労働法と知的財産法の交錯

――労働関係における知的財産の法的規律の研究――

労働法と知的財産法の交錯　　　　　　　　　　　　　　野川　　忍
　　――シンポジウムの目的とテーマの俯瞰――

営業秘密・不正競争防止法と守秘義務　　　　　　　　　河野　尚子

営業秘密保護と退職後の競業避止義務　　　　　　　　　石田　信平

職務発明・職務著作と労働法の規律　　　　　　　　　　土田　道夫
　　――労働法と知的財産法の交錯問題に関する一考察――

労働法と知的財産法の交錯領域における集団的利益調整　天野　晋介

労働法と知的財産法の交錯に関する問題の検討　　　　　茶園　成樹

シンポジウムの記録

《大シンポジウム》

労働法と知的財産法の交錯
—— シンポジウムの目的とテーマの俯瞰 ——

野　川　　忍

(明治大学)

I　は じ め に

　労働法と知的財産法との交錯は，実定法上も，また解釈論上も，すでに多くの領域で見られるところである。労働法の領域では，職務発明や職務著作，職務意匠などの知的財産が従業者（労働者）により形成された場合の，知的財産権の帰属と従業者（労働者）の報酬請求権の規律の問題（職務発明〔特許35条〕職務著作〔著作15条〕，職務意匠〔実用新案11条3項，意匠15条3項〕）がただちに想定されるが，これに加えて，不正競争防止法における営業秘密の保護（不競2条1項7号・2条6項）と守秘義務・競業避止義務の関係なども，重要な論点として挙げられよう。しかし，これまで労働法の立場からは，個々の交錯領域につきそれぞれ固有の検討を行ってきたものの，知的財産法独自の考え方，アプローチを意識した本格的な検討は必ずしも十分とはいえなかった。そこで，今般，これらテーマの理論的・実務的重要性に鑑み，「労働法と知的財産法の交錯」と題して日本労働法学会第135回大会におけるシンポジウムを企画し，学会の議論を喚起することをめざした。

II　知的財産法と労働法の関係 —— 労働法からの検討の意義

　労働法と知的財産法は，営業秘密の保護，競業避止義務，職務発明など様々な領域で多様な関係を織りなしている。しかし，労働法・知的財産法の拠って

日本労働法学会誌132号（2019.5）　　3

大シンポジウム（報告①）

立つ法理念や保護法益は大きく異なるため，両者が関係する領域・テーマについては，知的財産法（以下「知財法」）と労働法の双方の観点から適切な法的規律を行う必要がある。それにもかかわらず，これまでは，労働法学と知的財産法学（以下「知財法学」）とは，それぞれの固有の立場からこれらのテーマを検討することに関心を傾注し，互いの領域を包括した検討は十分であったとは言えない。たとえば労働法の体系書において職務発明が取り上げられる場合も，特許法35条の労働法上の解釈基準をさぐることが主たる関心事であって，知財法学固有のアプローチに目配りをすることや，知財法学においてはそもそも労働法の適用を排除する立場もあることなどに十分な関心が払われることはまれであった。また，企業秘密に関する守秘義務は，労働関係継続中も労働者の退職後も，労働法上の主要な検討課題の一つであるが，不正競争防止法上の営業秘密の保護との関係について立ち入った検討がなされているとは言い難い。さらに，退職後の競業避止義務はそれ自体労働法学の主要テーマの一つとして盛んに議論されているが，不正競争防止法の観点から，営業秘密の保護のためには競業行為自体の差止請求が認められることがあることなどはほとんど意識されていない。このような状況が望ましくないことは言うまでもなく，現状を克服することが課題となる。

　現状克服のためにまず確認したいのは，労働法と知財法が共通の規律対象を有するという事実である。この点，労働法は，労働者保護と労使自治の原則（個別的契約自治・集団的労使自治）を基本としつつ，労働者・使用者間の利益調整を主要な役割の一つとする法領域であり，労働契約という人的関係を規律対象とする。これに対し，知財法は，知的創作物（産業的創作物・文化的創作物）の保護・利用と公正な競争市場の規律・維持を目的とする法領域であり，基本的には，財貨と市場の規律を対象としている。このように，労働法と知財法は法的性格と規律の対象を明確に異にするが，それにもかかわらず両者が交錯する最大の契機は，いうまでもなく，知的創作物や競争市場における情報を扱う主体の多くが労働者（労契2条1項）であるという点にある。たとえば，不正競争防止法における営業秘密の保護要件（2条6項）として，秘密保持義務契約・秘密保持規定（就業規則）の整備が法的管理としてほぼ必須の要件とされ，

契約法上も守秘義務契約が多用されること，労働者の競業行為に対して不正競争防止法の適用を肯定する議論が存在すること，職務発明を行う者（従業者。特許35条1項）の多くが労働者であり，従業者に相当利益請求権が保障されること（同条4項）などは，いずれも両法のこうした関係性に基づいている。また，秘密保持義務及び競業避止義務について，就業規則等の規定の合理性を要件として労働契約上の義務として定立する裁判例（ダイオーズサービシーズ事件・東京地判平14・8・30労判838号32頁）が見られるなど，知財法上の権利義務関係の構造を労働契約に反映させる傾向が現れていることも注目されよう。

　一方，知財法は，知的創作物の保護・利用と公正な競争市場の規律を目的とすることから，当然ながら，労働法との交錯領域においても知財法固有の規律を行っている。たとえば，営業秘密の保護に関して，不正競争防止法が競争市場の規律を目的とする法であることに起因する厳格な要件が定立されていること（2条6項，2条1項7号），不正競争防止法と競業避止義務との関係につき，同法の任務は営業秘密の保護にあるものとされ，競業規制（競業避止義務の設定）には及ばないと解するのが通説的見解であること，職務発明制度において，労働法の規律に対して特許法（35条）の規律が優先すると一致して解されていること，職務著作に関して著作権法固有の規律が行われていること（著作15条1項）は，いずれも知財法固有の規律を意味する。

　このように，労働法と知財法が，規律の対象を共有しつつ，それぞれ異なる法理念に依拠して規律を行っていることは，労働法のアプローチから上記のような具体的課題を検討するにあたっても，不可欠の前提として踏まえておく必要があろう。この点，注目されるのは，最近の知財法学においては，労働法との関係性を意識した議論が二方面において行われていることである。

　第1に，労働関係における知的財産の法的規律（知的財産権の帰属と創作者〔従業者〕の報酬請求権の有無・性格）について，知財法・労働法の観点を踏まえた理論的研究が行われている。この点，労働の成果物と報酬に係る権利義務につき，従来，労働法・労働契約においては，労働者が産み出す成果をすべて使用者に帰属させつつ，その対価として賃金請求権を肯定する原則（これを一般雇用原則と称する）が採用されている。これに対し，職務発明（特許35条）にお

いては，従来は特許を受ける権利を従業者に帰属させつつ，当該権利を使用者に承継させる対価として相当対価請求権を肯定する政策（創作者主義）が採用される一方，職務著作（著作15条1項）では，著作権・著作者人格権を法人に原始帰属させつつ，報酬請求権を認めない政策（一般雇用原則）が採用されてきた。

　ところが，職務発明については，特許法35条の2015年改正により，特許を受ける権利を法人に帰属させることが可能となった結果，創作者主義が大きく後退し，一般雇用原則への接近が見られることになった。こうした変化を踏まえて，知財法学においては，知的財産権の帰属と従業者の報酬請求権の性格について，知財法の原則と労働契約上の権利義務のあり方という双方の観点を踏まえた原理的考察が行われているのである。こうした理論的営為に対しては，労働法学の側からも積極的な応接が求められよう。

　第2に，労働法と知財法とが関係する領域について，知財法固有の規律を強調し，労働法の適用を消極視する傾向が見られることも注目されよう。たとえば，営業秘密と守秘義務の関係については，従来は守秘義務の対象を営業秘密より広範に解し，使用者の秘密・情報をより広範に保護するものと解されてきたのに対し，最近では守秘義務についても営業秘密と同一の要件（秘密管理性・非公知性，有用性。不競2条6項）を設定する裁判例が登場している（関東工業事件・東京地判平24・3・13労経速2144号23頁，エイシン・フーズ事件・東京地判平29・10・25 LEX/DB文献番号25449017）。また，職務発明については，土田報告において紹介されるように，従来認められてきた特許法35条と労働法の重畳適用を否定し，労働法の適用を全否定する見解が見られる。仮にこうした解釈論が定着すると，労働法と知財法の交錯領域について，もっぱら知財法の論理と規律が適用され，労働法が主眼とする労使間の適切な利益調整が困難となる事態が生じうる。したがって，この論点についても，労働法学の側からのアプローチが課題となる（詳細は，河野，石田，土田の各報告者による後掲論考において論じられる）。

　さらに，労働法と知財法とが関係する領域については，従来，集団的利益調整（労使自治）はほとんど議論されてこなかったことも顧みられる必要があろう。もとより，これら交錯領域（特に，守秘義務，競業避止義務，職務発明）を労

使間の権利義務の問題ないし労働条件として構成する限り，労働組合との交渉によって制度設計を行い，または権利義務の内容・要件を明確化することは，労使自治に基づく労使間の利益調整を実現し，紛争を防止する上で有益と解される。事実，職務発明については，2015年改正特許法35条6項に基づく指針において，職務発明制度の設計や相当利益の決定に関する手続（「協議の状況」。35条5項）について労働組合の関与が想定され，その意義が検討されているが，このことは，知財法分野においても，集団的利益調整が重要な機能を営みうることを示すものである。この点を踏まえると，他の交錯領域についても，同様の集団的利益調整を構想することが可能である。

　このように，知財法が対象とする権利義務の諸関係は，労働法のそれと多彩に関連するにもかかわらず，競業避止義務や職務発明など個別の領域において具体的論点ごとの検討はなされてきたものの，両者が共有できる包括的検討の成果は十分とは言えない。少なくとも，これまで述べてきたように，秘密保持義務の意義や職務発明における対価請求権の法的意義など，労働契約の解釈や効果に直接抵触する課題については，労働契約法の諸原則，判例法理により定着している基本的ルールと，知的財産の保護とその機能の促進という知財法の側における原則とそこから生じる諸ルールとの基本的関係（競合するのか両立するのか，優劣の序列がはかれるのか等）につき，双方が共有できる認識を得ることが不可欠であろうと思われる。

Ⅲ　テーマの俯瞰

1　不正競争防止法と守秘義務

　労働者が，在職中は労働契約に基づき，離職後は固有の合意に基づいて負う守秘義務については，従来から多数の裁判例が存在するが，直接これを規律する実定法の枠組みは今なお存在しない。一方，知財法分野では，不正競争防止法が存在するため，同法上の営業秘密の要件・効果と守秘義務の要件・効果との異同が重要な論点となる。

　この点については，不正競争防止法上の営業秘密は，事業活動に使用される

際に，営業秘密保有者が秘密とする意思を有し，その意思が具体的状況に応じた経済合理的な秘密管理措置によって従業員に示され，従業員が当該意思を容易に推認できるという意味での秘密管理性，商業的価値を有するものという意味での有用性，及び一般的には知られておらず，または容易に知ることができないという意味での非公知性（2条6項）を中心に厳格に解釈され，図利加害目的という主観的要件が加重される（2条1項7号）。これに対し契約上の守秘義務は，あくまでも基本的には合意に立脚する契約上の義務であって，「営業秘密」に当たらない情報・秘密にも及び，主観的要件は故意・過失で足りるなど，不競法を補完し，より広い範囲で秘密・情報を保護するものと解されている。特に，「秘密管理性」については，同要件は不正競争防止法が創設した要件であり，守秘義務には及ばないため，秘密管理性を欠く情報も，秘密としての客観的価値を有する限りは守秘義務の対象となるとの解釈が導かれる。また，会社の不正経理情報など有用性を欠く情報や，「保有者より示された」のではない情報も不競法上の営業秘密には該当しないものの，労働契約上の守秘義務の対象とはなりうる。一方で，守秘義務違反の効果としては，不正競争防止法のような強力な制裁（差止請求〔3条1項〕）は予定されず，契約法上の救済（損害賠償請求〔民415条〕）にとどまる。このように，営業秘密と守秘義務の要件・効果が大きく異なるのは，不正競争防止法が知財法として競争市場の公正な秩序の維持・規律を目的とするのに対し，守秘義務は，労使間の利益調整という枠組みの中で，もっぱら使用者の利益の保護を目的とする義務に位置するという点に求められよう。

　ところが，近年には，退職後の守秘義務の対象となる秘密につき，労働者の行動への萎縮効果等を考慮して，企業において明確に秘密管理されていることが最低限必要であると解し，不競法上の三要件の全部もしくは一部を要件と解する裁判例が複数登場している[1]。これによれば，守秘義務の範囲は，上述した労働法・知財法の法理念や保護法益の違いを超えてほぼ同一と解されることに

1）　関東工業事件・東京地判平24・3・13労経速2144号23頁，レガシィ事件・東京地判平27・3・27労経速2246号3頁，エイシン・フーズ事件・東京地判平29・10・25 LEX/DB文献番号25449017。

なりうる。こうした解釈の当否については，冒頭で述べた両法の関係性と労働法の規律の必要性・重要性について検討する必要がある。

ところで，こうした労働契約上の守秘義務と不正競争防止法の異動・関係性については，ドイツ法上も盛んに議論が行われている[2]。ドイツの不正競争防止法では，事業主の利益のみならず競争市場の秩序維持も考慮するのに対し，守秘義務はもっぱら使用者の利益の保護を図る法規範として位置づけられており，そこには，日本法における不競法上の営業秘密の保護と秘密保持義務との関係に関する考察につき，有益な示唆が含まれている。これらの課題は，後掲の河野尚子会員「営業秘密・不正競争防止法と守秘義務」により，ドイツ法との比較法的考察も交えて検討される。

2　不正競争防止法と競業避止義務

競業避止義務は，在職中（労働契約継続中）の義務と退職後（労働契約終了後）の義務に分かれる。退職後の競業避止義務については，職業選択の自由（憲法22条1項）を考慮して，契約上の明確な根拠を求めるとともに，①労働者の地位，②前使用者の正当な利益の有無，③競業制限（対象職種・期間・地域）の相当性，④代償の有無を総合して義務の有効性が判断されている[3]。

不正競争防止法と競業避止義務の関係については，同法が営業秘密の保護のみならず，競業の規制にも及ぶか否かが最も主要な論点となる。この点については，要件論・効果論の両面で積極説が生じている。まず，根拠・要件論としては，裁判例上，競業避止義務が不競法上の営業秘密の保護を目的としているか否かによって根拠・要件を二分する判断が示されている[4]。この見解（根拠・要件二分論）は，競業避止義務が不正競争防止法上の営業秘密の保護を目的としている場合は契約上の根拠を不要と解するとともに，伝統的要件論に従って総合判断を採用しつつ，それ以外の場合は契約上の明示の根拠を求めるととも

2）　河野尚子「在職中の守秘義務をめぐる法的課題—ドイツ法との比較法的研究」同志社法学384号（2016年）261頁。

3）　土田道夫『労働契約法〔第2版〕』（有斐閣，2016年）（以下，土田・労契法）710頁以下。

4）　東京リーガルマインド事件・東京地決平7・10・16労判690号75頁。

に，義務内容の最小限度の限定と代償を要件とする厳格な解釈を採用する。また，効果論としては，競業行為の差止請求について，営業秘密の不正使用・開示を伴う競業に対して不正競争防止法の差止請求規定（3条1項）の直接適用を認める学説が登場している[5]。

一方，これに対しては，不正競争防止法はあくまで営業秘密の不正使用・開示を対象とする立法であり，競業行為自体を対象とするものではないとして批判し，根拠・要件を一元的に解するとともに，差止請求規定の適用を否定する見解が見られる[6]。これによれば，不正競争防止法は，確かに不正の競業を含む図利加害目的で行う不正競争に対する規律を定めているが，これは規制対象行為を目的面から限定したものであり，競業それ自体を規制しているわけではなく，したがって，競業避止義務の根拠・要件・効果は，不正競争防止法とは別に，労働契約法の問題として扱うべきものとされる。

ところで，労働者の競業行為に対する不正競争防止法上の差止請求規定の適用の当否については，アメリカ法及びドイツ法においても盛んに議論されている[7]。そこでは，英国における営業制限法理を引き継いで，競業避止義務につき，競争的な市場経済の円滑な運営を不合理に妨げる制限でなければ，当該義務の合意は強制力を有するとして，競争法重視の観点からの合理性基準を活用するアメリカに対し，営業する権利を契約によって放棄することはもとより自由であるのが原則であるとしつつ，代償としての補償金の支払いを重視するドイツは対照的な制度を有している。そこで，後掲の石田信平会員による「営業秘密保護と退職後の競業避止義務」では，アメリカ法との比較法的考察も交えつつ，このテーマについて検討され，契約的アプローチの手法を提示したうえで，協業規制については，合理性基準と代償措置を重視した基準との活用による新たな対応が提唱される。

---

5) 石田信平「営業秘密保護と退職後の競業規制（3・完）」同志社法学319号（2007年）250頁。

6) 土田・労契法719頁，土田道夫「競業避止義務と守秘義務の関係について」中嶋士元也先生還暦記念論集『労働関係法の現代的展開』（信山社，2004年）209頁。

7) 石田信平「営業秘密保護と退職後の競業規制（1）～（3・完）」同志社法学317-319号（2016年・2017年）参照。

3 職務発明・職務著作

(1) 職務発明　職務発明については，労働契約上の権利義務との関係および特許法・労働法の適用関係のあり方が主要な論点となる。

まず，職務発明制度と労働契約上の権利義務を比較すると，前記のとおり，労働法・労働契約においては一般雇用原則が採用されるのに対し，職務発明においては，特許を受ける権利の従業者帰属及びそれを前提とする相当対価請求権の制度（創作者主義）が採用されてきた。しかし，2015年特許法35条改正により，職務発明制度は，契約・勤務規則その他の定めによって特許を受ける権利の法人帰属を可能としつつ，それを前提とする相当利益請求権（相当の金銭その他の経済上の利益〔35条4項〕）に大きく変化した。すなわち一般雇用原則への著しい接近であり，「選択的使用者原始帰属」ともいえる内容への変貌である。この経緯からは，いくつかの重要な課題を指摘することができる。第1に，職務発明制度の法的性格につき，労働法上の概念との異同を確認し，それを改めて再構成する必要がある。まず，特許法上の「使用者等」，「従業者等」は，労働法上の使用者，労働者とは一致しない。前者は企業のほか国・地方公共団体，大学等研究機関をも含むし，後者には役員，国家公務員，地方公務員等も含まれる。そして，職務発明に対する相当の利益も，労働契約において定められた場合でも，賃金とは異質といわざるを得ない。したがって，何よりも，権利の帰属と従業者の相当の利益請求権に関する理論的研究を深化させる必要がある。前記のとおり，この点については，後に土田報告において紹介されるように，知財法学において精緻な研究成果が展開されつつある。これに対しては労働法学の側からも，特許を受ける権利の帰属及び従業者（労働者）の報酬請求権に関する理論的検討を深める必要がある。

また，2015年改正以降は，多くの企業は，契約・勤務規則その他の定めによって特許を受ける権利の法人帰属を実現している。この点，2015年改正前の「相当の対価」は，従業者帰属主義（創作者主義）を前提に，特許を受ける権利の承継の対価と把握されたため，賃金から峻別されうるものであった[8]。しかし，2015年改正により一般雇用原則への大幅な接近が見られた結果，職務の成果（特許を受ける権利）が使用者に帰属する一方，その対価として従業者の相当利

益請求権が保障されることから，職務の成果（職務発明）・相当利益請求権と労働契約上の労働義務・賃金請求権との関係が理論的に重要な課題となる。特に，賃金と「相当の利益」の関係については，使用者が「相当の利益」を賃金・賞与に含めて支給することが許されるか否かが実務上も問題となる。

　次に，2015年改正特許法35条が一般雇用原則に近づいたこと自体の当否も重要な検討課題である。知財法学においては積極的評価が多数であり[9]，労働法学上も，職務発明への投資と事業化能力を有するのは使用者であるから，法人帰属主義には合理的理由があるとして評価する見解が見られるが[10]，従業者の権利を不当に軽視する拙速な立法として批判する見解も十分想定しうる。この点も理論的な検討課題となろう。

　加えて，職務発明に対する特許法・労働法の適用関係のあり方については，職務発明と相当の利益を「労働条件」と解し，特許法35条とともに労働法の適用を肯定すべきか否かが問題となる。学説・裁判例では肯定説がある[11]一方，職務発明と相当利益は使用者・労働者間の関係ではなく使用者・発明者間の関係で生ずるものであり，産業政策上の考慮に基づく制度であることを理由に否定する見解もある[12]。

8）　土田道夫「職務発明とプロセス審査─労働法の観点から」田村善之＝山本敬三編『職務発明』（有斐閣，2005年）150頁参照。裁判例として，野村證券事件・知財高判平27・7・30 LEX/DB 文献番号25446764。

9）　横山久芳「職務上作成される創作物の権利の帰属について─『創作者主義』と『一般雇用原則』の二つの視点からの検討」日本工業所有権学会年報39号（2016年）187頁以下（190頁），吉田広志「職務発明規定の平成27年改正について」日本工業所有権学会年報39号（2016年）258頁。

10）　土田・労契法145頁，土田道夫「職務発明制度（特許法35条）の改正─『従業者帰属主義・相当の対価』から『法人帰属主義・相当の利益』へ」産政研フォーラム108号（2015年）28頁。

11）　土田・前掲注8）論文146頁。同旨，松岡政博「職務発明と労働法─実務の立場から」ジュリ1302号（2005年）115頁。裁判例として，日立製作所事件・東京高判平16・12・12判時1848号25頁。

12）　木村陽一「新たな職務発明制度」L&T 24号（2004年）17頁，深津拓寛＝松田誠司＝杉村光嗣＝谷口はるな『実務解説職務発明─平成27年特許法改正対応』（商事法務，2016年）212頁。

肯定説によれば，特許法35条とともに労働法が重畳的に適用されるため，特許法の規律と労働法の規律との整合的な位置づけが必要となるが，その場合は，労働条件に相当の利益に関する規律も含まれることとなり，当該規律の定立にあたって従来の相当の対価を下回る額が定められるとすれば，労働契約法10条が適用され，特許法35条の法意はその合理性判断の重要な要素とされる。これに対し，否定説によれば，職務発明制度に対する労働法の適用は否定され，たとえば，2015年改正を受けて使用者が職務発明規程を改訂した場合（特許を受ける権利の法人帰属への改訂，相当利益の付与が2015年改正前の基準に基づく相当対価の額を下回る結果をもたらす改訂）も，就業規則による労働条件の不利益変更の規律（労契10条）は否定されることになる[13]。こうした理論状況を踏まえて，職務発明に対する特許法・労働法の適用関係のあり方に関する理論的考察を深める必要がある。

(2)　職務著作　　著作権法15条は，一定の要件の下で，法人その他使用者（法人等）の業務に従事する者が職務上作成する著作物について，法人等が著作者となることを認め，法人等に著作権・著作者人格権を認めている。職務発明制度（特許35条）においては，特許を受ける権利が使用者に帰属する一方，その報酬として従業者の相当利益請求権が保障されるのに対し，職務著作では，法人等への直接的な帰属が認められ，また，職務発明における相当利益請求権に相当する権利も規定されていない，すなわち一般雇用原則の貫徹と言える状況にあるが，こうした法的規律のありかたをいかに位置づけるかが問題となる。この点についても，知財法学においては新たな検討がなされており，職務発明と異なり，職務著作物が類型的に属人性の乏しい創作物であることを理由に，権利帰属・利益請求権ともに否定する政策（著作15条1項）を支持する見解がある一方で[14]，従業者の報酬についてこれを賃金とは異なる特別な給付であるとする「特別給付主義」を支持する学説は，職務著作については，職務発明と異なり，著作物が頻繁に成立する予測可能な成果物であり，著作物の利用許諾の対価は通常，労働報酬（賃金）でカバーされるとして報酬請求権を認めない立

---

13)　深津＝松田＝杉村＝谷口・前掲12)書212頁。

14)　横山・前掲注9)論文195頁以下。

大シンポジウム（報告①）

法政策を支持している。[15]

　また，上記の法的規律の下では，いかなる著作が「職務著作」に該当するか，特に，いかなる者が法人等の「業務に従事する者」（業務従事者）に該当するかが問題となる。職務著作の場合，職務発明のような従業者への手厚い権利保障が存在しないため，そもそも「職務著作」や「業務に従事する者」が何を意味するのかが重要な論点となるのである。この「業務に従事する者」要件についても，知財法学において新たな研究が行われており，労働法の観点からも検討を深める必要がある。

　後掲の土田道夫会員による「職務発明・職務著作と労働法の規律」では，以上の課題意識を踏まえて，労働法と知財法に関する学際的研究へのアプローチが試みられる。

4　労働法と知財法の交錯領域における集団的利益調整

　前記のとおり，労働法と知財法の交錯テーマにおいても，労働組合の関与（集団的利益調整）は重要な意義を有するものと解される。この点，職務発明については，2015年改正特許法35条6項に基づく指針は，「相当の利益」を決定するための基準（35条5項）が労働協約で規定された場合につき，労働協約は通常，労使対等な立場で締結されるため，使用者・従業者間の格差が相当程度是正された状況において話合いが行われることから，協議の状況としては不合理性を否定する方向に働くものとする。また，「相当の利益」の決定に関する集団的協議（35条5項）についても，使用者において多数従業者が加入する労働組合が存在し，当該組合が従業者の利益を代表して使用者との間で誠実かつ公正な交渉を行った場合は，使用者・従業者間で十分な利益調整が行われ，当事者間の交渉力格差が払拭されることから，組合員たる従業者はもとより，非組合員である従業者との関係でも協議の状況について不合理性が否定される方向に働くものとしている。

　このように，特許法35条は，労働組合の関与（集団的利益調整）を重視してい

---

15)　潮海久雄「労働関係における知的財産権の帰属，報酬，人格的側面についての横断的考察」日本工業所有権学会年報39号（2016年）161頁。

るが，こうした集団的利益調整は，労働法と知財法をめぐる他の交錯テーマ（守秘義務・競業避止義務）においても機能しうる可能性がないかは検討の余地がある。この点，守秘義務・競業避止義務をめぐる紛争を見ると，守秘義務の対象となる秘密・情報が十分に特定されないために紛争となった事例や，競業避止に関する漠然不明確条項（たとえば，「在職中・退職後を問わず，会社と競業関係にある一切の事業を営んではならない」）が締結されたために紛争となった事例が少なくない。これらの場合，労働組合が労働者の利益を代表して使用者と交渉し，秘密保持契約や競業避止契約の内容の形成（Vertragsgestaltung）に関与すれば，守秘義務・競業避止義務の内容を適切に特定し，労使間の利益調整を促進するとともに，無用な紛争を防止することが可能となる。すなわち，労働組合の関与（集団的利益調整）は，労使間の個別契約や法令の内容を適切に具体化し，またはそれを改善する機能を営みうるといえる。

そこで，後掲天野晋介会員による「労働法と知的財産法の交錯領域における集団的利益調整」では，こうした見地から，比較法的検討も交えつつ，労働法と知財法の交錯テーマにおける集団的利益調整の意義と可能性について検討される。

5　知財法からの評価

今回のシンポジウムでは，知財法と労働法との交錯領域につき，労働法の観点からのアプローチによって検討が行われたが，最後に，これらの検討について知財法の研究者の立場からはどのような印象を受け，また評価がなされうるのかについて，大阪大学の茶園成樹教授から，後掲「労働法と知的財産法の交錯に関する問題の検討（知的財産法研究者によるコメント）」によって忌憚のない指摘がなされる。

---

16)　守秘義務につき，ダイオーズサービシーズ事件・東京地判平14・8・30労判838号32頁，競業避止義務につき，岩城硝子ほか事件・大阪地判平10・8・27知的裁集30巻4号1000頁など多数。

大シンポジウム（報告①）

6 総 括

　知財法学と労働法学との機能的かつ効果的な協働の模索は，これまで述べたような法制度上の改革とそれにともなう新たなメカニズムの拡大や，それぞれの分野での精力的な検討とその成果により，新しい段階に入っていると言える。今回のシンポジウムが，今後の知財法学と労働法学との実りあるコラボレーションに向けた生産的な貢献を果たすことができれば幸いである。

（のがわ　しのぶ）

営業秘密・不正競争防止法と守秘義務

河 野 尚 子

（世界人権問題研究センター）

Ⅰ　は じ め に

　守秘義務をめぐっては，不正競争防止法（以下，「不競法」という）から生じるものと，契約に基づくものが存在している。知的財産法分野においては，実定法の枠組みとして，不競法が存在しており，営業秘密の不正使用・開示行為に対する規制がある。一方で，契約に基づいて負う守秘義務（秘密保持義務）は，実定法の枠組みは存在しないが，使用者の営業上の秘密やノウハウをその承諾なく使用・開示してはならないものとして解されている[1]。これら2つをめぐっては，要件・効果の異同が重要な論点となる[2]。

　まず，契約の守秘義務をめぐって，保護に値する秘密か否かをどのように判断すべきか問題となっている。契約上の守秘義務は，不競法の適用を受けないため，「営業秘密」に当たらない情報・秘密にも及ぶ。しかし，近年，契約上の守秘義務の保護対象について，労働者の行動への萎縮効果等を踏まえ，秘密の保護対象を明確化するという観点から，不競法上の営業秘密の要件を用いる裁判例が複数登場している[3]。そこで，労働法・知的財産法の法理念や保護法益の違いを超えてほぼ同一と解されることの妥当性について検討する必要がある。

　また，両者の関係は，秘密の使用・開示を禁止するという点では共通してい

1）　土田道夫『労働契約法〔第2版〕』（有斐閣，2016年）118頁，707頁。
2）　不競法上の営業秘密の保護については，茶園成樹「営業秘密の民事上の保護」日本工業所有権学会年報28号（2004年）37頁参照。
3）　関東工業事件・東京地判平24・3・13労経速2144号23頁，レガシィ事件・東京地判平27・3・27労経速2246号3頁，エイシン・フーズ事件・東京地判平29・10・25 LEX/DB文献番号25449017。

大シンポジウム（報告②）

るが，営業秘密保護の観点から，競業他社での就労といった労働者の職業活動
の制約をも対象とするか否かが問題となりうる。特に，退職後の秘密保持特約
の有効性の場面における代償措置の有無や，不競法に違反した際の差止請求の
場面における競業行為の禁止の有無をめぐって議論がある。

　そこで，本報告では，営業秘密の保護の観点から知的財産法と労働法の関係
性を明らかにし，労働法の規律の必要性・重要性という理論的課題について考
察する。

Ⅱ　不正競争防止法と契約上の守秘義務

1　要件・効果をめぐる異同

　（1）根　拠　不競法において，営業秘密の使用，開示を禁止しているのが，
2条1項7号である。この規定は，労働者が在職中・退職後を問わず信義則上
の守秘義務を認める趣旨の規制であると解されており[4]，この類型の不正行為は，
信義則違反類型と位置づけられている[5]。

　これに対し，在職中の労働契約上の守秘義務は，信義則（労契法3条4項）に
基づく誠実義務として生じ，就業規則等に明文の根拠がない場合にも生じる。
一方，退職後は，労働契約上の義務は契約終了に伴い消滅するという見解[6]と，
信義則上，契約終了後も守秘義務が認められるとする見解[7]がある。不競法が不
法行為法の特別法に位置づけられ，その救済の前提として信義則上の義務を認
知する趣旨であることを踏まえると，信義則上の守秘義務が退職後も存在する
ことを認めていないものと解される[8]。したがって，退職後の守秘義務について

4）　土田・前掲注1）書119頁。

5）　通産省知的財産政策室「営業秘密—逐条解説改正不正競争防止法」（有斐閣，1990年）88
　　頁以下。

6）　ダイオーズサービシーズ事件・東京地判平14・8・30労判838号32頁，関東工業事件・前
　　掲注3），レガシィ事件・前掲注3），小畑史子「営業秘密の保護と雇用関係—改正不正競争
　　防止法の意義と特徴」日本労働研究雑誌（1991年）38頁，土田道夫「労働市場の流動化をめ
　　ぐる法律問題（上）」ジュリ1040号（1994年）56頁等。

7）　田村善之『競争法の思考形式』（有斐閣，2003年）65頁，石橋洋「企業の財産的情報の保
　　護と労働契約」日本労働法学会誌105号（2005年）26頁。

は，秘密管理規程等の契約上の明確な根拠が必要となる。

(2) 要件・効果 次に，不競法上の営業秘密の保護と契約上の守秘義務は，使用者の秘密を保護するという点では共通しているが，要件および効果には相違する点がある。

不競法の要件は，①対象となる秘密が「営業秘密」であること（2条6項），②保有者から「示された」秘密の開示であること[9]，③使用・開示につき，図利加害目的があることである（2条1項7号）。これに対して，契約上の守秘義務は，これらの要件がない。すなわち，対象となる秘密は，不競法2条6項が定める「営業秘密」に当たらない情報・秘密にも及ぶ。また，労働者が自ら開発したノウハウや顧客情報を使用・開示することや，自己の利益でなく使用者の利益を図る目的で使用・開示することも義務違反となりうる[10]。さらに，主観的要件は故意・過失で足りるなど，不競法を補完し，より広い範囲で秘密・情報を保護している[11]。その代わり，守秘義務違反の効果としては，不競法のような強力な制裁は予定されず，契約法上の救済にとどまる。こうした相違がみられるが，近年では，営業秘密の保護対象をめぐって，不競法と契約上の守秘義務との関係性が曖昧となっており，問題となる。

2 営業秘密の保護対象

(1) 不競法上の保護対象 不正競争の要件として，対象となる秘密が「営業秘密」であること（不競法2条6項）が必要とされる。すなわち，「営業秘密」とは，秘密管理されており（秘密管理性），有用性があり（有用性），非公知である（非公知性）情報をいう（同法2条6項）。これに加え，明文の規定は存在しないが，秘密として保護されることに正当な利益があることが要請される[12]。この

8） 小畑・前掲注6）論文38頁，土田・前掲1）書708頁，荒木尚志『労働法〔第3版〕』（有斐閣，2016年）280頁。

9） 近年では業務再委託先での情報漏えいにつき不競法違反の有無が争われる事案（ベネッセ顧客情報漏えい事件・東京高判平29・3・21労判1180号123頁）もみられ，重層的業務委託関係における営業秘密保有者の範囲をめぐる問題は今後の検討課題である。

10） 土田・前掲注6）論文56頁。

11） 土田・前掲注1）書118頁以下。

ように一定の制限が加えられているのは，企業が秘密として管理しようとする対象（情報の範囲）が従業員等に対して明確化されることによって，従業員等の予見可能性，ひいては，経済活動の安定性を図るためである。[13]

　具体的に，秘密管理性は，単に営業秘密の保有者が秘密とすることについての意思をもつだけでは不十分であり，その秘密管理意思が，具体的状況に応じた経済合理的な秘密管理措置によって，従業員に示され，従業員が当該意思を容易に推認できることが求められる。[14]「営業秘密管理指針」によると，㋐情報にアクセスできる者が制限されていること，㋑情報にアクセスした者に当該情報が営業秘密であることが認識できるようにされていることの2点が掲げられており，㋐は，㋑を担保する一つの手段として位置づけられている。すなわち，認識可能性があれば，十分なアクセス制限がないことのみを根拠に秘密管理性が否定されない。[15]その他，有用性は，事業活動に使用される際に，商業的価値を有するもの，非公知性は，一般的には知られておらず，または容易に知ることができないこととされている。

　(2)　契約上の守秘義務の保護対象　　契約上の守秘義務は，不競法上の「営業秘密」に当たらない情報・秘密にも及ぶ。ここで，守秘義務の保護対象は如何なるものかという問題が生じる。

　　(a)　秘密としての客観的価値の有無　　まず，不競法上の「営業秘密」に該当しないような秘密についても，契約上の解釈として，秘密としての客観的価値を有する限りで，保護の対象とする見解がある。[16]

　例えば，メリルリンチ・インベストメント・マネージャーズ事件は，[17]見込み顧客リストや営業日報，社内の人事情報に関するやり取りの記載された書類等

---

12)　産業構造審議会財産的情報部会「財産的情報に関する不正競争行為についての救済制度のあり方について」の報告書参照。

13)　経済産業省「営業秘密管理指針」平成15年1月30日（全部改訂：平成27年1月28日）3頁。

14)　経済産業省「営業秘密管理指針」・前掲13) 5頁。

15)　経済産業省知的財産政策室編『逐条解説・不正競争防止法』（商事法務，2016年）41頁。

16)　土田・前掲注1)書124頁，荒木・前掲注8)書280頁。

17)　東京地判平15・9・17労判858号57頁。

について，特別な秘密指定や管理がされたことを認めるに足りる証拠はなくても，本件各書類が機密性を有するか否かは，基本的にはその内容から客観的に判断されるべき事柄であるとする。そして，これらの書類が外部に開示されることが予定されているとはいえないとして，企業機密性を肯定した。

　また，ダイオーズサービシーズ事件[18]は，秘密保持の誓約書に基づいて，保護すべき「秘密」を解釈している。本件は，誓約書において，「就業期間中は勿論のこと，事情があって貴社を退職した後にも，貴社の業務に関わる重要な機密事項，特に『顧客の名簿及び取引内容に関わる事項』並びに『製品の製造過程，価格等に関わる事項』については一切他に漏らさないこと」とする旨の取決めがなされた事案である。これによると，誓約書で示される「秘密」は，「重要な機密」事項であり，特に『顧客の名簿及び取引内容に関わる事項』並びに『製品の製造過程，価格等に関わる事項』という例示をしており，これに類する程度の重要性を要求しているものと容易に解釈できるとしている。

　その他，日産センチュリー事件[19]も，不競法上の営業秘密に該当しないような営業日誌の写しについて，社外に持ち出すことは予定していない情報であり，就業規則で「漏洩」等を禁じている「取引先の機密」および「職務上知り得た秘密」に該当すると判断している。

　これらの裁判例では，使用者にとって重要な情報で，外部に開示することが予定されていないという点が重視されており，不競法上の営業秘密にとどまらず，解釈によって秘密としての客観的価値が肯定されている。

　（b）不競法上の要件　　一方，近年においては，労働者の行動への萎縮効果等を踏まえ，秘密の保護対象を明確化するという観点から，不競法上の営業秘密の定義と同様の要件を掲げる裁判例が複数登場している[20]。

　まず，必ずしも不競法上の「営業秘密」と同義に解する必要はないとしつつも，秘密管理性および非公知性の2つの要素を掲げた事例として，関東工業事件[21]がある。本件は，就業規則上の退職後の守秘義務に関する「規制により，労

18）　前掲注6）。

19）　東京地判平19・3・9労判938号14頁。

20）　関東工業事件・前掲注3），レガシィ事件・前掲注3），エイシン・フーズ事件・前掲注3）。

大シンポジウム（報告②）

働者の行動を萎縮させるなどその正当な行為まで不当に制約することのないように するには，その秘密情報の内容が客観的に明確にされている必要がある」 とした。そして，「企業において明確な形で秘密として管理されていることが 最低限必要というべきであるし，また，『秘密』の本来的な語義からしても， 未だ公然と知られていない情報であることは不可欠な要素であると考えられ る」とした上，廃プラスチックの仕入先に関する情報の秘密管理性を否定して いる。

　また，レガシィ事件[22]は，在職中の守秘義務の対象について，「不正競争防止 法上の営業秘密よりも広い範囲のものとなり得るが，同時に，その守秘義務の 範囲が無限定のものとなり，過度に労働者の権利ないし利益を制限したり，情 報の取扱いについて萎縮させることのないように，その範囲を限定されると解 される」とした上で，不競法で掲げられる３つの要件（非公知性・有用性・秘密 管理性）を用いて判断した。本件は，労働者が残業代請求訴訟を提起するため に退職前に取得した，従業員の担当顧客に係る情報（顧客の名称・一部の顧客に 関する報酬の時間単価）およびその顧客からの受任業務を処理するのに費やした 作業時間等が記載された文書を守秘義務の保護対象として認めた事案である。 なお，契約上の守秘義務による保護対象が，不競法上の営業秘密と比べてどの ような点で広いのかについて明確にされているわけではない。

　さらに，エイシン・フーズ事件[23]は，労働者の退職後の行動の過度な制約に配 慮し，秘密保持条項の有効性の前提として，不競法の３要件を掲げている。具 体的には，「本件秘密保持条項において開示又は漏えいが禁止されている情報 は，「業務上知り得た機密事項」であり，〔１〕経営上，営業上，技術上の情報 一切，〔２〕取引先に関する情報の一切，〔３〕取引条件など取引に関する情報 の一切，〔４〕機密事項として指定する情報の一切，がその内容であると規定 されている。本件秘密保持条項の対象が「機密事項」であり，また，包括的な 規定である〔４〕において使用者が機密事項として「指定する」ことが前提と

---

21)　前掲注３）。

22)　前掲注３）。

23)　前掲注３）。

されていることに照ら」し，当該機密事項について，非公知性，有用性，秘密管理性を要し，これを前提とする限りで本件秘密保持条項を有効とする。その上で，得意先・粗利管理表，規格書，工程表，原価計算書をめぐって，従業員が秘密と明確に認識しうる形で管理されていた否か，すなわち，秘密管理性を審査した上，機密情報該当性を否定している。なお，このような立場については，秘密保持条項の解釈基準として3要件を掲げ，事案に即した判断を行ったと評価する見方もありうる。しかし，本稿では，保護対象に関する規範設定として不競法の要件が用いられたと考える。

　これらの裁判例では，契約上の守秘義務の保護対象について，労働者の行動への萎縮効果等を考慮して，企業において明確に秘密管理されていることが最低限必要であるとし，不競法上の「営業秘密」と同義ではないとしつつも，ほぼ同一のものと解される傾向にある。保護対象の規範設定として，不競法の3要件が用いられるとすると，労働法と知的財産法の法理念や保護法益の違いを超えてほぼ同一と解されることの妥当性については，検討する必要がある。

　(3)　ドイツ法の議論　　この点，契約上の守秘義務と不競法（Gesetz gegen den unlauteren Wettbewerb）の異同・関係性については，ドイツ法上も盛んに議論されている。契約上の守秘義務は，労使間の利益調整という枠組みの中で，もっぱら使用者の利益の保護を主な目的としている。これに対し，不競法は，不法行為法の特別法として位置づけられており，その目的は，「競争者，消費者，並びに，その他の市場参加者を，不正競争から保護することに資するものである。本法は，同時に，健全な競争における一般の利益を保護するものである」（法1条）。つまり，競争市場における営業・企業秘密に関して，使用者の利益だけでなく，競争市場の秩序という側面から，第三者となる退職後の従業員や共同経営者との利害対立が生じるという点が考慮される[24]。営業秘密の保護の観点から両者の関係性を分析することは，わが国の議論にも示唆を与えるものと考える。

　(a)　不競法上の営業秘密の保護　　在職中の労働者は，不競法17条1項に

---

24)　*Köhler/Bornkamm*, Gesetz gegen den unlauteren Wettbewerb, 13 Aufl. 2013, UWG Vor §§17-19 Rdnr. 6.

大シンポジウム（報告②）

基づき，営業秘密（Geschäftsgeheimnis）または企業秘密（Betriebsgeheimnis）を雇用関係の継続期間中に無権限で（unbefugt），競争の目的をもって，自己もしくは第三者の利益のために，または事業主に損害を与える意図をもって，他人に漏洩する行為が禁止されている。また，労働関係終了後も，従前の使用者の下で就労期間中に獲得した企業上の秘密を無権限に取得，確保，利用，開示することが禁止されている（17条２項）[25]。

これまで，不競法上の「営業秘密」に関する定義規定はなかったが，裁判例により定義が示されてきた。具体的には，①事業（Geschäftsbetrieb）に関係し，②限定的な人的範囲が認められ，周知されていないこと（非公知性・Fehlende Offenkundigkeit），③事業主の明示ないし黙示の意思（konkludent erklärten Willen）によって，④正当な経済的利益（berechtigt wirtschaftliches Interesse）に基づき秘密を保持されるべきである場合に認められるものと解されてきた[26]。このうち，②（非公知性）の要件については，契約上ないし法律上の守秘義務を課された者にのみ知られている場合であれば，要件は充足する[27]。また，③の要件については，秘密保持の意思が明確であり，少なくとも，その意思が認識可能であることが必要であるが，かかる意思は，秘密の性質（顧客リスト等）によって判断されうる[28]。これらの要件は，競争市場の秩序を考慮した上で，一定の範囲に限定されるものと解される。

これに対し，近年，営業秘密の保護に関するEU指令（2016/943）により，「営業秘密」（trade secret）の定義が示され，ドイツ法においても，法的安定性および透明性の観点から，定義の明文化が要請されるに至った[29]。そこで，2019年３月21日，EU指令を踏まえた，不競法上の「営業秘密」の定義に関する法

---

25) 詳細は，石田信平「退職後の競業避止特約（四・完）」同志社法学60巻５号（2008年）407頁以下を参照。

26) *Köhler/Bornkamm*, a. a. O. (Fn. 24), §17 Rdnr. 4; BGH, Urt. v. 7. 11. 2002, GRUR 2003, 356. 同旨の裁判例として，連邦最高裁判所2006年４月27日判決（BGH, Urt. v. 27. 4. 2006, GRUR 2006, 1044; BGH, Urt. 26. 2. 2009, GRUR 2009, 603.）。

27) BGH, Urt. v. 7. 11. 2002, a. a. O. (Fn. 26).

28) BGH, Urt. 10. 5. 1995, NJW 1995, 2301.

29) *Kalbfus*, Die EU-Geschäftsgeheimnis-Richtlinie-Welcher Umsetzungs-bedarf besteht in Deutschland?, GRUR 2016, 2011f.

案が連邦議会によって可決された。これによると，営業秘密とは，以下の情報を意味する，ａ）一体として又はその構成要素の正確な配列および組立てとして，当該情報に類する情報を通常に扱う集団に属する者に一般的に知られておらず又は容易に知ることができないという意味において秘密であること，かつ，それゆえ，経済的価値があること，ｂ）当該情報を合法的に管理する者によって，状況に応じた合理的な秘密保持措置がとられていること，である[30]。特に，秘密保持措置の要件はこれまでのドイツ法の裁判例の立場では掲げられておらず，このような要件が含まれるとすると，今後企業の中で営業秘密の保護の範囲を具体化するといった具体的な保護措置が必要となることが指摘されている[31]。

　（ｂ）契約上の守秘義務　　契約上の守秘（秘密保持）義務（Verschwiegenheitspflicht/Geheimhaltungspflicht）は，労働者が知り得た営業秘密・企業秘密について保持する義務を意味する。不競法17条と比べると，図利加害目的等の要件に限定しておらず，広範な禁止を含んでいる[32]。

　ドイツ法でも，秘密の保護対象の内容をめぐって，不競法17条に基づく営業秘密に即して判断すべきか否かをめぐって議論がある。裁判例は，不競法17条の要件に即して判断する傾向にある[33]。実際に，医療機器の製造方法について，①事業と関係する事項であり，②限定された者にしか知られていないこと，③

---

30) Geschäftsgeheimnis eine Information, die a) weder insgesamt noch in der genauen Anordnung und Zusammensetzung ihrer Bestandteile den Personen in den Kreisen, die üblicherweise mit dieser Art von Informationen umgehen, allgemein bekannt oder ohne weiteres zugänglich ist und daher von wirtschaftlichem Wert ist und b) Gegenstand von den Umständen nach angemessenen Geheimhaltungsmaßnahmen durch ihren rechtmäßigen Inhaber ist.

31) *Thomas/Reiner*, Die EU-Richtlinie für den Schutz von Geschäftsgeheimnissen und ihre Umsetzung-unter besonderer Berücksichtigung der Produzentenhaftung, WRP 2018, 151. 具体例として，ISO27001（情報セキュリティマネジメントシステム）に基づくITセキュリティの措置を講じているようなケースがある。

32) *Richardi/Wlotzke*, Münchener Handbuch zum Arbeitsrecht, Bd. 1, 3. Aufl., 2009, §48 Rdnr. 38.

33) BAG, Urt. v. 16.3.1982, NJW 1983, 135. その他，同旨のものとして，連邦労働裁判所1987年12月15日判決（BAG, Urt. v. 15.12.1987, AP Nr zu §79 Betr VG 1972, NZA 1988, 502f.)。

大シンポジウム（報告②）

秘密保持につき使用者の意思が存在したこと，④一般的な製造者および販売業者にとって，非常に経済的な意味をもつものであり，使用者が正当な経済的利益を有していたとして，機密性を肯定した裁判例がある[34]。もっとも，なぜ契約上の守秘義務の場合も不競法17条と同様の保護対象と解されるのかについて，理由は明らかにされていない。不競法は，競争市場の秩序を目的として，使用者以外の職業活動の自由との関係をも考慮して，一定の要件を課したものと解される。したがって，契約上の守秘義務の保護対象についても同様の考え方を前提としているものと解されよう。なお，前述のとおり，不競法上の営業秘密の定義について，秘密保持措置の要件を付加する流れを踏まえれば，今後，契約上の守秘義務の判断にも影響を及ぼしうる。

　一方，学説では，契約上の守秘義務の保護対象は不競法17条と比べると広範であると解する傾向にある。その一つとして，信義則上発生する労働者の義務として，使用者の利益を保護するものと位置づけられ，その保護対象は，不競法で掲げる要件を超えると指摘するものがある[35]。もっとも，使用者の利益としてどのような秘密が保護されうるのかについて，明確な基準が唱えられているものは少ない。これに関して，アクセス不可能な秘密であれば，営業秘密および企業秘密として，基本的に保護されるものとする見解がみられる[36]。しかし，この立場は，不競法上の要件に近似する可能性がある。すなわち，不競法の議論でも紹介したように，②非公知性の要件に関しては，契約上守秘義務を課された者にのみ知られている場合であれば，かかる要件は充足するものとされている。また，③事業主の明示ないし黙示の意思の要件については，秘密保持の意思が明確であり，少なくとも，その意思が認識可能であることが必要であるが，このような意思は，秘密の性質によってもたらされる場合があると解され，その結果，黙示の意思の要件は比較的緩やかに評価されうる。この点を踏まえると，アクセス不可能な秘密を保護の対象とする学説の見解に依拠する場合も

---

34)　BAG, Urt. v. 16.3.1982, a. a. O. (Fn. 33).

35)　*Richardi/Wlotzke*, a. a. O. (Fn. 32), §48 Rdnr. 33.

36)　*Preis*, Der Arbeitsvertrag Handbuch der Vertragsgestaltung, 4. Aufl., 2011, IIV 20 Rdnr. 18.

同様に，現在の不競法の要件を充足する可能性がある。したがって，学説が不競法の保護対象よりも広範な利益を保護すると言いつつも，どのような点において広範なものであるかは，明らかではない。

（4）小　括　　以上，ドイツ法の議論も参考に検討を加えると，不競法は，使用者の利益だけでなく，競争市場の秩序（使用者以外の企業の利益を含む）も考慮するのが特徴であり，こうした点を踏まえて，保護対象を一定の範囲に限定しているものと解される。一方，契約上の守秘義務については，不競法上の営業秘密に即して判断すべきかどうか見解の相違がみられる。ドイツ法においても，裁判例は不競法の要件に即して判断する傾向にあり，競争市場の秩序という側面から，使用者以外の職業活動の自由との調整を図る視点が前提にあるものと考えられる。ドイツ法は我が国と同様，在職中と退職後を区別していないが，特に退職後はより一層，労働者の職業活動の自由に加え，競争市場の秩序に係る利益を重視すべき要請が高まるものとも考えられ，そうした観点から鑑みると，不競法上の要件を必要とする立場も傾聴に値する。

これに対し，先ほど紹介した関東工業事件，レガシィ事件，エイシンフーズ事件は，競争市場の秩序に係る利益というよりもむしろ，労働者の行動への萎縮効果を重視して，不競法上の要件を掲げる傾向にあった。

この点，前述のドイツ法の学説においても指摘されていたように，契約上の守秘義務の方が不競法と比べるとより広い保護対象となりうる。契約上の守秘義務は，労使の利益調整として，主に使用者の利益の保護を図る規範として位置づけることができ，不競法のように競争市場の秩序に係る利益をも考慮するものではない。両関係において，保護法益が異なるのであれば，労働者の行動への萎縮効果を理由に，不競法上の営業秘密とほぼ同一に捉える必要はない。つまり，契約上の守秘義務の保護対象については，不競法が掲げる秘密管理性や有用性が必須の要件となるわけではない。また，不競法の非公知性の要件は，秘密を外部に開示することが予定されていないという点で契約上の守秘義務と類似するが，不競法の場合には競争市場の視点が判断に影響しうる点でやや異

37）　BAG, Urt. v. 16.3.1982, a. a. O.（Fn. 33）; BAG, Urt. v. 15.12.1987, a. a. O.（Fn. 33）.

大シンポジウム（報告②）

なる。それゆえ，保護対象は，不競法上の要件にとらわれることなく，契約の解釈によって秘密としての客観的価値を判断すべきである[38]。

3　労働者の職業活動の制約

(1)　退職後の秘密保持（守秘義務）特約——代償措置の有無　　退職後の秘密保持特約は，在職中と同様，不競法上の営業秘密該当性や図利加害目的の要件がないことから，広く解される。ただし，退職労働者は職業選択の自由（憲法22条1項）を保障されており，その制限が過剰となる場合には，公序（民法90条）違反と評価される[39]。具体的には，対象とする営業秘密等の特定性や範囲，秘密として保護する価値の有無および程度，退職者の従前の地位等の事情が総合考慮される[40]。例えば，対象とされている秘密の範囲が無限定で特定できない場合や，競業他社も容易に入手可能なものである場合，守秘義務は否定される傾向にある。一方で，重要な機密事項の内容を熟知し，その利用方法・重要性を十分認識している者として，秘密保持を義務付けられてもやむを得ない地位にある者については，守秘義務の合理性が肯定される[41]。

守秘義務は，営業秘密その他の秘密・情報の漏洩のみを規制する義務であるため，競業避止義務のように義務期間の限定や代償を要件と解する必要はない[42]。これに対し，不競法や不法行為の枠組みを超えた特約については，代償を要件とする見解がある[43]。

この点，守秘義務については，労働者の就労自体を制限しないという前提のもと，使用者の利益をもっぱら重視しており，一方で，競業避止義務は，労働者の競業行為自体を制限することを踏まえた労使の利益の調整がなされるもの

---

38)　なお，保護対象が不明確で，労働者の利益を過剰に制限する可能性が指摘されている点を考慮すると，立法論として，契約上の守秘義務内容（保護対象や違反の効果等）の明確化を図ることで，労働者の予見可能性を高める手法も考えられ，今後の検討課題となる。

39)　土田・前掲注1）書709頁。

40)　マツイ事件・大阪地判平25・9・27ジャーナル21号10頁。

41)　ダイオーズサービシーズ事件・前掲注6）。

42)　土田・前掲注1）書709頁。

43)　石田信平「営業秘密保護と退職後の競業規制（三・完）——アメリカにおける不可避的開示論の形成と展開を踏まえて」同志社法学58巻7号（2007年）239頁以下参照。

と考える。

この点に関しては，ドイツ法においても，守秘義務は，労働者の職業活動を妨げないものとして位置づけられている。退職後の競業他社での就労を制約するような広範な秘密保持特約は，競業避止義務を意味し，商法典（HGB）74条以下の要件を満たさず無効となりうる。[44] 実際に，裁判例においても，退職後の競業避止特約が存在しない事案において，守秘義務に基づき，在職中に労働者が知り得た顧客に対し，退職後勧誘する行為を補償金なしに禁止することは，競業避止義務の規制に反するため，その禁止を含めることはできず，競業行為の差止請求等を認めなかった。[45]

こうした見解を踏まえて，例えば，顧客データの利用を禁止する旨の条項（Kundenschutzklausel）は，労働者が顧客情報を記憶にとどめ，経験から獲得した知識として用いる場合は，労働者の職業活動の制限を意味する。[46] すなわち，労働者の職業活動を制限しうる場合は，補償金の支払いや禁止期間の要件を満たした有効な（商法典74条[47]や商法典74a条1項の要件を満たす[48]）退職後の競業避止特約を締結する必要がある。ただし，労働関係継続中に獲得した顧客データを私的に記録して保管し，かつ，退職後にそれを用いるような場合は，退職後の競業避止特約がなくても，不競法17条2項に該当しうる。[49]

このような議論を踏まえると，守秘義務において制限される行為は，営業秘密の利用や開示といった範囲に限定され，就労自体を制限するといった視点は

---

44) *Richardi/Wlotzke*, a. a. O. (Fn. 32), §48 Rdnr. 43ff; BAG, Urt. v. 19.5.1998, AP Nr. 11 zu §611 BGB Treuepflicht, NZA 1999, 200.

45) BAG, Urt. v. 15.6.1993, AP Nr. 40 zu §611 BGB Konkurrenzklausel.

46) *Preis*, a. a. O. (Fn. 36), IIV 20 Rdnr. 60ff.

47) 競業避止義務の取決めをなす場合，雇用主が，禁止期間の1年につき，商業使用人が最後に受け取った契約上の給付の少なくとも2分の1に達する補償を支払う場合にのみ，禁止の取決めは拘束力を有するとしている。

48) 競業避止義務は，雇用主の正当な事業上の利益の保護に結びつかない限りで，義務付けられない。さらに，時間，場所，あるいは，対象を考慮し，支払われた補償金を考慮し，それが商業使用人の生計を不当に侵害する限り，競業避止義務は義務付けられない。禁止期間は，雇用関係終了後2年間を超えてはならないとしている。

49) BGH, Urt. v. 27.4.2006, NJW 2006, 3424.

大シンポジウム（報告②）

ないものと考えられる。したがって，退職後の秘密保持特約に関しては，競業避止義務と異なり，代償を要件としないものと解する。

(2) 違反の効果——営業秘密の保護と差止請求　契約上の守秘義務に違反した場合，使用者は懲戒，解雇[50]，損害賠償請求（債務不履行ないし不法行為）[51]等が可能である。また，履行請求（差止請求）は，学説上，情報・秘密が就業規則等で特定されるよう，根拠が明確な場合に限って可能であると解されている[52]。特に，退職後の差止請求に関しては，守秘義務を担保する形で有効な競業避止特約が締結されていない限り，労働者の職業活動を制約すべきではないものと考えられる。

次に，不競法2条1項7号の不正競争に該当した場合，違反の効果として，差止め（3条1項），損害賠償（4条），侵害行為を組成した物の廃棄，侵害行為に供した設備の除却（3条2項），信用回復措置（14条），刑事罰（営業秘密侵害罪・21条）等があげられる。このうち，差止めをめぐっては，営業秘密の不正な使用や開示だけでなく，営業行為自体を対象としうるか否かという問題がある[53]。

まず，営業行為自体を制限することは，不競法上の営業秘密の保護として過大であるとする立場がある[54]。これに対し，例えば，顧客目録に記載されている者に対し勧誘をする行為を，営業秘密を使用する行為として位置づけ，顧客の勧誘に限定して営業行為の差止めを肯定するケースがある[55]。さらに，例外的なケースとして，営業秘密の対象となる顧客情報の使用だけでなく，その顧客との契約締結を禁止するといった，営業行為自体の差止請求を認めた，男性用か

---

50) 三朝電機製作所事件・東京地判昭4・7・16判タ226号127頁，宮坂産業事件・大阪地判平24・11・2労経速2170号3頁等。

51) 在職中の事案として，美濃窯業事件・名古屋地判昭61・9・29判時1224号66頁，退職後の事案として，ダイオーズサービシーズ事件・前掲注6），アイメックス事件・東京地判平17・9・27労判909号56頁。

52) 土田・前掲注1）書125頁，菅野和夫『労働法〔第11版補正版〕』（弘文堂，2017年）152頁。

53) 田村善之「営業秘密の不正利用行為の規律に関する課題と展望」知的財産法政策学研究Vol. 47（2015年）55頁。

54) ペットサロン顧客名簿事件・東京地判平16・9・30裁判所HP。

55) 放射線測定器具販売等顧客情報事件・東京地判平12・10・31判時1768号107頁。

つら事件[56]がある。本件では，元従業員が元使用者の営業秘密である顧客名簿を使用して顧客に勧誘を行ったことが推認され，この顧客に対し，男性用かつらの請負もしくは売買契約の締結，締結方の勧誘又は理髪等同契約に付随する営業行為をすることは，顧客名簿を使用しての顧客に対する勧誘によってもたらされる必然的な結果を利用する行為であるとして，営業秘密の使用に当たると判断された。もっとも，本件の場合，男性かつらの販売業の性質上，宣伝広告に依存する営業であるにもかかわらず，元従業員は宣伝広告を行っておらず，元使用者の顧客に対する勧誘に依存していた。そのため，顧客名簿記載の約400名の顧客と取引を制限することは，顧客名簿を使えないということ以上の不利益を意味しないといった評価がなされている[57]。このように，営業秘密の使用のみを禁止したとしても，使用や開示の状況により，差止めの目的が達成されない場合には，過度に競争を制限しない範囲で，営業活動をも禁止の対象となりうる。

　そこで，こうした差止めが，競業行為の禁止を対象とするかどうか問題となる。実際に，裁判例の中には，競業避止義務が不競法上の営業秘密の保護を目的としているか否かによって，根拠・要件を二分する立場（根拠・要件二分論）[58]もあり，さらに学説では，営業秘密の不正使用・開示を伴う競業に対し，不競法の差止請求（３条１項）の直接適用を支持する見解もある[59]。

　この点，不競法は，営業秘密の不正使用・開示を規制対象とする立法であり，競業行為自体を対象とはしていない[60]。また，競業行為自体の差止めは，過度に競争を制限するだけでなく，労働者の職業活動に対して大きな影響を及ぼす。それゆえ，基本的には，競業行為自体の差止めは認めるべきではなく，先に紹介した裁判例のように，極めて例外的なケースとして，営業活動の差止請求が認められるものと考えられる。

---

56)　大阪地判平８・４・16判時1588号139頁。その他，大阪地判平25・４・11判時2210号94頁も同旨。
57)　田村・前掲注53)論文56頁。
58)　東京リーガルマインド事件・東京地決平７・10・16労判690号75頁。
59)　石田・前掲注43)論文250頁参照。
60)　土田・前掲注１)書719頁。

大シンポジウム（報告②）

Ⅲ　結　語

　不競法上の営業秘密の保護と契約上の守秘義務との関係は，使用者の秘密を保護するという点で共通するが，要件や効果において相違がある。特に，契約上の守秘義務は，労使の利益調整として，使用者の利益の保護を図る規範であり，競争市場の秩序にかかる利益を保護する不競法とは異なる視点で捉えられる。こうした視点は，ドイツ法でも共通していたが，契約上の守秘義務の保護対象について，不競法上の営業秘密と同一に解する裁判例と，不競法の要件と比べると広い範囲で保護すると解する学説の対立がみられた。

　確かに，労働者の行動への萎縮効果を考慮すれば，保護対象の規範設定として具体的な要件を掲げることは一定の意義を有する。特に，使用者が外部に開示することを予定していない秘密を保護するという意味において，非公知性といった不競法の要件を満たすと解する余地もある。しかし，不競法の3要件（有用性，非公知性，秘密管理性）は，競争市場の秩序に係る利益を考慮して判断されるのであり，労使の利益調整のあり方とは異なる。保護法益をめぐって，視点が異なることを踏まえると，契約上の守秘義務をめぐっては，秘密としての客観的価値があれば，保護の対象として認められるべきであり，あえて不競法上の要件とほぼ同一に捉える必要はない。つまり，秘密管理措置を講じていないような不競法上の要件に満たない秘密であったとしても，労使間の契約上の解釈として，秘密としての客観的価値が判断されるものと解すべきである。

　また，契約上の守秘義務は，もっぱら使用者の利益の保護を図るために，秘密の使用・開示を禁止するものであるため，営業秘密保護の観点から，競業他社での就労といった労働者の職業活動の制約は対象とはしない。それゆえ，退職後の秘密保持特約は，就労自体を制限するといった視点はないものと考えられ，競業避止義務のように義務期間の限定や代償を要件としない。一方で，不競法は，競争市場の秩序という観点から，営業秘密の不正な使用や開示を禁止しており，過度に競争を制限すべきではないため，基本的には競業行為自体の差止めは認めていないものと解される。したがって，契約上の守秘義務と不競

法上の営業秘密は、保護の視点は異なるが、労働者の競業活動は制約しないものと考えられる。

（こうの　なおこ）

営業秘密保護と退職後の競業避止義務

石　田　信　平

(専修大学)

I　問題の所在

　退職後の競業避止義務が，契約規範として法的に強制される際に考慮されてきた中心的判断要素は，①当該義務が契約によって明確に根拠付けられていること，②当該義務が使用者の正当な利益を保護するものであること，③使用者の正当な利益保護に必要な合理的範囲に当該義務の範囲が限定されていること，④十分な代償措置がなされていること，であり，②の中核をなすのが，営業秘密保護，であるといえよう。裁判例では，営業秘密保護が，保護されるべき正当な利益の中核に据えられてきたのであって，労働者の秘密保持義務を担保するための競業避止義務に合理性が認められてきた。

　もっとも裁判例では，正当な利益保護の中核をなす営業秘密保護が不正競争防止法（以下，不競法という）の営業秘密や同法の不正競争に限定されていないうえに，営業秘密を保護するための秘密保持義務に合理性が認められる場合には競業避止義務の効力も同時に肯定される傾向がみられる[1]。競業制限を通じた要保護性が，秘密保持義務による保護だけでは不十分であるかが問題とされることなく肯定され，また不競法の営業秘密に該当しない領域で認められることにより，職業選択の自由や自由競争に対する過度な制約がもたらされる恐れがある，といえよう。使用者から示された営業秘密ではなく，労働者自身が開発

1）　たとえば，トーレラザールコミュニケーションズ事件・東京地決平16・9・22労判882号19頁，ヤマダ電機事件・東京地判平19・4・24労判942号39頁，ダイオーズサービシーズ事件・東京地判平14・8・30労判838号32頁，トータルサービス事件・東京地判平20・11・18労判980号56頁，パワフルヴォイス事件・東京地判平22・10・27判時2105号136頁など。

したものについて，競業制限による要保護性が認められる場合も，同様の懸念が生じる。営業秘密保護の観点から正当化される競業制限の範囲について，不法行為規範と契約規範に区分しつつ，自由競争秩序や職業選択の自由保障の観点から立ち入った考察を行う必要がある。以下では，こうした問題意識に基づいて，不競法や民法709条による競業規制と契約による競業規制とに区分して，それらと営業秘密保護との関係について検討を加えることとしたい。

II　不競法・不法行為による退職後の競業規制

1　不競法の営業秘密保護——不競法2条7号の「示された」をめぐる解釈

　不競法は，秘密として管理され（秘密管理性），事業活動に有用な技術又は営業上の秘密であって（有用性），公然と知られていない（非公知性）ものを営業秘密と定義したうえで（同法2条6項），これに対する法的保護を定めているが，不競法による営業秘密保護は，その内容面に基づいて，情報の内容そのものに排他的な権利を付与するというものではない。不競法の営業秘密保護は，労働者やその他の第三者による不正な競争「行為」を規制して秘密が漏洩しないように保護を与えるという，「行為規制」（相対的権利）である。

　そのため，たとえば，労働者が自身で開拓した顧客や自身が開発した営業秘密を利用したとしても，「営業秘密を保有する事業者からその営業秘密を示された」（不競法2条1項7号）という不正競争行為の要件を満たさないために，当該営業秘密の利用については，不競法による保護は及ばないと解することができる[2]。もっとも，不競法2条1項7号の「営業秘密を保有する事業者からその営業秘密を示された」場合の解釈については，秘密管理の主体はあくまで事業主であり，秘密管理措置を示すのも事業主であることが想定されているため，当該営業秘密や顧客情報が労働者による開発や開拓であったとしても，「その営業秘密を示された」ということができるという見方が提起されている（A説）[3]。あるいは，広い意味での事業主の指示に基づいて営業秘密や顧客の開

---

2)　田村善之『不正競争防止法概説〔第2版〕』（有斐閣，2003年）342頁。

発・開拓がなされた場合には「その営業秘密を示された」ものとして扱うべきであるという見解も主張されている（B説）。しかし，A説に関しては，労働者自身の開発による営業秘密の秘密管理措置については使用者から示されたということはできるものの，労働者が開発した情報そのものが使用者から示されたとみるのは困難であろう。また，B説についても，「その営業秘密を示された」という文言について，使用者の指示などを読み込むことは文言上無理がある。

　不競法2条1項7号の「営業秘密を保有する事業者からその営業秘密を示された」という文言をめぐる解釈は，退職労働者の公正競争と不正競争の境界を決定し，営業秘密保護と職業選択の自由を調整する重要な論点であるが，いうまでもなく，その緩やかな解釈は，営業秘密保護に資する一方，退職労働者による職業活動の著しい制約に直結する。不競法の営業秘密保護の趣旨が，知的財産創出のインセンティブ規制にあるとすれば，労働者自身が営業秘密の開発に主たる役割を果たした場合には，不競法の保護が及ばないと解されるべきであろう。顧客情報が当該企業の従業員として当該企業の名で開拓された場合，あるいは勤続期間が短く労働者による貢献が少ないとみられる場合は「事業者からその営業秘密を示された」と評価できるものの，労働者の貢献が大きいと認められる場合や労働者自身の信頼に基づいて収集された顧客情報については，「事業主からその営業秘密を示された」ということはできない，というべきである。

2　不競法による差止救済—— the inevitable disclosure doctrine

　労働者あるいはその他の第三者による営業秘密の不正取得・使用・開示（不正競争行為）を規制する不競法は，具体的な規制手法として，営業秘密侵害行為に対する刑事罰（同法21条），営業上の利益の侵害に対する差止救済（同法3条）や故意・過失に基づく侵害行為に対する損害賠償救済（同法4条）などを

3）　山根崇邦「不正競争防止法2条1項4号・7号の規律における時間軸と行為者の認識の構造」特許研究57号（2014年）43頁。

4）　大寄麻代「営業秘密をめぐる差止請求権の帰属主体について」牧野利秋ほか編『知的財産法の理論と実務　第3巻』（新日本法規出版，2007年）346頁。

規定しているが，こうした救済方法の法解釈的論点として，とくに問題となるのは，差止救済に競業活動自体の差止めが含まれるか，である。不正競争行為による侵害に対して認められる差止救済は，基本的には，当該不正競争行為を対象としている，ということができる。しかし，営業秘密の不正使用・開示（不正競争行為）と競業活動が不可分密接の関係にある場合に限って例外的に，差止救済の対象が，当該競業活動自体に及ぶか否かが問題となるのである。

　たとえば，裁判例では，司法試験予備校（X）の専任講師で同校における指導の中心的役割を担ってきた者ら（Yら）が，同校を退職して，司法試験受験指導を目的とする新たな予備校を設立したために，これに対してXが，データベースによって管理されていた受験指導用の教材及び試験問題作成のノウハウなどの保護を目的として，Yらの競業行為の差止めを求めた事案において，不競法上の競業避止義務を肯定したものがある[5]。また，男性用かつらの販売業者を退職した元労働者が顧客名簿をコピーして競業に利用した事案につき，不競法に基づく営業の差止めを認めた例もある[6]。

　営業秘密保護の観点から，競業活動自体の差止めを肯定する上記裁判例の背景にある見方は，営業秘密の不正使用・開示と競業活動とを切り離すことが困難な場合があり，労働者が営業秘密を記憶している場合はとくに，競業活動自体が不可避的に営業秘密の不正使用・開示を伴う場合があるというもの，あるいは，営業秘密の不正使用・開示の立証には困難が伴うというもの[7]であろう。また，顧客名簿の場合は，それがいったん不正に利用された場合，労働者側からの勧誘のみならず，顧客からのアクセスも含めて差し止められなければ顧客名簿が保護されないという事情がある。

　営業秘密保護の観点から，退職後の競業差止を導くこうした視点は，比較法

5）　東京リーガルマインド事件・東京地決平7・10・16労判690号75頁。もっとも，結論としては，競業避止義務を免除する特約が成立していたとされて，また営業上の利益が現に侵害され，又は侵害される具体的な恐れがあるとはいえないとされて，競業の差止請求は棄却された。
6）　男性用かつら顧客名簿事件・大阪地判平8・4・16知的裁集28巻2号300頁。
7）　ただし，技術上の秘密については，営業秘密使用の推定規定が設けられている（不競法5条の2）。

大シンポジウム（報告③）

的には必ずしも一般的ではないが，アメリカでは，*PepsiCo* 事件連邦第 7 巡回区控訴裁判所判決[8]において，転職元の販売戦略等に通じた労働者は転職先においてそうした販売戦略に不可避的に依拠するのであって，競業活動に伴って営業秘密が不可避的に開示されるとされ，わが国の不競法と類似する営業秘密法に基づいて，被告労働者が転職先の販売システム計画に従事することを禁止する競業差止が肯定された[9]ことを契機として，競業活動に対する差止救済が肯定される例が一般化してきている（不可避的開示の法理，the inevitable disclosure doctrine[10]）。不可避的開示の法理については，転職前と転職後の仕事の類似性だけではなく，営業秘密が不正に取得されるなどの背信的行動がすでになされていることが要求されることが多いが，多くの州において，類似した考え方に基づいて競業活動の差止めが肯定されてきているのである。

　もちろん，アメリカの不可避的開示の法理を援用して，競業活動の差止救済を認めるわが国の上記裁判例を正当化することには慎重な考慮が必要である。不可避的開示の法理は，不正競争行為以外の行為を規制する側面があり，換言すると，使用者の営業秘密に該当しない労働者の技術や知識の利用を規制する側面があり，労働者の職業活動に対する大きな制約をもたらす考え方であるからである。使用者は，競業避止条項を就業規則に規定し，あるいは労働者との間で個別の特約を締結することにより，労働者に退職後の競業避止義務を課すことができるという点も考慮に入れる必要がある。ただ，競業自体を差し止めるとはいっても，営業秘密に関わる業務に就くこと，あるいは顧客名簿に記載されている者との取引だけを禁止するという形の限定的な差止めである。またそもそも，営業秘密は，それを保護するための契約が存在していなくても，保護されるべき財産である。これが適切に保護されなければ，使用者の情報生産のインセンティブが損なわれることになろう。労働者による営業秘密や顧客情

---

8 ）　*PepsiCo, Inc. v. Redmond,* 54 F. 3d 1262 (7th Cir. 1995).

9 ）　統一営業秘密法 2 条(a)「現実の，あるいは行われる恐れのある不正利用行為は，差し止めることができる」を模範としたイリノイ州の営業秘密法に基づく差止救済である。

10）　不可避的使用・開示の法理については，石田信平「労働契約終了後の競業避止義務に関する研究」（同志社大学博士論文，2011年）参照。

報の不正取得や使用がすでに行われている場合であって，営業秘密の不正開示
や使用の立証が困難であるにもかかわらず，当該営業秘密が不可避的に使用開
示される蓋然性が相当程度高いというような例外的な場合には，不競法に基づ
く競業差止が認められるべきである。

3　不法行為による競業規制

　不正競争行為を規制する不競法は，不法行為の特別法であり，本来的には，
不法行為法としての競業規制は，その特別法である不競法の規制に集約されて
いるはずである，という見方もできる[11]。しかし裁判例は，不競法に違反しない
場合であっても，「社会通念上自由競争の範囲を逸脱した違法な態様」の競業
については，不法行為責任（民法709条）が生じるとしており[12]，不競法を補完す
るものとして民法709条を位置付けている。

　問題は，退職後のどのような競業が，自由競争の範囲を逸脱した違法な態様
と判断されているか，である。この点につき，サクセスほか（三佳テック）事
件最高裁判決[13]は，X社に勤めていたYらが退職後に競業会社を設立したため，
これに対してXが不法行為に基づく損害賠償を請求した事案において，①Y
らが「取引先の営業担当であったことに基づく人的関係等を利用することを超
えて，X社の営業秘密に係る情報を利用したり，X社の信用をおとしめたりす
るなどの不当な方法で営業活動を行ったことは認められない」こと，②「X社
と本件取引先との自由な取引が本件競業行為によって阻害されたという事情は
うかがわれず，Yらにおいて，Yらの退職直後にX社の営業が弱体化した状況
を殊更に利用したともいい難い」こと，などを指摘して，Yらによる競業行
為は社会通念上自由競争の範囲を逸脱した違法なものということはできないと
している。

　以上のうち，「営業秘密に係る情報を利用……するなどの不当な方法」が，
不競法の不正競争行為を指しているのか，という点は必ずしも明らかではない

---

11)　潮見佳男『不法行為法Ⅰ』（信山社，2009年）102頁以下。

12)　フリーラン事件・東京地判平6・11・25判時1524号62頁。

13)　最一小判平22・3・25労判1005号5頁。

大シンポジウム（報告③）

が，近時の裁判例には，不競法の営業秘密に該当しない秘密や不競法の不正競争に該当しない営業秘密の利用については，不法行為の成立を同時に否定するものもある。[14]

　もとより，前掲サクセスほか（三佳テック）事件最高裁判決は，取引先との自由な取引を阻害する行為やX社の弱体化を殊更利用する行為（上記②）についても不法行為が成立する可能性を肯定しており，不法行為の対象となる行為を不競法の不正競争に限定しているわけではない。下級審裁判例も，「社会通念上自由競争の範囲を逸脱した違法な態様で雇傭者の顧客等を奪取したとみられるような場合，あるいは，雇傭者に損害を加える目的で一斉に退職し会社の組織的活動等が機能しえなくなるようにした場合等も，不法行為を構成することがあると解すべきである」と説示してきた。[15]しかし，退職後の顧客奪取や一斉退職について不法行為の成立を認めた裁判例は，退職後の競業活動そのものというよりはむしろ，退職直前であって在職中の誠実義務に違反する競業活動を問題視したものが多く，退職後の競業活動そのものの違法性については，虚偽の言説が用いられるなどといった背信性が著しい活動に限定しているということができる。[16]裁判例では，上記のように営業秘密の不正利用に関する不法行為の成立が不競法の不正競争行為に限定されるとするもの[17]がみられるうえに，不競法違反に該当しない退職後の顧客奪取や引き抜き行為については，在職中の誠実義務違反行為がある場合や背信性の著しい競業活動に限って不法行為の成立が認められているということができるのであって，不競法の不正競争に該当しない退職後の競業については，不法行為の成立する場面が限定されているとみることができるのである。

---

14)　アールエスイー事件・大阪地判平19・5・24判時1999号129頁。

15)　フリーラン事件・前掲注12)。

16)　たとえば，ことぶき事件・東京高判平20・11・11労判1000号10頁，ニュートラルマネジメント事件・東京地判平27・2・6判例集未登載，リアルゲート事件・東京地判平19・4・27労判940号25頁，キャンシステム事件・東京地判平20・12・10判時2035号70頁など。

17)　アールエスイー事件・前掲注14)。

Ⅲ　特約によって保護されるべき正当な利益と代償要件
——競争法と保護法の視点

1　合理性基準の形成——フォセコ・ジャパン・リミティッド事件

　以上では，不競法と民法709条の不法行為による退職後の競業規制を概観したが，ここでさらに問題となるのは，不競法に違反せず不法行為にも該当しない公正競争を労使の個別特約や就業規則で規制することができるか，という点である。特約による競業規制のリーディングケースに位置付けられているフォセコ・ジャパン・リミティッド事件奈良地裁判決は[18]，①退職後の競業避止特約が「経済的弱者である被用者から生計の道を奪い，その生存をおびやかす虞れがあると同時に被用者の職業選択の自由を制限し，又は競争制限による不当な独占の発生する虞れを伴うからその特約の締結に就き合理的な事情の存在することの立証がないときは一応営業の自由に対する干渉とみなされ」，②「当該使用者のみが有する特殊な知識は……いわゆる営業上の秘密として……保護されるべき法益というべく……当該使用者の営業の秘密を知り得る立場にある者……に秘密保持義務を負わせ，又秘密保持義務を実質的に担保するために退職後における一定期間，競業避止義務を負わせることは適法・有効と解するのを相当とする」と説示し，③競業の制限が合理的範囲を超える場合は，「その制限は，公序良俗に反し無効となることは言うまでもないが，この合理的範囲を画定するにあたっては，制限の期間，場所的範囲，制限の対象となる職種の範囲，代償の有無等について，X社の利益（企業秘密の保護），Yの不利益（転職，再就職の不自由），及び社会的利害（独占集中の虞れ，それに伴う一般消費者の利害）の三つの視点に立って慎重に検討していくことを要するところ……本件契約の競業制限は合理的な範囲を超えているとは言い難」い，としていた。

18）　奈良地判昭45・10・23下民集21巻9＝10号1369頁。

大シンポジウム（報告③）

2　アメリカ法における合理性基準──競争法としての合理性基準

　上記フォセコ・ジャパン・リミティッド事件判決の合理性基準は，アメリカの合理性基準を明らかに意識したものであるということができよう[19]。アメリカの合理性基準は，特約が競争を制限し，あるいは契約当事者の職業の遂行を制限する場合であって，当該約束が不合理に営業を制限する場合には公序（public policy）に基づいて強制力がないとするものであり，「不合理に営業を制限する」とは，競争的な市場経済の円滑な運営を不合理に妨げることを意味し[20]，具体的には，正当な保護利益，制限範囲の合理性，契約当事者に対する不利益性，公共の利益，という観点から，特約が合理的である場合にのみその効力を肯定するというものであって，上記フォセコ・ジャパン・リミティッド事件判決と概ね一致するからである。

　こうしたアメリカの合理性基準は，事業譲渡の際に締結される競業避止特約の効力をめぐって形成されてきた考え方であり，「営業の自由」（競争の自由）と「契約の自由」との間の対立関係を問題とする形で構築されてきたものであった（営業制限法理，restraint of trade）[21]。当事者の締結した契約に営業の自由や競争の自由を制限する側面がある場合，当該契約の効力を無制限に認めると，①契約当事者の労務から生じる公衆に対する利益，②契約当事者の競争によってもたらされる公共の利益，③契約当事者の生計の手段，という三つの利益が奪われる危険性があるために，契約自由に対する内在的限界を画することが必要とされたのである。

　このような営業制限法理は，営業の自由や競争の自由という「公序」（競争秩序）と「契約自由」の対立関係を調整するところに中心的な理念があり，労働者保護法理とは，もとより一線を画する考え方であって，契約の自由を過度に制約するものではなく，制限の範囲が全般的なものであってはならないとい

---

19)　Restatement (Second) of Contracts §188 (1981); Restatement of the Law, Employment Law §8.07 (2015).

20)　Restatement (Second) of Contracts §186, Comment a (1981).

21)　日本の特約規制も，営業譲渡に際してなされる競業避止特約の規制（旧商法22条）から出発したということができる。静岡練乳事件・大判昭7・10・29民集11巻1947頁。

うような緩やかな法理であった。期間や地域が限定されていれば特約の効力が認められてきたのである。しかし，言うなれば，まさにそのために，労働契約終了後の競業避止特約に対してこうした合理性基準を適用する場合については，その適用に一定の修正を加えることが要請された。アメリカの多くの州では，当初，事業譲渡に付随した競業避止特約と労働関係に付随したそれが明確に区分されず，したがって，労働契約終了後の競業避止特約の効力が認められ易い傾向にあったが，次第に，労働関係における当事者の非対等性に基づいて合理性基準が修正されてきた。労働関係では契約自由に基づく正当化が後退するために，労働市場における適正な競争秩序維持の要請に基づく合理性基準がいっそう厳格に適用され，使用者の正当な保護利益の存在が厳格に求められる傾向が生じてきた。

　特約の合理性を根拠づける使用者の正当な保護利益とは，企業努力とそれによる経済の革新を促進する観点から保護に値するような利益であって，典型的には，使用者の顧客関係や財産的情報が該当する。雇用の流動性を制限してまで，使用者の投資の促進する必要があるのかどうかが問題とされてきたのであって，ここでは，以上のような特約規制の趣旨が，雇用の流動性，労働者の生計，使用者の投資保護を斟酌して労働市場における適正な競争秩序（客観的法秩序）を確保するところにあり，特約に対する労働者の同意の態様や十分な約因の存在を求めることではなかった点に留意する必要がある。特約を正当化する根拠は使用者の投資保護であって，当事者の交渉や約因が重視されるわけではない。しかしそのために，①競業差止を認める営業秘密法による保護と②合理性基準による保護とが，相互に接近する状況が生まれてきた。競業避止特約の合理性基準は，営業秘密法に含まれない企業秘密や顧客関係をも保護するものの，特約の合理性基準も営業秘密法も，不正な競争を排除して使用者の投資を保護し，もって公正な競争秩序を維持するという同一の趣旨に基づいているため，競業避止特約が，営業秘密法によって使用者に与えられるべき保護の隙間を埋める手段として理解されてきたのである。

大シンポジウム（報告③）

3　不競法・不法行為による競業規制と合理性基準の類似性および差異

　では，前掲フォセコ・ジャパン・リミティッド事件で形成された合理性基準は，不法行為・不競法の競業規制とどのような関係にあるのか。ここで，競業避止特約の合理性基準と不競法・不法行為による規制とを比較すると，以下のような特徴が浮かび上がる。

　第一に，特約によって保護されるべき使用者利益が，営業秘密保護あるいは不競法違反や不法行為が成立する競業活動からの保護，に限定されてきていることである。労働者の秘密保持義務を担保するところに競業避止特約の意義を求める裁判例があるほか[22]，営業秘密保護に必要な範囲に競業禁止の期間を限定する例[23]，就業規則上の競業避止規定によって禁止されるのは，「営業秘密を開示，漏洩し，あるいはこれを第三者のために使用するに至るような態様のものに限定されるものと解すべきであ」るとして競業禁止規定を限定的に解釈する例[24]，前掲サクセス（三佳テック）ほか事件最高裁判決を引用し，特約の効力を「原告の営業秘密に係る情報を用いたり，原告の信用をおとしめたりするなどの不当な方法」により営業上の利益を侵害する行為に特約の効力を限定する例[25]などがある[26]。裁判例では，顧客情報や営業秘密の不正利用を伴わず，あるいは不競法違反や不法行為の成立も認められない顧客奪取や従業員の引抜きが，競業避止特約や競業避止規定を通じて保護されるべき正当な利益に位置付けられない傾向にある[27]。

　第二に，不法行為による競業規制と同じように，特約によって保護される営

---

22)　フォセコ・ジャパン・リミティッド事件・前掲注18)，ダイオーズサービシーズ事件・前掲注1)，ヤマダ電機事件・前掲注1)，関東工業事件・東京地判平23・3・13労経速2144号23頁。

23)　トータルサービス事件・前掲注1)）。

24)　三田エンジニアリング事件・東京高判平22・4・27労判1005号21頁。

25)　丸菱電機事件・東京地判平22・11・30 LEX/DB 文献番号25470713。

26)　その他，新大阪貿易事件・大阪地判平3・10・15労判596号21頁，西部商事事件・福岡地小倉支判平6・4・19労旬1360号48頁，すずらん介護サービス事件・東京地判平18・9・4労判933号84頁など参照。

27)　たとえば，アサヒプリテック事件・福岡地判平19・10・5判タ1269号197頁，アイメックス事件・東京地判平17・9・27労判909号56頁参照。

業秘密が，不競法の営業秘密に限定されていないことである[28]。特約の合理性基準が，不競法の定義に含まれない営業秘密も保護されるべき正当な利益に位置付けてきたのは，退職後の秘密保持特約や秘密保持規定によって不競法の保護を超えた範囲の秘密保持義務を労働者に課すことができると考えられてきたことによるものであろう[29]。ただ近時の裁判例では，退職後の秘密保持特約によって労働者の退職後の行動に制約が生まれるという観点から，有用性，非公知性，秘密管理性を満たす秘密のみが秘密保持義務の対象であるとする例[30]，あるいは，同様の観点から，非公知性と秘密管理性を満たす秘密のみが秘密保持義務の対象になるとする例[31]があり，秘密保持特約の対象が不競法の営業秘密に限定されるようになってきている。競業避止特約の合理性基準でも同様の傾向が生じる可能性がある，ということもできる。

　第三に，合理性基準において考慮される退職前の労働者の地位について，労働者が営業秘密を知り得る立場にあったかどうかが重視され[32]，また，業務の限定については，禁止される業務が営業秘密に関わるものに限定されることも多く[33]，こうした点に加えて，秘密保持義務によって営業秘密が十分保護される場合には競業避止義務の合理性が否定される場合があることである[34]。営業秘密の不可避的使用・開示を伴う範囲に，競業制限が限定されるところがあるといえよう。不競法の競業差止では，不可避的開示の法理が差止対象を拡大することを基礎付けるものであったのに対し，特約の合理性基準では，特約による競業制限を限定する機能を発揮しているのである。秘密保持義務で営業秘密が保護されるのであれば，競業避止特約による制限には合理性が欠けていると判断され，逆に，秘密保持義務によって保護される営業秘密が，競業行為を通じて不

---

28) 　東京リーガルマインド事件・前掲注5），ダイオーズサービシーズ事件・前掲注1），トータルサービス事件・前掲注1），ヤマダ電機事件・前掲注1）など。

29) 　ダイオーズサービシーズ事件・前掲注1）。

30) 　エイシン・フーズ事件・東京地判平29・10・25 LEX/DB 文献番号25449017。

31) 　関東工業事件・東京地判平24・3・13労経速2144号23頁。

32) 　フォセコ・ジャパン・リミティッド事件・前掲注18），ヤマダ電機事件・前掲注1）など。

33) 　トーレラザールコミュニケーションズ事件・前掲注1），ヤマダ電機事件・前掲注1）。

34) 　新日本科学事件・大阪地判平15・1・22労判846号39頁など。

大シンポジウム（報告③）

可避的に使用・開示される場合には，競業避止義務の合理性が認められるということである。

このように，不競法や不法行為による競業制限と特約によるそれとは重なり合う部分が大きいということができるが，ここでは第四に，不競法・不法行為による競業制限と特約によるそれとの差異として，不競法上の競業差止は例外的であり，これを認める裁判例が数少ないのに対して，営業秘密保護を目的とした特約については，秘密保持義務の合理性が肯定されれば，それに伴ってほぼ自動的に競業避止義務の合理性が肯定される場合が多く，営業秘密の不可避的使用・開示に関する審査が緩やかであることを指摘することができる。[35]

秘密保持義務の合理性に基づいて競業避止義務の合理性が裁判例で容易に肯定されてきたのは，不競法上の競業差止に関して指摘した事情，すなわち，秘密保持義務と競業避止義務とを切り離すことが困難な場合があること，労働者が営業秘密を記憶している場合はとくに，競業活動自体が不可避的に営業秘密の不正使用・開示を伴う場合があること，秘密保持義務違反の立証には困難が伴うこと，といった事情によるものであるが，それが，契約上の根拠があるがゆえにいっそう正当化され易いためであろう。

4　代償措置の位置付けと二重の審査基準──ドイツ法との比較

もっとも，秘密保持義務の合理性に基づいて競業避止特約の合理性が容易に肯定されているのは，不競法の競業差止と異なり，特約では競業制限に対する代償給付が支払われることがあるためであるという見方もできる。学説でも，秘密保持義務に比して職業活動に対する重大な制約を課す競業避止義務が正当化されるには，競業制限に対する代償措置が必要であるという見解（代償要件論）が主張されてきた。[36]

ただ，裁判例では，秘密保持義務を担保するための競業避止義務については，代償措置がとられていなくても合理性が肯定されるケースが多く，代償給付の

---

35) 東京リーガルマインド事件・前掲注 5 ）のほか，前掲注 1 ）の裁判例を参照。

36) 土田道夫「競業避止義務と守秘義務の関係について──労働法と知的財産法の交錯」中嶋士元也先生還暦記念論集『労働関係法の現代的展開』（信山社，2004年）189頁。

存在が重要な要素として考慮されてきたわけではない。代償給付はむしろ，営業秘密以外の利益保護や幅広い競業制限の効力を正当化するために必要不可欠な要素として位置付けられてきたのである。たとえば，割増退職金などの代償支給と引き換えに競業避止義務が課され，代償給付を返還すれば当該競業避止義務からも解放されるといった特約について，合理性基準による審査が加えられることなく，当該特約の効力が認められてきている。競業の「禁止がある代償を受ける代わりに課せられる場合は，それが相手方の窮迫に乗じたとか，差別待遇になるとか，これにより著しく独占的傾向を生じ，公正な取引が阻害される結果を来すとか，特別の事由がない限り……公序良俗に反するものとは認めがたい」と判示されているのである。

　競業制限に対する代償給付を重視する法思想は，そもそもドイツ法から生まれてきたものである。ドイツには，営業の自由と契約の自由を調整する英米法の営業制限法理のような規制法理がそもそも存在せず，契約によって営業の自由を放棄することは，それが永久的でない限り，もとより自由であると考えられていた。営業制限法理に基づいて競業避止特約が規制されたアメリカに対して，ドイツでは，営業の自由によって契約の自由が制限されるというよりは，営業の自由と契約の自由が結び付き，競争排除を容認する傾向が生じていたのである。しかし，ドイツでは，競業避止特約により商業使用人に大きな不利益が生じていることが次第に問題視されてきた。1897年，1914年商法典改正によって，①競業禁止期間について直近の報酬の50％以上の補償金を支払う義務を負う限りにおいて拘束力を持つこと，（商法74条2項），②正当な事業利益の保護を目的とする限りにおいて拘束力を持つこと（同法74a条1項），③補償金を

37）　東京リーガルマインド事件・前掲注5）のほか，前掲注1）の裁判例を参照。
38）　野村證券元従業員事件・東京地判平28・3・31労判1144号37頁，日本警報装置事件・東京地判昭42・12・25下民集18巻11=12号1169頁。
39）　日本警報装置事件・前掲注38）。
40）　たとえば，RG, 20. 10. 1880, RGZ 2. S. 119 ff.; RG, 19. 5. 1893, RGZ 31, S. 97 ff.
41）　ドイツ特約規制の歴史的経緯については，石田・前掲注10)論文，村上淳一『ドイツ市民法史』（東京大学出版会，1985年）157頁，鄭永薫「ドイツにおける労働関係終了後の競業避止契約の法的規制の歴史的展開1―競業避止契約の有効性の要件を中心に」法学論叢161巻6号（2007年）79頁以下。

考慮して，地域，期間，対象の観点から商業使用人の生計を不当に侵害する場合は拘束力を有しないこと（同法74ａ条1項）が定められた。そして，商業使用人を対象としていた以上の商法典74条以下の規制が，1969年連邦労働裁判所第三法廷判決によって，あらゆる労働者に類推適用されることとなったのである。[42]

　以上のうち，②については，営業秘密保護を目的とする場合のみ特約の正当性が認められるとする考えが退けられ，特約による保護の前提として，ただ単に求められるという政府第二案草案が採用されたものであって，それほど重視されたわけではない。その証明責任も労働者が負うものと位置付けられた。[43] 1914年商法典74条以下の規制の中心は，むしろ①の補償金支払い要件にあるといってよい。補償金支払い要件は，正当な事業利益の画定とともに，職業活動の制限に対する反対給付として，労働者の受ける不利益を補償する機能が期待されて導入されたものであった。また，ここでは，ドイツ法の特約規制では，無効構成ではなく「非拘束性」による規制が採用されている点にも注目する必要があろう。当該特約が地域，期間，対象が広範囲にわたっている場合，あるいは事業の正当な利益と関係しない場合には，当該特約には拘束力がないとされているが，ここで「拘束力がない」とは，労働者が補償金を受給して競業避止特約を遵守するか，補償金の受給を受けずに特約から解放されるかを選択することができる，ということである。

　こうしてドイツの特約規制は，アメリカの合理性基準のように客観的な市場・競争秩序の維持を目的とするものではなく，職業活動の制限に対する適正な対価（補償金）を保障するとともに，幅広い競業制限については労働者に選択権を付与し，これによって労働者を保護することに重点を置いているということができる。さらにいえば，アメリカの合理性基準は，特約を原則無効とし，労働契約に付随するものに限って，かつ，労働契約上の正当な利益保護に必要であることが証明された場合のみ，その効力を認めるのに対して，ドイツの保護規制は，補償金の支払いがなされる限り特約を原則有効とし，労働者から正当な保護利益を欠くことや，制限の範囲が広範であることを証明した場合に限

---

42)　BAG, Urt. v. 13.9.1969 AP 24 zu §611 BGB Konkurrenzklausel.

43)　Georg Baum, Vertragliche Wettbewerbsverbot, 1914, S. 96 f.

って例外的に無効とするものであり，競業避止特約を労働契約とは切り離された双務契約（職業活動の制限とそれに対する対価）として理解しているということができるのである。

このように，比較法的には，退職後の競業避止特約に対する法的規制は，①競争秩序維持の観点から合理性があると評価でき，不競法や不法行為による規制を若干拡張した範囲で特約の効力を認めようとするもののほかに，②職業活動の制限に対する十分な代償給付に基づいて職業活動を幅広く制限する特約の効力を認めようとするものがある。わが国の裁判例では，こうした二つの規制アプローチが混在していると考えられるが，特約規制に関する上記の二つの観点から規制の在り方が整序されるべきである。

まず，従属労働に着目した②の規制がなされれば，競争秩序維持による合理性基準は緩やかに適用されるべきである。競争秩序維持に基づく①の規制はそもそも緩やかな法理であるためである。ただし，②の規制では，問題となる代償給付が，労働契約上の賃金とは区別されたものであるか，当事者間の実質的な交渉を踏まえて代償給付が決定されたか，が問題とされる必要がある。

これに対して，実質的な交渉かつ適正な対価が保障されない特約については，①の合理性基準が厳格に適用される必要がある。保護される使用者利益は，不競法の営業秘密に関する不正利用行為に限定される必要があろうし，競業活動によって営業秘密が不可避的に使用・開示されるのかという点についても慎重に審査されるべきであろう[44]。

さらにここでは，退職後の秘密保持特約についても，以上の見方が妥当することも指摘しておきたい。前述したように，学説では，就業自体を直接制限する競業避止義務には代償給付が不可欠であるのに対して，就業自体を直接制限しない秘密保持特約については代償要件が不要であるという見解が主張されて

---

[44] 石橋洋「企業の財産的情報の保護と労働契約」日本労働法学会誌105号（2005年）31頁以下では，秘密保持義務では十分に営業秘密が保護されないケースとして，財産的情報が労働者の身に付いてしまい，営業秘密と労働者の職業能力とが渾然一体になっている場合があることが指摘されているが，それだけではなく，転職前と転職後の仕事の類似性，営業秘密が不正に取得あるいは利用された事実なども考慮されるべきである。

きたが，①幅広い秘密の使用や開示を禁止する秘密保持特約とごく狭い範囲で
設計された競業避止特約とを比べた場合，前者の方が職業活動を制限している
と評価できること，②不競法の営業秘密の不可避的な使用・開示を伴う競業活
動を禁止するために，使用者に代償給付の支払いを求めることは公平性を欠く
こと，が考慮されるべきである。不競法や不法行為の規制が及ぶような営業秘
密の不正利用を禁止する秘密保持特約あるいは競業避止特約にはもとより代償
の支払いは求められないものの，不競法の要件を満たさない営業秘密や労働者
自身によって開発された営業秘密の使用・開示を禁止する退職後の秘密保持特
約については，代償給付を前提として，その効力が認められるべきである。

Ⅳ　結　　語

　退職後の競業避止義務をめぐる法的審査基準の在り方は，知的財産法（情報
生産のインセンティブ），競争法（適正な競争秩序の維持），労働法（職業選択の自由
の尊重，契約関係における交渉力格差）の要請を踏まえた検討が求められるといえ
よう。本稿では，こうした退職後の競業制限に関する法的審査基準について，
不法行為規範と契約規範に分解して検討を加えた。

　まず不法行為規範については，裁判例において，民法709条による不法行為
の成立が不競法の不正競争に限定されつつあること，不競法2条1項7号の
「示された」については，情報生産のインセンティブや労働者の職業選択の自
由を考慮した解釈が求められるべきこと，東京リーガルマインド事件で示され
た不可避的使用・開示に基づく競業差止は情報生産のインセンティブ確保とい
う観点から有用な法理であるとする一方，労働者の職業選択の自由を考慮した
限定的な運用が望ましいことを指摘した。

　一方，契約規範については，①競争法に基づく合理性基準と②代償措置を重
視した基準，という二重の基準があることを明らかにし，①の基準によれば，
代償措置がなされなくても，営業秘密保護の観点から労働者の競業避止義務が
肯定されうるが，その場合，不競法の営業秘密保護に必要不可欠な範囲に限定
されなければならず，これに加えて，当該営業秘密が競業活動を通じて不可避

的に使用・開示されるかが慎重に審査されなければならないと主張した。①の
合理性基準による競業制限は，契約による制限であるために，不競法や不法行
為による競業制限よりも若干広い制限を基礎付けうるが，労働関係における裸
の契約規範による基礎付けに大きな意義を見出すことはできない。ここでは，
契約自由による特約（あるいは就業規則規定）の正当化が後退し，特約（ある
いは就業規則）は，競争秩序維持に基づく合理性審査に全面的に服する。営業秘
密保護に必要な範囲でのみ特約の効力が認められなければならず，職業選択の
自由や自由競争秩序に対する十分な配慮が必要である。これに対して，②の基
準による競業制限は，競業制限に対して，賃金とは明確に区分された適切な対
価が支払われているか，当事者間において適切な交渉がなされているかを問題
とする契約的アプローチである。当事者間の実質的な交渉を経て，競業制限に
対する適切な代償給付が支給されていれば，営業秘密保護を目的としていなく
ても，競業制限の範囲が広い場合であっても，当該特約の正当性が肯定される
のである。競争秩序維持に基づく規制はそもそも緩やかなものであったのであ
り，職業選択の自由を部分的に放棄する当事者合意も尊重されなければならな
いからである。逆に，賃金とは区分される代償給付が支払われていない場合や
当事者間における実質的な交渉が皆無である場合には，高額な賃金が支給され
ていたとしても①のアプローチによる規制がなされる必要があろう。労働契約
の特性を踏まえた契約的保護がない場合，知的財産保護の観点から労働者に課
される競業制限は限定的であるべきであり，それは不競法や不法行為による営
業秘密保護の範囲に限定されるべきなのである。

　　　　　　　　　　　　　　　　　　　　　　　（いしだ　しんぺい）

職務発明・職務著作と労働法の規律
——労働法と知的財産法の交錯問題に関する一考察——

土 田 道 夫

(同志社大学)

I 本稿の目的

　本稿は，2015年に行われた特許法35条改正を踏まえて，職務発明・職務著作制度における当事者の権利義務の法的性格について，労働法の観点から考察することを目的とする。

　職務発明については，特許法35条が，特許を受ける権利について長らく従業者原始帰属（創作者主義）を採用し，この規律を前提に，使用者が契約・勤務規則その他の定めによって従業者から特許を受ける権利もしくは特許権を承継させ，または専用実施権を設定できる一方，従業者はその対価として相当の対価の支払を受ける権利を有することを規定してきた。しかし，特許法35条は2015年に改正され，特許を受ける権利を使用者原始帰属とすることを可能としつつ（選択的使用者原始帰属），従業者が相当の利益を受ける権利（相当利益請求権）を有することを内容とする法制度に改められた（3項・4項）。特許を受ける権利の従業者原始帰属（創作者主義）およびそれを前提とする相当対価請求権の制度から，選択的使用者原始帰属およびそれを前提とする相当利益請求権の制度への転換（一般雇用原則への接近）である[1]。

---

1 ）　2015年改正特許法については，中山信弘『特許法〔第3版〕』（弘文堂，2016年）53頁以下，中山信弘＝小泉直樹編『新・注解特許法〔第2版〕 上巻』（青林書院，2017年）565頁以下［飯塚卓也＝田中浩之］，吉田広志「職務発明規定の平成27年改正について」日本工業所有権学会年報39号（2016年）253頁，深津拓寛＝松田誠司＝杉村光嗣＝谷口はるな『実務解説職務発明—平成27年特許法改正対応』（商事法務，2016年），土田道夫『労働契約法〔第2版〕』（有斐閣，2016年）144頁など参照。

一方，職務著作については，著作権法15条1項が，一定の要件の下で法人等使用者に著作権・著作者人格権を原始帰属させつつ，従業者の報酬請求権を認めない法政策を採用している（一般雇用原則）。

ところで，2015年特許法改正に伴い，知的財産法学においては，職務発明・職務著作に係る権利（特許を受ける権利・著作権）の帰属および従業者（創作者）の報酬請求権の法的性格について，労働法との関係性を意識した理論的研究が活発に行われている。一方，職務発明・職務著作制度は，特に企業を舞台とする雇用関係を基底とし，職務発明・職務著作という従業者（労働者）の知的労働成果に係る権利の取扱いについて定める制度であるため，知的財産法の制度であると同時に労働法上の制度でもある。すなわち，職務発明・職務著作制度は，知的財産法と労働法の交錯領域に属する制度である[2]。したがって，職務発明・職務著作に係る権利の帰属および従業者の報酬請求権の法的性格については，労働法学の側からも理論的考察を深める必要がある。

Ⅱ　職　務　発　明

1　2015年特許法改正

特許法35条は，職務発明を奨励しつつ，従業者の利益を適切に保護し，発明から生ずる権利や利益を使用者・従業者間で衡平に配分し，給付の均衡を図ることで使用者と従業者との利益調整を行い，もって産業の発展に寄与することを趣旨としており，この基本趣旨は，2015年改正の前後で変化はない[3]。

2015年改正の内容は，①特許を受ける権利について選択的使用者原始帰属を採用したこと，②従業者の特許法上の報酬請求権を肯定しつつ，これを相当の対価から相当の利益に改めたこと，③相当利益の決定に係る当事者の予測可能性と法的安定性を高めるため，使用者・従業者間の調整手続（改正特許35条5項）に関する指針を策定したこと（同条6項）の3点に集約される[4]。

2）　同旨，中山・前掲注1）書53頁。

3）　中山・前掲注1）書51頁，中山＝小泉編・前掲注1）書559頁〔飯塚＝田中〕，土田・前掲注1）書145頁参照。

大シンポジウム（報告④）

なお，2015年改正に先立つ2004年特許法改正では，発明対価請求訴訟の増加を受けて，相当の対価に関する当事者の予測可能性を高めるため，使用者・従業者が行う手続を重視して対価の相当性（不合理性）を判断する旨の規定が導入された（35条4項）。この手続重視の規律は，2015年改正法においても35条5項として維持されており（相当利益の決定基準の策定に係る協議の状況・基準開示の状況・従業者からの意見聴取の状況），全く変化がない。

2　特許を受ける権利の帰属

（1）創作者主義と一般雇用原則

知的財産法は，創作物に関する権利が創作者に帰属することを原則としている（創作者主義）。たとえば，特許法は，発明者は発明の完成と同時に特許を受ける権利と発明者名誉権を取得すると規定し（29条1項柱書），著作権法は，著作者は著作物の創作と同時に著作権と著作者人格権を取得すると規定する（17条1項）。職務発明についても，2015年改正前特許法は，特許を受ける権利が従業者に原始帰属することを認め，創作者主義を採用してきた（35条1項）。

これに対し，労働法・労働契約においては，労働の成果物と報酬に係る権利義務について，労働者が産み出す成果をすべて使用者に帰属させつつ，その対価として賃金請求権を肯定する原則が採用されている。すなわち，労働契約は，創作者の権利の規律という観点から見れば創作者主義の例外領域を形成しており，これが一般雇用原則と呼ばれている[6]。

（2）2015年改正特許法

（a）概　説　前記のとおり，2015年改正特許法（35条3項）は，特許を受ける権利を従業者に帰属させる従来の規律（創作者主義）を改め，契約・勤

4）　産業構造審議会知的財産分科会特許制度小委員会「我が国のイノベーション促進及び国際的な制度調和のための知的財産制度の見直しに向けて」（2015年）参照。

5）　2004年改正特許法については，田村善之＝山本敬三編『職務発明』（有斐閣，2005年）参照。同改正法が相当の対価について導入した手続重視の規律については，土田道夫「職務発明とプロセス審査─労働法の観点から」田村＝山本編・前掲書146頁以下参照。

6）　横山久芳「職務上作成される創作物の権利の帰属について─『創作者主義』と『一般雇用原則』の二つの視点からの検討」日本工業所有権法学会年報39号（2015年）186頁。

務規則等による事前の定めを要件として使用者に権利取得させることを規定した（選択的使用者原始帰属）。すなわち，改正法は，特許を受ける権利について，労働契約に親和的な使用者原始帰属・一般雇用原則に接近したことになる[7]。

　もっとも，改正特許法（35条3項）は，デフォルト・ルールとしては従業者原始帰属を採用しており，使用者原始帰属をデフォルト・ルールとしていない。改正法は，契約・勤務規則等による事前の定めを要件として使用者原始帰属を選択することを可能としたのであり，事前の定めがない限り，特許を受ける権利は従業者に帰属するという意味で，従業者原始帰属をデフォルトとして維持している。すなわち，改正法は，一般雇用原則を貫徹しているわけではない。とはいえ，改正前の従業者原始帰属を改め，選択的使用者帰属を採用した点において，実質的には創作者主義を大きく修正し，使用者原始帰属・一般雇用原則に接近したものと評価できる。

　（b）自然権論とインセンティヴ論　　改正特許法の立法政策は，基本的に妥当な政策と解される。まず，その前提として，特許を受ける権利の帰属に関する理論的根拠について検討する必要がある。この点については，自然権論とインセンティヴ論が対立してきた。自然権論は，人は自己が創作した物について当然に所有権を有し（自己所有権），その所有権は原則として制約を受けないという立場である。これに対し，インセンティヴ論は，自己が創作した物といえども，そのような知的財産は本来的に公共財であるところ，発明の奨励として，創作者に特別に権利が与えられると考える[8]。この点，職務発明は，創作者個人の努力や才能に負うところが大きいため，国家は従業者による発明を奨励し，創作のインセンティヴを促進し，社会の利益に寄与するため，従業者にインセンティヴを付与する必要があるという考慮から，創作者主義（および特許法上の報酬請求権）が正当化される。すなわち，創作者に排他的権利を付与し，

7）　改正の趣旨は，企業の知財戦略・イノベーション戦略を推進するためには，特許を受ける権利の使用者原始帰属を可能とすることで，企業が特許を円滑かつ確実に取得・管理できるようにすることが適切であるという点に求められている（前掲注4「我が国のイノベーション促進及び国際的な制度調和のための知的財産制度の見直しに向けて」参照）。

8）　村田健介「知的財産の帰属と『人格権』」日本工業所有権法学会年報39号（2015年）132頁。

個人の自律的な創作活動を可能とすることで創作へのインセンティヴを付与し，かつ，創作物の利用価値を高めることができるというのがインセンティヴ論の考え方である[9]。以下では，インセンティヴ論に立って考察する。

(c) 選択的使用者原始帰属　　改正特許法が採用した選択的使用者原始帰属政策の当否を検討する際には，職務発明が雇用関係を基底として，使用者の事業のために研究開発に従事する従業者によって生み出されるものであるという点に留意する必要がある。この点，創作者主義が本来想定する創作者は，権利を自律的に活用し，自らその経済的基盤を確立することを前提とする独立した個人である。これに対し，従業者（労働者）は，職務発明を使用者の意向とは無関係に自律的に活用する立場にはなく，また，研究開発に伴うコストやリスクを負担せず，研究開発という労務提供に対して使用者から賃金を支払われるため，特許を受ける権利の帰属を認める必要性は乏しいと解される[10]。もとより職務発明は，通常の知的創作物と比較して，従業者個人やグループの能力・努力に負う部分が大きいことから，発明を奨励するためには，従業者にインセンティヴを付与する必要があるが，その方法としては，特許を受ける権利を従業者に帰属させる立法政策（創作者主義）によらずとも，従業者に相当利益請求権を保障することで発明の利益を還元すれば，発明のインセンティヴは十分確保できるものと考えられる[11]。

一方，使用者は，従業者の労働とその成果を自己の事業活動に利用することを目的として従業者を研究開発に従事させており，それに伴う多大な投資を実行している。したがって，使用者が特許を受ける権利を取得できないことになれば，使用者の発明に対する投資へのインセンティヴは大きく減退することとなる。発明の創作は，使用者の事業活動の一環として行われるものであり，使用者は職務発明の独占的実施により独占的利益を得ることで発明に要した投下資本の回収を実現する必要があるため，使用者の発明投資へのインセンティヴを高めるためには，職務発明に係る権利を使用者に帰属させる必要性が高い[12]。

9）　横山・前掲注6）論文187頁以下。

10）　横山・前掲注6）論文189頁参照。

11）　横山久芳「職務発明と労働法—特許法学の立場から」ジュリ1302号（2005年）105頁。

さらに，職務発明については，事業に精通する使用者自らが集中管理することで発明の有効利用の促進を期待することもできる。こうして，改正特許法が採用した選択的使用者原始帰属の立法政策には合理的理由が認められる[13]。

3 相当利益請求権

(1) 相当利益請求権の意義

(a) 相当利益請求権の肯定　2015年改正前特許法35条3項は，使用者が職務発明に係る権利を承継する場合，従業者に相当の対価を支払うことを義務づけていた。一方，選択的使用者原始帰属を採用した改正特許法も，権利承継への対価という観念を大幅に後退させたにもかかわらず，従業者に相当利益請求権を付与する立法政策を採用している[14]。職務発明が従業者の労働の成果であることに着目すれば，従業者に対する賃金以外の特別な報酬を否定して特許法

---

12) 横山・前掲注6)論文190頁，横山・前掲注11)論文105頁参照。

13) もっとも，このように解すると，改正前特許法35条が使用者原始帰属を否定し，従業者原始帰属（創作者主義）を採用していたことの理由が問題となる。選択的使用者原始帰属に合理的理由があるのであれば，改正前特許法は，なぜこの立法政策を採用せず，従業員原始帰属を採用していたのであろうか。

　　この点については，改正前特許法の規律につき，特許を受ける権利について使用者による一方的な承継を認めながら，使用者原始帰属自体は認めず，いったん従業者に原始帰属した権利を使用者に承継するという二段構えの構成を採用していたと把握した上，以下のように解して積極的に評価する見解がある（横山・前掲注11)論文105頁以下）。すなわち，改正前特許法の二段構え構成は，従業者に権利を帰属させること自体に意義があるのではなく，職務発明を行った従業者が取得する金銭的給付を権利の「対価」と位置づけることで，使用者が従業者に行う給付内容の公正さを担保するという点にある，と。給付内容の決定を使用者の完全な裁量に委ねると，不十分な給付しかなされない結果，職務発明の奨励（インセンティヴの付与）という特許法の目的が実現されなくなるため，特許を受ける権利を取得した使用者が従業者に支給する給付を「対価」と擬制し，給付内容が「対価」としての公正性を有すべきことを求める趣旨で二段階構成を採用したというのである。適切な理解であり，これによれば，従業者の報酬請求権が保障され，従業者に対して発明利益が十分還元される限り，改正特許法の選択的使用者原始帰属は実質的に改正前特許法と異なるものではなく，立法政策としての合理性を肯定されるものと解される。

14) 改正特許法は，特許を受ける権利の帰属に係るデフォルト・ルールとして従業者原始帰属を採用している（Ⅱ2(2)）ため，この場面では，相当の利益は，権利承継への対価としての意義を引き続き有している。このため，「大幅に後退」という表現を用いた。

大シンポジウム（報告④）

上の報酬請求権を否定する立法政策も可能なはずであるが，改正特許法は，従業者の相当利益請求権を維持している。すなわち，改正法はここでも一般雇用原則を貫徹していない。

相当利益請求権については，上記のとおり，選択的使用者原始帰属の採用（創作者主義の後退）によって，特許を受ける権利を承継させることの対価という観念が大幅に後退したことから，そもそもこの権利を認めることの当否が問題となる。この点については，改正特許法について審議した特許制度小委員会において激しい議論が行われた。職務発明を奨励するためには，発明従業者のインセンティヴの確保が前提となるところ，一方では，①従業者のインセンティヴ施策は企業の自主的な創意工夫に委ねるべきであり，法的規律は不要とする意見があり，他方では，②使用者の規模・業種・研究開発体制・遵法意識・従業者の処遇には濃淡があるため，相当の利益を法制度によって担保することが有意義であり，従業者の相当利益請求権（使用者の相当利益付与義務）を法定することが適切と説く意見が対立したのである。

改正特許法は②を採用したが，妥当な立法政策と考える。すなわち，特許法が長らく従業者原始帰属を採用しつつ，発明従業者に相当対価請求権を保障してきたのは，特許を受ける権利の承継に対する対価という側面もさることながら，職務発明という従業者の高度な知的創造活動に対して公正な給付を行い，発明と報酬間の均衡を図るとの趣旨に基づくものである。特許法のこうした基本趣旨を踏まえれば，改正法が採用した選択的使用者原始帰属の下でも，改正前と同様，従業者に対する報酬請求権（相当利益請求権）を法的に保障する必要がある。知的財産法学においても，従業者に対する発明のインセンティヴの付与という観点から，国家が一般雇用原則を修正して特別の利益請求権を肯定する立法政策には合理性があると評価する見解があり，妥当と解される。

　(b)　報酬水準への影響　　したがってまた，2015年特許改正によって，

---

15)　横山・前掲注11) 論文106頁参照。Ⅱ1および前掲注13) も参照。

16)　土田道夫「従業員のモチベーションをめぐる法的課題」日本労働研究雑誌684号（2017年）45頁。第6回特許制度小委員会（2014年5月29日）における土田道夫委員発言も参照。

17)　横山・前掲注6) 論文193頁以下。

従業者の報酬（相当の利益）の水準が切り下げられる事態もありえないと考えるべきである。この点，2015年特許法改正に際しては，衆議院経済産業委員会の附帯決議（2015年5月29日）および参議院経済産業委員会の附帯決議（同年7月2日）において，相当利益請求権（35条4項）につき，改正前35条3項の相当対価請求権と「実質的に同等の権利となるよう保障すべ」きであることが決議されており，相当の利益への改正後も報酬水準が維持されることが確認されている[18]。この点を踏まえると，職務発明に対して使用者が付与した利益の相当性（不合理性）については，当事者間の手続（利益決定基準に係る協議の状況・基準開示の状況・従業者の意見聴取の状況）を重視しつつも（Ⅱ1），当該利益が発明の価値に比べて著しく過少な場合は，当該利益の不合理性を肯定すべき特段の事情を認め，例外的に実体的審査の対象となると考えるべきである。この点，2015年改正法35条5項は，相当の利益について，協議の状況・開示の状況・意見の聴取の状況「等」を考慮要素として規定しており，この「等」は，こうした例外的実体的審査の根拠規定となるものと解される[19]。

　具体的には，職務発明規程の制定や改訂によって，相当利益が発明の価値に照らして著しく過少となる結果をもたらす場合は，使用者・従業者間の協議（当事者間の集団的手続）とは別に例外的実体的司法審査を行い，利益の不合理性を肯定すべきであろう。また，特許法35条によれば，相当の利益の不合理性は，最終的には使用者が個々の従業者に支給する利益額や価値によって判断されるところ，その場合の手続である「従業者等からの意見の聴取」（当事者間の個別的手続）が履行された場合も，実際の利益額が発明の価値に照らして過少

---

18) これに対しては，本文の国会附帯決議の趣旨について，相当対価請求権と同等の権利として構造上維持された相当利益請求権の保障を意味するにとどまり，権利の具体的内容まで同等であることを保障する趣旨ではないと説く見解があるが（深津＝松田＝杉村＝谷口・前掲注1）書123頁。同旨，高橋淳＝松田誠司編著『職務発明の実務Q&A』〔勁草書房，2018年〕125頁），附帯決議の意義を軽視するものであり，適切でない。なお，前掲注4）「我が国のイノベーション促進及び国際的な制度調和のための知的財産制度の見直しに向けて」も，特許法改正の趣旨は，従業者に対するインセンティヴの多様化を認めるものであって，インセンティヴの切り下げを目的とするものではないと述べている。

19) 土田・前掲注1）書150頁，土田・前掲注5）論文178頁参照。特許法学上も同旨の見解が多い（中山・前掲注1）書75頁，吉田・前掲注1）論文263頁等）。

大シンポジウム（報告④）

と評価される場合は，ここでも例外的実体的審査を行い，利益の不合理性を例外的に肯定すべきことになる（Ⅱ4(2)参照）。

(2)　職務発明・相当利益請求権の法的性格

　　(a)　問題の所在　　以上のとおり，2015年改正特許法は，職務発明と相当の利益について，発明とその報酬という法律関係として構成したが，労働法の観点からは，その法的性格が重要な理論的課題となる。すなわち，労働契約上の労働義務・賃金請求権との関係という問題である。この点，改正前特許法における相当の対価（35条3項）は，従業者原始帰属（創作者主義）を前提に，特許を受ける権利の承継の対価と把握されたため，賃金から峻別されうるものであった。[20]しかし，改正特許法の下では，選択的使用者原始帰属（改正特許35条3項）の下，特許を受ける権利が使用者に帰属する一方，それに対応して従業者の相当利益請求権が保障される（同4項）ことから，職務発明・相当利益請求権と労働義務・賃金請求権との関係が重要な課題となるのである。

　まず，発明従業者が有する報酬請求権の法的性格については，欧州において2つの対照的な立法政策が採用されている。すなわち，欧州では，特許を受ける権利（特許権）という独占権を譲渡した対価として捉える立法政策（独占主義＝ドイツ法）と，労働義務として期待される行為以上の行為をしたことにより，使用者に利益をもたらしたことに対する報酬として捉える立法政策（特別給付主義＝イギリス法，スイス法）が見られる。[21]

　それでは，独占主義および特別給付主義の観点からは，日本の特許法上の職務発明および報酬請求権の法的性格はどのように解されるか。この点，2015年改正前特許法は，従業者が職務発明に係る権利を使用者に承継することの対価として相当対価請求権を規定していたため，職務発明に対する報酬を特許権と

---

20)　土田・前掲注1）書146頁，土田・前掲注5）論文150頁参照。裁判例として，野村證券事件・知財高判平27・7・30 LEX/DB 文献番号25447416。本判決は，この判断を前提に，職務発明をした従業員に対する高額の給与（約3000万円）につき，同人が顧客拡大という目的で雇用されたことを理由に，上記目的に対応する労務の対価にすぎないとして相当の対価性を否定している。

21)　潮海久雄「労働関係における知的財産権の帰属，報酬，人格的側面についての横断的考察」日本工業所有権法学会年報39号（2015年）157頁参照。

いう独占権の譲渡対価として捉える独占主義の考え方に親和的であったと解される。これに対し，2015年改正特許法においては，特許を受ける権利について選択的使用者原始帰属が採用され，その対価として従業者の相当利益請求権が保障されることから，独占主義の構成は希薄となり，特別給付主義に接近したものと考えられる。問題は，以上の変化が職務発明および相当の利益の法的性格にいかなる影響を及ぼすかである。

　(b)　特別給付主義による把握——知的財産法学における議論　　この点については，2015年特許法改正を契機に，知的財産法学において新たな議論が行われている。すなわち，職務発明における相当利益請求権については，特別給付主義を支持した上，職務発明が労働契約で求められる行為以上の予測不可能な行為であることから，特別給付として正当化されると説く見解が見られる。特別給付主義は，従業者の報酬について，従業者が労働契約上の労働義務の履行以上の行為を行い，使用者に利益をもたらしたことに対する報酬と解する立場であるところ，職務発明は，まさに労働契約で求められる行為（労働義務の履行）以上の予測不可能な行為であるため，相当の利益は，特許法上の特別給付（発明という高度の知的創造行為に対して特許法が政策的に保障する報酬）として正当化されるというのである。[22]

　特別給付主義をこのように理解すると，賃金との関係では，相当の利益を賃金から峻別し，特許法上の特別給付と理解することが自然となる。すなわち，特別給付主義は，職務発明を労働義務として期待される行為以上の行為と解することから，労働義務について，発明という成果の達成に向けて労働することを内容とする義務（手段債務）を想定しているものと解される。そして，賃金は労働の対価であるから，発明という成果（労働義務の履行以上の行為＝結果債務）に対応する報酬は，労働義務（手段債務）への反対給付である賃金請求権の対象とはならず，特許法上の特別給付（追加的報酬）と把握されることになるものと考えられる。

　(c)　労働義務・賃金請求権との関係　　しかし，このような理解は，職務

---

22)　潮海・前掲注21)論文161頁。

大シンポジウム（報告④）

発明に係る権利義務の法的理解として妥当性を欠くと解される。労働法の観点からは，職務発明は，従業員の職務に属する行為およびその結果として行われる発明であり，労働義務の履行にほかならず，労働義務の履行以上の予測不可能な行為ということはありえない。すなわち，職務発明は，職務（＝労働の遂行）という側面と，発明（＝労働の成果）という2つの側面を有するが，これらはともに労働義務の履行を意味する。

この点，特別給付主義は，職務発明のうち発明という成果部分を労働義務の範疇から除外することを前提とするもののようであるが，これは，労働義務および賃金請求権の理解として狭きに失すると解される。すなわち，企業人事において近年普及しつつある成果主義賃金の下では，労働の成果も労働義務の一部と理解され，それに対する報酬が賃金の構成要素と理解されている。成果主義賃金とは，「労働者の年齢・勤続年数ではなく，職務・職責・役割等の仕事の価値や，その達成度（成果）を基準に賃金処遇を行う制度」をいい，賃金の有する具体的労働の対価という性格を強化して賃金処遇を行う制度である。[23]もとより労働契約は，労働それ自体の遂行を目的とする契約であるため，労働義務も，請負契約（民632条）のように一定の成果の達成を目的とする義務（結果債務）ではなく，それに向けて誠実に労働することを内容とする義務（手段債務）を基本とする義務である。[24]しかし，成果主義賃金の下では，労働という手段のみならず，その成果も重視され，労働成果に即した賃金決定が実行されることから，労働義務は，上記のように2つの側面を肯定されることになる。

また，特許法の観点から見ても，職務発明は，職務（＝労働の遂行）という側面と，発明（＝労働の成果）という2つの側面を有する概念と解される。職務発明は，従業者等が「その性質上当該使用者等の業務範囲に属し，かつ，その発明をするに至った行為がその使用者等における従業者等の現在又は過去の職務に属する発明」と定義される（特許35条1項）ところ，この定義については，発明自体が職務であることを意味せず，発明完成の過程が職務に属すること，すなわち，職務の遂行として発明をなした場合を指すと解されている。[25]つ

---

23) 土田・前掲注1）書289頁参照。
24) 土田・前掲注1）書8頁，298頁参照。

まりここでも，職務発明は，職務に属する行為およびその結果として行われる発明と把握され，職務（＝労働の遂行）という側面と，発明（＝労働の成果）という2つの側面を肯定される。

　以上から，「職務発明」を構成する職務（＝労働の遂行［発明に至る行為］）および発明（＝労働の成果）は，ともに労働義務を構成する要素であり，したがってまた，発明（＝成果）も，労働契約上の給付としての賃金の対象となると考えるべきである。換言すれば，職務発明に対する相当の利益は，労働法上は賃金を意味する。したがって，職務発明および報酬（相当の利益）の法的性格については，知的財産法学上の特別給付主義を修正して把握する必要があると考える（「修正特別給付主義」）。

　　(d)　相当利益請求権の法的性格　　以上のとおり，職務発明が労働契約上の権利義務（労働義務・賃金支払義務）によって構成されるとすれば，特許法上の従業者の報酬（相当の利益）の法的性格をどのように理解すべきか。職務発明が労働義務の履行として賃金の対象となるにもかかわらず，従業者に対して別途，報酬請求権（相当利益請求権）を保障する根拠を何に求めるかが問題となる。

　思うに，この点は，職務発明という高度の知的創造行為に対して高い報酬をもって報い，発明の奨励（インセンティヴの付与）を促進しようとする特許法の立法政策に求められるものと解される。すなわち，特許法35条は，発明に対する報酬が本来は賃金としての性格を有すること（一般雇用原則）を前提としつつも，それに代えて，特許法上の特別給付（相当の利益）によって報いるとの立法政策に立っているものと考えられる。

　インセンティヴ論の観点から敷衍すると，同理論によれば，国家は，発明を奨励するため，発明を創作した従業者に特別の権利を与えて創作のインセンティヴを促進すべきものとされるが，相当利益請求権は，そのような特別な権利を意味する。一般雇用原則によれば，職務発明に対する従業者の報酬請求権（相当利益請求権）は当然に正当化されるものではないが（Ⅱ2(1)），それでもな

---

25)　中山＝小泉編・前掲注1）書580頁［飯塚＝田中］，中山・前掲注1）書60頁。裁判例として，排煙脱硫装置事件・東京地判平3・11・25判時1434号98頁参照。

大シンポジウム（報告④）

お，国家が政策的な見地から従業者に報酬請求権を付与するという選択を行うことは可能である。この点，職務発明は，発明従業者個人やグループの能力・努力に負うところが特に大きい知的創造行為であり，この性格を踏まえれば，職務発明を奨励し，社会全体の利益に寄与するために，従業者に対して特別の利益を保障し，インセンティヴを付与する政策には合理性が認められる。従業者の相当利益請求権は，この利益保障を具体化したものにほかならない[26]。

　(e)　小　括　　以上を要するに，職務発明を構成する職務（＝労働の遂行）および成果（＝発明）はともに労働義務の履行を意味し，職務発明に対する報酬は，労働法上は労働の対価としての賃金に該当する。しかし，特許法は，発明の奨励という政策目的を達成するため，他の知的創作物とは区別して，相当の利益という特別の報酬を規定している。すなわち，相当の利益は，①労働の対価（賃金）であると同時に，②高度の知的創造行為に対する特許法上の特別給付という二重の性格を有すると考えるべきである。この結果，相当の利益に対しては，労働法と特許法が重畳的に適用されることになるが，特許法が前記の政策目的から従業者の相当利益請求権を法定したことに鑑み，その政策判断を尊重して，同法の特別給付としての性格を優先させることが適切である。

　この結果，相当の利益は，賃金としての性格を捨象され，労基法11条の「賃金」や労契法2条・6条の「賃金」から除外されるとともに，労基法の規律（賃金支払の4原則〔労基24条〕，就業規則への記載義務〔同89条2号・3号の2・4号〕，休業手当制度〔同26条〕等）や最低賃金法の適用を除外されるものと解される[27]。また，相当の利益が特許法上の特別給付を意味し，賃金としての性格を捨象される以上，相当の利益は賃金から峻別されるべきものである。この点，特許法35条6項の指針（経済産業省告示131号・第三の一1）は，金銭以外の相当の利益の要件として，経済的価値を有するものであること（経済性の要件）に加

---

26)　同旨，横山・前掲注6）論文194頁。

27)　相当の利益が労働法上は賃金に該当することを肯定しながら，労基法11条の賃金定義規定から除外し，同法や最賃法の賃金規制の適用除外を認めることは理論的に矛盾するようであるが，これは，特許法が発明の奨励という政策目的から従業者の相当利益請求権を法定したことを尊重する解釈を採用したことによるものである。些か人工的・技巧的な解釈であることは否定しないが，相当利益請求権の法的規律としてはこう解するはかないと考える。

えて，職務発明を生み出したことを理由とするものであること（索連性の要件）を掲げているところ，索連性の要件は，金銭としての相当の利益にも適用されるべきものと解される。したがって，相当の利益を賃金・賞与に含めて支払うことは原則として許されない。ただし，賃金の一部について発明に対する報酬であることを明示し，他の部分と明確に区分して支給する場合に限り，当該報酬を相当の利益として認めることは例外的に可能と考えるべきであろう。また，相当の利益は，賃金としての性格を捨象されるものの，労働契約上の処遇として「労働条件」には該当する。したがって，職務発明と相当の利益については労働法の適用が肯定される（Ⅱ4参照）。

（3）　金銭以外の相当の利益

　2015年改正特許法は，職務発明に係る従業者の報酬請求権を相当利益請求権として維持したが，その内容として，金銭以外の経済上の利益を認めた点（改正特許35条4項）は従来と異なる（その要件については上述した）。指針（第三の一3）は，金銭以外の経済的利益の例として，ⅰ使用者負担による留学の機会の付与，ⅱストックオプションの付与，ⅲ金銭的処遇の向上を伴う昇進または昇格，ⅳ法令および就業規則所定の日数・期間を超える有給休暇の付与，ⅴ職務発明に係る特許権についての専用実施権の設定または通常実施権の許諾を掲げている。

　では，これら給付のうちⅰ〜ⅳは，先に検討した相当の利益の法的性格に照らして同利益に該当するといえるか。この点，ⅰ〜ⅳの給付が労働契約上の給付（労働条件）に該当することは明白であり，特にⅲ・ⅳは賃金の支払を伴うため，ⅰ〜ⅳの給付が相当の利益として認められるか否かが問題となる（ⅴは，そもそも労働契約上の給付ではないため，当然に相当の利益として認められる）。

---

28)　土田・前掲注1）書146頁参照。

29)　例えば，従業者に対して年俸3000万円を支払う場合，年俸額3000万円のうち，基本年俸（固定年俸）を通常業務への対価（賃金）として支給しつつ，業績年俸のうち一定分を区分して発明報酬（相当利益相当部分）として支給し，その余の部分を通常業務への対価（賃金）として支給するといった方法が考えられる。

30)　ⅲ金銭的処遇の向上を伴う昇進・昇格は，金銭的処遇の向上が昇給を意味することから賃金の支払を伴い，ⅳ有給休暇の付与も，年休手当の支給によって賃金の支払を伴う給付を意味する。

この点，知的財産法学の議論（特別給付主義）のように，相当の利益を特許法上の特別給付と解した上，賃金と峻別する立場によれば，相当の利益を賃金その他労働契約上の給付として支給することは疑問とされ，ⅰ～ⅳを相当の利益として認めることは疑問視される可能性がある。しかし，相当の利益が従業者のインセンティヴの向上を目的として支給される特許法上の特別給付である以上，その内容をどのように設計するかは特許法の政策判断に委ねられていると考えるべきである。そして，ⅰ～ⅳの給付は，従業者のインセンティヴとして有効に機能しうることから，特許法35条がこれら給付をインセンティヴとして適切と判断したのであれば，相当の利益として認めることに妨げはないと解される。すなわち，ⅰ～ⅳは本来，労働契約上の給付（労働条件）に該当するが，特許法が発明の奨励という観点から特に認めた経済的利益を意味し，同法上の相当の利益として認められる。ただし，これら給付が労働契約上の給付としての性格を有する以上，賃金について述べた（Ⅱ 3(2)(e)）のと同様，職務発明への報酬（相当の利益）であることを明示して給付（ⅱ・ⅳ）または実行（ⅰ・ⅲ）し，通常の給付から明確に区分する必要がある。

4　労働法の適用

(1)　労働法適用肯定説の概要

以上のとおり，職務発明は労働義務の履行に該当する一方，従業者の相当の利益は特許法の立法政策を具体化した同法上の特別給付に該当し，賃金としての性格を捨象される。この立場を前提とすると，職務発明と相当の利益は，特許法35条とともに労働法の適用を受けるのであろうか。

この問題については，労働法適用肯定説と否定説が対立するが，職務発明制度を知的財産法の制度であると同時に労働法の制度と解する私見によれば，肯定説が妥当と解される。また，この解釈は，労働法上の「労働条件」の意義からも導き出される。一般に，「労働条件」は広く「労働契約関係における労働者の待遇の一切」を意味すると解されているところ，そこから職務発明と相当利益を排除する理由はないからである[31)]。これに対し，否定説は，職務発明は使用者・労働者の関係ではなく使用者・発明者の関係を規律するものであり，特

許法という産業政策に基づく制度であることを理由とするが，適切でない。[32]

　肯定説によれば，特許法35条とともに労働法が重畳的に適用されるため，特許法の規律と労働法の規律が相違するケースが生じうるが，その場合は，労働法の規律とは別に特許法の規律が適用される。特許法の立場を見ると，35条6項の指針（第二の一2（四））は，契約，勤務規則その他の定めによって相当利益の決定基準を規定する場合につき，上記定めには労働協約・就業規則が含まれるため，相当利益の決定基準を労働協約・就業規則で定めることも可能としつつ，当該基準について労働法上の効力が発生した場合も，利益の不合理性が直ちに否定されるわけではなく，不合理性の判断はあくまで35条5項に基づいて行われると述べている。特許法35条と労働法の重畳適用を認めつつ，35条の規律が従業者に有利である場合にその優先適用を肯定する立場と解される。

(2)　職務発明規程の改訂

　労働法適用肯定説と否定説の対立は，職務発明規程の改訂に係る規律の場面で顕著となる。すなわち，使用者が2015年特許法改正を受けて，職務発明規程について，相当利益の付与が改正前の基準に基づく相当対価の額を著しく下回る結果をもたらす改訂を行った場合を考える（例えば，企業が実績補償制度を退職時一括払制度に改め，補償の上限を800万円に設定しつつ，退職者に対する報奨支払制度を廃止する結果，相当利益の付与が2015年改正前の基準に基づく相当対価の額を著しく下回る結果をもたらす改訂）。[33]この場合，肯定説によれば，特許法35条とともに労働法が重畳的に適用されることから，職務発明規程が就業規則として制定されている限り，就業規則による労働条件の不利益変更に該当し，労契法10条の適用を受ける。すなわち，職務発明規定の改訂については，内容の合理性と周知が要件として求められ，労働法が目的とする労使間の適切な利益調整を行うことが可能となる。これに対し，否定説によれば，10条に基づく合理性審査

---

31)　土田・前掲注1）書146頁，土田・前掲注5）論文152頁。同旨，松岡政博「職務発明と労働法—実務の立場から」ジュリ1302号（2005年）115頁。したがって，使用者は，相当の利益について就業規則記載義務を負う（労基89条10号）。

32)　深津＝松田＝杉村＝谷口・前掲注1）書212頁，高橋＝松田編著・前掲注18）書266頁。

33)　この種の職務発明規程改正については，高橋＝松田編著・前掲注18)書222頁参照。

大シンポジウム（報告④）

は否定され，労使間の合理的利益調整は困難となる。この点からも，労働法適用肯定説が適切と解される。

　もっとも，特許法35条が相当利益の決定に関して手続重視の規律を採用していること（5項〔Ⅱ1〕）を踏まえれば，労契法10条の合理性判断としては，変更内容の実体的合理性ではなく，「労働組合等との交渉の状況」という手続面を重視して判断すべきであろう。この結果，職務発明規程の改訂に際して，使用者が発明従業者の利益を正当に代表する労働組合・従業者集団との間で十分な協議を行った場合は，原則として改訂の合理性を肯定すべきものと解される。他方，職務発明規程の改訂によって相当の利益が発明の価値に照らして著しく過少となる結果が生じうる場合は，特許法35条の解釈として例外的実体的審査が肯定される（Ⅱ3(1)(b)）のと同様，労契法10条の解釈としても，変更内容の実体的合理性を綿密に検討すべきものと解される。その場合，10条は，労働条件変更の合理性について「変更後の就業規則の内容の相当性」を明示しており，その解釈に際して，不利益変更を補う代償措置・経過措置の存否が重視される[34]ことから，相当の利益に関する合理性審査の考慮要素が明確化されるとともに，前述した職務発明規程の改訂においてこれら措置が講じられていない場合は，変更の合理性が否定されることがありうる。この場合，職務発明規程の改訂が特許法35条の解釈としては不合理性を否定される場合も，労契法10条の解釈としては合理性を否定され，拘束力を否定されることになる[35]。

---

34)　土田・前掲注1）書560頁以下参照。これに対し，特許法35条は，労契法10条の「変更後の就業規則の内容の相当性」に相当する考慮要素を明示していない。

35)　本文（Ⅱ4(1)）に述べたとおり，特許法35条6項の指針は，労働協約・就業規則で相当利益の決定基準を定めた場合の35条の優先適用を認めるが，これはあくまで特許法の規律が従業者に有利に機能する場合に関する論述であり，逆に特許法の規律が従業者に不利に働く場合（労働法の規律の方が有利な場合）については沈黙している。このような場合について，労働法の適用を肯定すべきではないかというのが私見である。他方，特許法35条の存在を考えると，労契法10条の合理性審査（実体的内容審査）によって職務発明規程改訂の合理性が否定されるのは，本文の事例のように，当該改訂が従業者に著しい不利益を及ぼす場合に限定されるべきであろう。相当の利益については，特許法35条が基本法として規律を及ぼしているのであり，そうした法的状況の下で労契法10条の実体的規律を過剰に認めると，特許法35条の存在意義や政策目的を損なうことになり，適切でないと解される（本号掲載「シンポジウムの記録」130頁も参照）。

一方，職務発明規程の改訂が特許法35条の不合理性審査・労契法10条の合理性審査をクリアした場合も，なお35条独自の規律によって相当利益の不合理性が肯定される場合がある。前記のとおり（Ⅱ3(1)），35条によれば，相当の利益の不合理性は，最終的には使用者が個々の従業者に支給する利益額の不合理性によって判断され，実際の利益額が発明の価値に照らして著しく過少とされた場合は，例外的実体的審査によって利益の不合理性が肯定されうるからである。この場合は，職務発明規程の制度設計の段階で不合理性が否定され，かつ，利益額の決定に際して従業者の意見聴取が適切に行われた場合も，利益額の評価の段階で不合理性が肯定されることになる。

Ⅲ　職務著作

1　知的財産法学の理解

(1)　概　説

職務著作については，著作権法15条1項が一定の要件の下で，法人その他使用者（法人等）の業務に従事する者が職務上作成する著作物について，法人等が著作者となることを認め，法人等に著作権・著作者人格権の原始帰属を認めている。職務発明制度（特許35条）においては，特許を受ける権利が使用者に帰属する一方，その報酬として従業者の相当利益請求権が保障されるのに対し，職務著作については，使用者原始帰属が認められ，また，職務発明における相当利益請求権に相当する権利も規定されていない。ただし，「契約，勤務規則その他の別段の定め」があれば従業者帰属も可能とされており（著作15条1項1号），使用者原始帰属はデフォルト・ルールに位置づけられている。[36]

---

36)　このように，職務著作の場合は，職務発明のような従業者の報酬請求権が保障されていないため，いかなる著作物が職務著作に該当するか，特に，いかなる者が法人等の「業務に従事する者」に該当するかが問題となる。このうち後者の点について，判例は，法人との間で雇用関係にある者の「業務に従事する者」要件について，法人等の指揮監督下において労務を提供する実態にあり，法人等がその者に対して支払う金銭が労務提供の対価と評価できるか否かを判断基準とする立場を示している（RGBアドベンチャー事件・最判平15・4・11判時1822号133頁）。土田・前掲注1）書151頁参照。

大シンポジウム（報告④）

(2) 権利の帰属

そこで，以上のような著作権法の規律の当否が問題となるが，知的財産法学においては，特許法35条の改正を契機として，新たな検討が行われている。しかし，そこでは，創作者主義と一般雇用原則を踏まえて検討した結果，職務発明と異なり，職務著作が類型的に属人性（個性）の乏しい創作物であることを理由に，従業者への権利帰属を否定する現行法政策を支持する見解が有力である。その理由は，①従業者は，著作行為という労務提供に対して賃金の支払を受けており，雇用関係の下で経済的基盤が確保されているため，創作者の経済的自律という観点から従業者に著作物に係る権利の帰属を認める必要性は乏しいこと，②使用者が従業者を雇用して著作行為に従事させるのは，完成した著作物を自ら管理し利用するためであるから，使用者が職務著作に係る権利を取得できなければ雇用の目的が達成されず，使用者の著作投資へのインセンティヴは大きく減退すること，③職務著作は使用者の発意に基づき作成され，かつ使用者名義で公表されるため，創作者たる従業者よりも，使用者の方が著作物を有効に利用するための手段・方法を有していること等に求められる[37]。

それでは，2015年改正特許法における職務発明の規律（35条3項）と同様，著作権について従業者原始帰属をデフォルト・ルールとすることについてはどうか。しかし，この立法政策についても，職務著作は職務発明と異なり，日々の労働行為の中で大量に生産される創作物であり，使用者がそれら著作物全ての内容・価値を評価して著作権取得の要否を判断することは非現実的であるとして消極に解し，著作権の使用者原始帰属を肯定する見解が有力である[38]。

(3) 報酬請求権の否定

前記のとおり，職務著作においては，職務発明と異なり，従業者の報酬請求権は規定されていない。つまり，報酬請求権の側面でも一般雇用原則が貫徹されている。その理由は，ここでも，職務著作が属人性の強い知的創作物ではなく，一般の労働給付に近いという点に求められている。すなわち，職務著作を構成する職務（＝労働の遂行）および著作（＝労働の成果）はともに労働義務の

---

37) 横山・前掲注6）論文195頁以下。

38) 横山・前掲注6）論文197頁。

履行を意味し，成果（著作物）も，労働契約上の賃金の対象となるという理解である[39]。また，職務発明における従業者の相当利益について特別給付主義を支持して正当化する学説（Ⅱ 3(2)(b)）も，職務著作については，著作物が頻繁に成立する予測可能な成果物であり，著作物の利用許諾の対価は通常，賃金でカバーされると解し，報酬請求権を否定する現行法を支持している[40]。

　もっとも，知的財産法学においても，職務著作の中にも少数とはいえ属人性（個性）の強い著作物は存在するため，こうした著作物に限って職務発明（特許35条4項）と同様，従業者に法的インセンティヴを付与することは検討に値すると説く見解もある。しかし，この見解も結局，職務著作は企業内で日々大量に生産される知的成果物であり，多様な著作物の中でどこまでが利益付与に値する著作物かを確定することは困難であることや，使用者に対して著作物の内容・価値を評価して利益を付与することを法律上義務づけることは過大な負担をもたらし，著作投資へのディスインセンティヴを招く危険があることを理由に上記可能性を否定し，現行法の規律を支持している[41]。

2　若干の考察

　以上のとおり，職務著作においては，著作権の使用者原始帰属が認められ，従業者の報酬請求権も存在しない。これを職務発明と比較すると，同じく従業者（労働者）の知的労働成果に関する法的規律としてはバランスを欠くように思われる。紙幅の制約上，報酬請求権に絞って検討すると，著作権法の規律に対する端的な疑問は，従業者の報酬請求権を一律に否定し，属人性（個性）の強い職務著作に係る報酬請求権を否定してしまう点にある。この点，一口に著作物といっても，その性格は今日では大きく変化しており，属人性の強い著作物としては，過去は書籍・絵画等が中心であり，企業外部のアーティストが創作していたのに対し，今日では，ゲームソフト・コンピュータソフト・アプリケーション等が登場しているところ，これら著作物の特色としては，書籍・絵

39)　横山・前掲注6）論文200頁。
40)　潮海・前掲注21）論文161頁以下。
41)　横山・前掲注6）論文200頁以下。

大シンポジウム（報告④）

画と同様，属人性（個性）が強い一方，創作者が企業内部の従業者であり，企業に莫大な利益をもたらしうる点で重要な経済財であることが挙げられる。

こうした変化を踏まえると，上記のような属人性（個性）の強い職務著作については，職務発明と同様，高度の知的創造行為と評価すべきものであり，インセンティヴ論および特別給付主義の観点から，従業者による著作・創作のインセンティヴを促進し，社会の利益に寄与するため，従業者に報酬請求権を付与する法政策を検討する価値があるように思われる。この点，知的財産法学の理解（Ⅲ1(3)）についてコメントすると，上記のような職務著作は，もはや企業内で日々大量に生産される知的成果物（一般的労働給付の成果）ではなく，従業者（グループ）の個性（属人性）の現れた知的創作物と評価すべきものであり，この点で職務発明に類似する。したがってまた，こうした職務著作について，使用者に対して著作物の価値を評価して報酬の付与を義務づけることは過大な負担ではなく，著作投資へのディスインセンティヴともならないと考えられる。要するに，職務著作についても，個々の著作物の価値・性格（個性・属人性）に着目して報酬利益請求権を肯定する立法政策は可能と解される。[42]

もっとも，この立法政策論に対しては，①個々の著作物の価値・性格に着目することから，従業者に報酬請求権を付与すべき著作物か否かの判断は困難を伴うとの批判や，②従業者の報酬請求権については，「契約，勤務規則その他の別段の定め」（著作15条1項）で対処すれば足り，企業の自主的インセンティヴ施策に委ねれば足りるという批判が考えられる。しかし，少なくとも②については，職務発明についても同様の批判があり，それにもかかわらず，2015年改正特許法において従業者の相当利益請求権が肯定されたという立法経緯があること（Ⅱ3(1)）を指摘しておきたい。

（つちだ　みちお）

---

42)　この点については，横山・前掲注6）論文198頁以下が示す著作者人格権の従業者帰属例外肯定論および本シンポジウムの共同報告者である茶園成樹教授との議論から示唆を得た。

労働法と知的財産法の交錯領域
における集団的利益調整

天 野 晋 介

（首都大学東京）

I 問題の所在

　近年，知的財産の重要性が高まっている。知的財産戦略本部が作成した「知的財産推進計画2014」は，①職務発明制度の抜本的な見直し，②営業秘密保護の総合的な強化，等5つを最重点課題として示した。労働法との関係でこの二点は非常に重要であり，前者については，労働法と職務発明制度の問題として[1]，また後者については，労働者の退職後の競業避止義務・秘密保持義務という問題として[2]，労働法と知的財産法との交錯領域における議論が行われている。

　これらの問題は，もっぱら，「企業と労働者個人」の関係において，いかなる場合に，またどのような要件の下，両者の利益衝突に対処するかという点から検討が行われてきた。例えば，職務発明制度については，労働者の発明した職務発明をどのような場合に企業に帰属させるのか，また特許権が移転された場合に発明者はどのような権利を得るのかという「企業と発明者個人」との関係を中心とした議論がなされていた。また競業避止義務，秘密保持義務については，そもそもこれらの義務を認めるべきか，どのような場合にこれらの義務

1）　職務発明制度については，田村善之＝山本敬三編『職務発明』（有斐閣，2005年）が必読文献である。特に，労働法の視点から職務発明制度について検討しているものとして，土田道夫「職務発明とプロセス審査—労働法の観点から」同書146頁以下参照。

2）　競業避止義務については，石橋洋「企業の財産的情報の保護と労働契約」日本労働法学会誌105号（2005年）16頁以下，土田道夫「競業避止義務と守秘義務の関係について—労働法と知的財産法の交錯」中嶋士元也還暦記念論集『労働関係法の現代的展開』（信山社，2004年）189頁以下。

大シンポジウム（報告⑤）

を認めるべきかという，企業の営業秘密保護の必要性と労働者個人の職業選択・営業の自由との間の利益調整という観点からの研究が行われてきた。そして，副業・兼業が一般的ではなかった我が国において，競業避止義務・秘密保持義務が問題となるのが退職後であったことから，ここでの議論の中心は「企業と退職する労働者個人」との関係をどう考えるかという点にあった。このように，職務発明制度・競業避止義務・秘密保持義務という論点については，「企業と労働者個人」との関係からの研究が中心であり，労働組合という集団的視点を踏まえた研究はほとんど存在しなかった。

しかし，平成16年特許法改正は，職務発明制度について，労働組合の利益調整を不合理性判断において考慮し，さらに，平成27年の特許法改正は，この点をガイドラインで示すことにより一層強化し，労働組合の役割を明確にした。このことは，「企業と発明者個人」との関係で議論されてきた職務発明制度において重要な変化であり，競業避止義務・秘密保持義務を考える際に，集団的利益調整を加味した判断枠組みの可能性を示しうるものであると考える。

そのため，本稿では，Ⅱにおいて競業避止義務・秘密保持義務についての裁判例の分析を通じて，現状の問題点を明らかにする。Ⅲにおいて，知的財産法における労働組合の代表性について検討したうえで，労働組合による集団的利益調整を重視しているガイドラインを考察すると共に，アメリカ・イギリスの職務発明制度において，集団的自治が如何に位置づけられているかを紹介する。そしてⅣにおいて，競業避止義務・秘密保持義務についても，労働組合を通じた集団的利益調整を用いることによって，予測可能性を高める解釈論の可能性を示すと共に，検討すべき課題についての私見を述べたいと考える。

Ⅱ　退職後の競業避止義務・秘密保持義務についての裁判例

退職後の競業避止義務の有効性判断においては，労働者の競業避止義務の範囲が，従業員の地位，地域限定の有無・範囲，期間等に照らして合理的範囲に限定されていること，十分な代償措置が存在することが考慮される。この点，裁判所は法的安定性を備えた規範を提示しているとは言い難い。例えば，期間

については，制限期間を２年とした競業避止義務について，「比較的短期間」と評価する裁判例[3]がある一方で，１年という期間を「比較的長い」と評価する裁判例[4]もある。また，競業禁止地域の範囲についても，地域限定がなされていない場合に，「本件競業避止条項に地域の限定が何ら付されていない点も，適切ではない」と否定的に解する裁判例[5]もあれば，「本件競業避止条項には地理的な制限がないが，原告が全国的に家電量販店チェーンを展開する会社であることからすると，禁止範囲が過度に広範であるということもないと解される」とし，結論として，競業避止義務を認めた裁判例[6]もある。さらに，代償措置について，まったく代償措置が存在しない場合に，合理性を否定する裁判例[7]もあれば，代償措置が不十分であったとしても，競業避止義務の有効性判断においては影響を与えないとする裁判例[8]がある等，どのような内容であれば競業避止義務が肯定されるのかという点が不明瞭である。

　確かに，競業避止義務の有効性判断においては，当該秘密の性質や企業の業種・業態・規模，さらには，在職中の労働者の地位や職務内容など様々な事情を踏まえた検討が行われることから，事例判断的要素が強く，一般的な基準を定立することは困難である。しかしながら，現状のような予測可能性に乏しい規範であれば，企業・労働者双方にとってのデメリットが大きい。例えば，企業にとって，どのような内容であれば競業避止義務が肯定されるのかという点が不明瞭であれば，裁判リスクを恐れ，そもそも，競業避止義務の設定に消極的にならざるを得ないということが考えられる[9]。企業秘密の保護管理の重要性が社会的にも求められている今日において，秘密管理の一手段としての競業避止義務がそのような理由から用いられないということは，企業の選択肢を狭め

---

3 ）　フォセコ・ジャパン・リミテッド事件・奈良地判昭45・10・23判時624号78頁。

4 ）　モリクロ事件・大阪地判平23・３・４労判1030号46頁。なお，同事件の仮処分（大阪地判平21・10・23労判1000号50頁）では１年という期間を合理的と評価している。

5 ）　アメリカン・ライフ・インシュアランス・カンパニー事件・東京地判平24・１・13労判1041号87頁。

6 ）　ヤマダ電機事件・東京地判平19・４・24労判942号39頁。

7 ）　関東工業事件・東京地判平24・３・13労経速2144号23頁。

8 ）　ヤマダ電機事件・前掲注 6 ）。

大シンポジウム（報告⑤）

るものであり，妥当ではない。また，一方で，合理的範囲が不明瞭であること
は，労働者にとっても不利益となり得る。例えば，企業が制約の強い競業避止
義務を労働者に課したとしても，その有効・無効について予測し難い場合は，
高額な訴訟費用の負担を危惧するあまり，労働者は企業の提示した義務内容に
不満を抱えながらも従わざるを得ないという事態を招きうる。そうすると，労
働者の職業選択・営業の自由が過度に侵害されることとなり，妥当ではない[10]。

　このことは，秘密保持義務についても同様である。秘密保持義務の有効性は，
使用者の正当な利益保護に必要な合理的範囲に当該義務が限定されているか，
という点から判断される。そして裁判例では，保護されるべき秘密の範囲を，
誓約書の内容などから合理的範囲に限定して解釈しつつも比較的広範に認める
ものがある一方で[11]，秘密の範囲を画定する際に，不正競争防止法上の「営業秘
密」を参考とし，非公知性・有用性・秘密管理性を厳格に求めるもの[12]もあり，
競業避止義務同様，予測可能性に乏しいものである。

　以上のように，退職後の競業避止義務・秘密保持義務の有効性判断について
は，裁判規範として一定の判断基準が確立しているものの，法的安定性を十分
に備えているものとはいえず，予測可能性に乏しいものである。労働組合の関
与という集団的視点を合理性判断に組み込むことで予測可能性を向上できない
か。それを考える際に参考となるのが，平成27年改正特許法のガイドラインで
ある。

9）　アンケートによると，82.3%の企業が退職後の競業避止義務契約を締結していないと回
　答している。またそのうちの23.9%の企業が，その理由として，「契約の効果が不明瞭なた
　め」と回答している。経済産業省編『営業秘密保護のための競業避止義務の締結の方法』
　（経済産業調査会，2013年）527頁。

10）　樫原義比古「序章　アメリカにおける雇用関係終了後の競業禁止特約の研究—判例法理
　の展開を中心に」摂南法学50号（2015年）83頁。

11）　ダイオーズサービシーズ事件・東京地判平14・8・30労判838号32頁。

12）　エイシン・フーズ事件・東京地判平29・10・25 LEX/DB 文献番号25449017。

Ⅲ 職務発明制度における労働組合の役割

1 知的財産法と労働組合の役割

　職務発明制度・競業避止義務・秘密保持義務は、「使用者と労働者個人」との関係で議論されることが一般的であり、労働組合等の集団的視点を含んだ議論は乏しかった。その理由の一つに、そもそも、労働組合が、職務発明制度・競業避止義務・秘密保持義務の対象となる労働者を代表しうるのかという問題がある。職務発明制度で対象となる労働者は、発明労働者であり、その対象となり得る労働者は企業内において少数である。また、退職後の競業避止義務・秘密保持義務の対象となる労働者は、未だ終身雇用の意識が根強い我が国においては少数といえる。そのため、労働組合がそれら少数労働者の利益を代表できるのかという点が問題となる。

　この点、職務発明制度では、発明に対する対価として「相当の利益」が支払われるが、発明がもたらす利益は、発明自体から発生するだけではなく、その発明を用いて行われるその他の労働者による労務提供の成果でもある。そうすると、企業収益の公正な分配という観点から、発明者の権利・利益を十分に保障しつつ、他の労働者の利益を踏まえた対価算定基準の設定が求められ、その点からすると労働者代表としての労働組合の役割が重要となると考える。

　一方、競業避止義務・秘密保持義務について、企業別組合が主流なわが国において、退職する労働者の利益を労働組合が公正に代表できるのかという問題が考えられる。もっとも、全労働者に退職可能性がある以上、一種の退職条件の設定に関して労働組合が一定程度関与することは、現役労働者の利益保護にもつながるであろう。以上の点からすると、労働組合が職務発明制度・競業避止義務・秘密保持義務について、労働者を代表する意義は大きいと考える。

　次に、労働組合が十分な機能・役割を果たしうるのかについて検討する。まず職務発明制度において問題となるのが、発明者の発明の対価である「相当の利益」の算定であるが、そもそも「相当の利益」は労働条件と解することができるかが問題となる。この点、平成27年特許法改正前の立案担当者は、平成16

年改正前の概念・運用との連続性等を理由に労働条件であることを否定している（非労働条件説）[13]。しかし，発明とその対価は，労働契約における従業者の処遇に関する事項に属するため，労働条件と解することは可能である[14]。特に，平成27年改正によって，使用者が特許権を原始取得できるようになったこと，すなわち，一般雇用原則に近づいたことからすると，「相当の利益」とは発明という労働の対償であり，より一層「労働条件」と解するべきであろう。このように，「相当の利益」が労働条件である以上，労働組合が労働協約によって，制度設計・算定基準の策定を行うことは，労使の交渉力格差を是正し，発明従業者のみならず，その他の一般従業者の利益を保護するうえで重要な機能を有するといえよう。

　一方，競業避止義務・秘密保持義務については，複雑な問題が存在する。これらの義務は，退職労働者の職業選択・営業の自由を制限する強力な義務を課すものである。そのため，この義務設定については，純然たる「使用者と労働者個人」の関係に委ねるべきものであり，労働組合が関与できる余地は少ないようにも思われる。しかしながら，やはり使用者と退職労働者との間の交渉力格差を考えると，ここでも労働組合の関与による集団的利益調整が必要ではないだろうか。この点を考える上で参考になるのが，平成27年改正特許法のもとで作成されたガイドラインである。

2　職務発明制度の概要

　平成27年改正特許法のガイドラインを通じて，職務発明制度が労働組合の関与をどのように位置付けているのかを確認する前に，平成27年特許法改正に至るまでの流れについて紹介する[15]。

　平成16年以前，労働者の発明に対する対価である「相当の対価」については，「内容審査」が行われており，支給された「相当の対価」が，労働者の発明の

---

13)　木村陽一「新たな職務発明制度」L&T 24号（2004年）17頁。
14)　土田・前掲注1）論文152頁。
15)　井上由里子「平成27年職務発明制度改正についての一考察」特許研究60号（2015年）18頁以下参照。

価値と使用者側の貢献の程度を踏まえて算定される金額に満たない場合には，裁判所が発明者に不足額の支払いを認めていた。このような立場の下，いわゆる青色発光ダイオード事件[16]は，結論として200億円の対価支払いを認めた。「相当の対価」を「内容審査」によって決定する当時の特許法の立場は，予測可能性に乏しく，莫大な額の追加支払いのリスクを企業にもたらすものであり，産業界の反発を招いた。そこで，「相当の対価」を巡る予測可能性を高めるために，平成16年に特許法が改正された。

平成16年改正は，「相当の対価」の算定について，「契約，勤務規則その他の定めにおいて前項の対価について定める場合には，対価を決定するための基準の策定に際して使用者等と従業者等との間で行われる協議の状況，策定された当該基準の開示の状況，対価の額の算定について行われる従業者等からの意見聴取の状況などを考慮して，その定めたところにより対価を支払うことが不合理と認められるものであってはならない」との条文を追加し，手続審査に重きを置いたものとなった。すなわち，労使で合理的な手続（協議・開示・意見聴取）を経て「相当の対価」が決定された場合はそれを尊重し，一方，手続が不合理である場合は，裁判所による内容審査によって「相当の対価」を決定するという立場である。そして，この際に求められる手続について，特許庁は，使用者等と従業者等との間での不合理な対価決定を予防する観点から，明らかに対価決定が不合理とされる事例などを紹介する事例集を作成し[17]，予測可能性を高めた。もっとも，手続が不合理と判断された場合は，裁判所による内容審査が行われ，裁判所が相当の対価額を決定することとなっており，また実際に手続を不合理と判断した裁判例もあり[18]，更なる予測可能性の向上が求められた。そこで，平成27年改正が手続についての更なる精緻化を図ることとなった。

平成27年改正は，特許権の予約承継だけでなく，使用者による原始取得を認め（特許法35条２項），また，金銭のみに限定されていた「相当の対価」を，昇進・昇給やストックオプションの付与など金銭以外の経済的利益を含む概念と

---

16)　日亜化学工業事件・東京地判平14・9・19労判834号14頁。

17)　特許庁編『新職務発明制度における手続事例集』別冊 NBL 96号（2004年）。

18)　職務発明対価請求（野村證券）事件・知財高判平27・7・30 LEX/DB 文献番号25447416。

して「相当の利益」に変更した（同条 4 項）。そして，手続審査を重視する枠組みを維持したものの，その不合理性判断についてのガイドラインを作成し（同条 6 項），手続審査に重きを置いた立場を鮮明にするとともに，不合理性判断の内容をより一層明確にした。ガイドラインには法的拘束力はないものの，それに沿った手続が履践された場合は，裁判規範においても相当程度尊重されると考えられることから，ガイドラインの内容に即した手続の履行は，「相当の利益」判断において非常に重要なものとなる。[20]

「相当の利益」の不合理性は，「協議」・「開示」・「意見聴取」の状況という手続全般から総合的に判断される。「協議」とは，相当の利益についての基準を策定する際に行われる，使用者と発明従業者，又はその代表者との話し合い全般を意味する。次に「開示」とは，協議の結果，策定された基準を当該基準が適用される発明従業者等に対して提示することを意味する。最後に，「意見聴取」とは，協議によって定められた基準に基づいて具体的に相当の利益の内容を決定する場合に，その決定に関して，当該職務発明をした従業者等から意見を聴くことを意味する。「開示」，「意見聴取」は，実際に発明をした従業者に対して行われる手続であるが，「協議」は，必ずしも発明従業者に限定されず，発明従業者を代表する者によるものも認められている。つまり，労働組合は，この「協議」において重要な役割を担うのである。では，ガイドラインは，労働組合をどのように位置づけているのであろうか。ここでは，特許法独自の概念が導入されており，それを労働法の観点から如何に理解すべきかが問題となる。

3　職務発明制度における労働組合の役割

（1）　代表制　　労働組合の代表性についてガイドラインは，「労働組合の代表者が当該労働組合に加入している従業者等を正当に代表している」ことが必

---

19)　経済産業省告示第百三十一号。
　　https://www.jpo.go.jp/seido/shokumu/files/shokumu_guideline/guideline_02.pdf
20)　深津拓寛＝松田誠司＝杉村光嗣＝谷口はるな『実務解説職務発明—平成27年特許法改正対応』（商事法務，2016年）44頁。

要としている。そして、「正当に代表している」とは、「当該従業者等が、当該代表者に対して使用者等との協議について明示・黙示に委任していることをいう。」と規定している。「相当の利益」を労働条件と解すると、労働組合に加入している組合員については、労働条件規制権限が労働組合に付与されていると考えるのが通常である。しかしながら、ガイドラインは、従業者の加入意思のみでは不十分と解し、別途委任を求める立場を採っている。この点から、特許法が、職務発明にかかる「相当の利益」については、発明従業者個人の権利であるという点を重視していることが読み取れる。

（2）協議の態様　次に協議の態様については、「使用者等が自らの主張を繰り返すだけで、その主張の根拠（資料又は情報）を示さない等、十分な話し合いを行わずに協議を打ち切った場合には、不合理性の判断における協議の状況としては、不合理性を肯定する方向に働く」と規定しており、労組法上の誠実交渉義務と類似の判断枠組みが採られている。ただし、特許法が、労働法における団体交渉についての誠実交渉義務と同程度のものを求めているかは不明である。確かに、労働法上、誠実交渉義務が尽くされた正当な団体交渉と評価される場合は、特許法においても、協議の不合理性が否定されるであろう。一方で、労働法上、誠実交渉義務が十分に尽くされず、団体交渉が正当といえない場合であっても、協議の不合理性が直ちに肯定されるわけではなく、協議の不合理性が否定される場合も十分に考えられる。[22]

（3）労働協約との関係　労働組合と使用者の合意が必要か、換言すると、「相当の利益」についての制度・算定基準が労働協約として妥結されなければならないのかという問題がある。ガイドラインは、「合意がある場合は、不合理性を強く否定」するとしており、労働協約の締結が望ましいという姿勢を示しつつも、一方で、「合意がないことから不合理性は直ちに肯定されない」と

21）カール・ツアイス事件・東京地判平元・9・22労判548号64頁。ガイドラインの文言は、大部分において、カール・ツアイス事件の判旨と重なる。

22）したがって、このような場合は、特許法における協議としては、不合理性は否定されるものの、団体交渉としては、誠実交渉義務違反となり、責任を追及されることがあり得ることとなる。土田・前掲注1）論文189頁。

大シンポジウム（報告⑤）

し，協約化がなされなかったとしても，労働組合の関与を協議の不合理性判断
において重視する姿勢を示している。

　それでは，労働協約において，制度・算定基準が規定されている場合はどう
か。「相当の利益」と規範的効力の関係が問題となる。ガイドラインには，「基
準を含む労働協約が，労働組合法14条に規定する労働協約の効力発生要件を満
たしていることをもって，直ちに不合理性が否定されるものではない」と記し
ている。ここで注目すべきは，「直ちに不合理性が否定されるものではない」
という文言である。ここでガイドラインが述べる不合理性とは，「相当の利益」
全体としての不合理性である。労働協約が労組法14条の要件を満たして成立し
た場合，労組法16条の規範的効力によって，組合員の労働条件は協約の内容に
拘束されるはずである。そうすると，「協議」以外の「開示」，「意見聴取」に
おいて不合理性があったとしても，規範的効力によって「相当の利益」が確定
することになる。しかしガイドラインは，例え規範的効力が生じたとしても，
「開示」，「意見聴取」において不合理性がある場合は，「相当の利益」全体とし
ての不合理性を肯定し，規範的効力を否定するという立場を鮮明にしている。
例えば，労働協約で金額が確定しているが，開示・意見聴取において不備があ
り，全体としての不合理性が肯定された場合は，労働協約の規範的効力を否定
し，裁判所が例外的に内容審査を行い，利益算定を行うこととなる。理論的に
は，労働協約の内容が特許法の要件を満たさない（特許法に違反する）ことから
規範的効力が否定されると解することができる。[23] このようにガイドラインは，
「相当の利益」という発明従業者個人の権利を主眼とする特許法の特殊性から，
労働組合と使用者の集団的合意を優先せず，その合意内容をあくまでも集団的
利益調整の結果として尊重しているに過ぎないのである。

　(4) 非組合員との関係　　ガイドラインは，多数の従業者が加入する労働組
合が誠実かつ公正な交渉を行った場合は，非組合員についても協議の不合理性
が否定される方向に働くとし，一定の場合には，労働組合と使用者が作成した
制度・算定基準が委任をしていない者にも及ぶとしている。平成16年改正の際

---

23)　一方，特許法と労働法との間で抵触する場合は，特許法を優先適用することによって解
　　決すべきとする立場も有力である。土田・前掲注１）論文197頁。

に作成された事例集では，労働組合との協議は非組合員との関係では協議とはみなさないとしており，27年改正によって労働組合の役割がより一層拡大したと評価することができる。したがって，仮に4分の3を超える従業者が加入する労働組合の場合は，労組法17条により労働協約の内容が拡張適用されることとなろう。[24] 一方，4分の3に満たない場合であっても，ガイドラインが「多数の従業者などが加入する労働組合」と表現していることから，労働協約の内容が尊重されることになると考える。[25]

（5）　まとめ　　このようにガイドラインは，労働組合による協議について，労組法とは異なる特許法独自の立場を採用している。このガイドラインの内容は如何に理解すべきであろうか。特許法は，「相当の利益」が発明労働者個人の権利であるという前提に立つ。そのため，労働組合に協議を委ねる場合は，組合加入意思だけではなく，明示・黙示の委任を必要とし，また，労働組合の強力な労働条件設定権限を一定程度制限し，例え労働協約で制度・算定基準が定められたとしても，その規範的効力から直ちに全体の不合理性を否定しないという立場をとっている。労働組合は，発明者の利益代表としての機能を有すると共に，一般労働者の利益代表としての機能も有する。そのため，一般労働者の利益を重視するあまり，発明者の利益を軽視する危険性もある。したがって，労働組合の関与のみによって不合理性を否定することは，発明者の権利が十分に保障されないこととなる。一方で，労使の交渉力格差の是正という観点，ならびに，予測可能性の向上という使用者に対する手続的インセンティブの付与という点から，労働組合の持つ制度設計機能，利益代表機能[26]に着目し，算定基準を含む制度設計については，労働組合の関与を重視・尊重している。このことは，非組合員との関係において，多数組合による協議を不合理性判断で考

---

24)　平成27年改正前において，労組法17条による拡張適用については，否定的な立場が有力であった。土田・前掲注1）論文197頁，田村善之＝津幡笑「職務発明の相当な対価請求に関する手続的な規律のあり方」季労213号（2006年）67頁。

25)　この点，我が国が複数組合主義を採り，全ての労働組合に対して団結権・団体交渉権を保障していることからすると，別組合あるいは少数組合に対しては，多数組合の労働協約の内容は及ばないと解するべきである。日産自動車事件・最三小判昭60・4・23民集39巻3号730頁。

慮していることからも明らかである。このように，特許法は，発明者個人の権利である「相当の利益」判断において，労働組合による集団的利益調整を加味しており，集団的自治と個別的自治を相互補完的に考慮しているのである。[27] つまり，労働組合の制度設計機能・利益代表機能を重視して，制度設計においては重要な役割を与える一方で，発明労働者の利益に配慮することで，両者のバランスを調整しているものと評価できる。

4　諸外国の職務発明制度

　集団的自治と個別的自治を相互補完的に考慮することで，「相当の利益」の不合理性判断を行う日本法と異なる制度をもつ国として，アメリカとイギリスの職務発明制度を紹介する。

　まず，個別的自治という側面のみから職務発明制度を運用しているのがアメリカである。[28] アメリカ法は，ある特定の発明のために雇用されている労働者による特定の発明については，発明譲渡契約がなくとも使用者に帰属する場合（いわゆる Hired to Invent）があるとするものの，原則として特許権は発明者に帰属するとし，[29] 特許権の承継については，一般的に譲渡契約による譲渡という方法を採る。[30] この譲渡契約については，コモン・ローや州法による規制[31] がかかるものの，その際の「対価」についてはさほど考慮されない。なぜならアメリカでは，発明に対する対価は給与その他の一般的な給付で足りるとし，そのように解しても企業は有能な発明者の引き止めのために高額の報酬を支給する，

26）　労働組合の機能については，木南直之「労働組合の概念，意義，機能」日本労働法学会編『講座　労働法の再生　第5巻　労使関係法の理論課題』（日本評論社，2017年）139頁以下。

27）　山本敬三「職務発明の対価規制と契約法理の展開」田村＝山本編・前掲注1）書140頁。

28）　アメリカ法についての参考文献として，日野勝吾「アメリカにおける職務発明法理と労使間の衡平な権利・利益調整システムの構築（1）～（3）」CHUKYO LAWYER 7（2007年）75頁，9（2008年）61頁，10（2009年）70頁。

29）　US Patent Act, 35 U.S.C. §§111, 118.

30）　Speedplay Inc v. Bebop Inc. 211 F. 3d 1245 (Fed. Cir 2000).

31）　例えばイリノイ州の "Employee Patent Act" では，従業者保護の観点から，発明譲渡契約を規制している。

また，仮に十分な報酬が支払われないとしても，不満な発明者は転職を通じて自己の経済的利益の保護を図ることができるという事情から，労働者保護の必要性が低いと理解されているからである[32]。また，労働組合が発明譲渡契約に関与することは理論上可能ではあるものの，実際に関与することはまれである。その理由としては，高い能力を有する発明者の多くが，経営幹部になりたいことから，経営陣と敵対することを望まないこと，また，組合としても発明者の利益を重視することは，組合に加入する大半の一般従業員との間で利益衝突の可能性があり，適切な団体交渉が行われにくく，また行うとしても少数の利益にしかならない課題であることから，優先順位が下位に位置づけられるという事情がある[33]。このようにアメリカでは，集団的視点が職務発明制度において考慮されることはなく，企業と発明者との契約（個別的自治）によって処理されることとなる。

　一方，イギリスは，特許法39条によって，職務発明に該当すれば，その特許権は使用者に帰属することになる。そして，承継の対価については，40条が，「使用者の企業の規模及び性質に照らし，当該発明若しくはそれに係る特許が当該使用者に著しい利益（outstanding benefit）をもたらし，それに対しての補償金の裁定を受けるのが適切であると判断される場合は，裁判所が別途補償金についての裁定を行う」と規定している。一見すると日本法と類似しているようにも見えるが，ここで重要なのは，全ての職務発明に対して対価が支払われるのではなく，会社に「著しい利益」をもたらした職務発明のみが補償金の裁定を受けることができるという点である。したがって，通常の発明について，使用者は対価を支払う必要はない。この背景には，アメリカ法同様，発明に対する対価は，給与その他一般的な給付で足りるという理解があり，そのため特別の対価を不要としているのである。それでは，どのような場合に「著しい利益」をもたらしたと判断されるのか。裁判所は，「特許法40条は，"significant（意味のある）"，"substantial（実質的）"ではなく，敢えて，"outstanding（著し

32）　井関涼子「米国における従業者発明」田村＝山本編・前掲注１）書267頁。

33）　Jay Dratler Jr., Incentives for People: The Forgotten Purpose of the Patent System, 16 Harv. J. On Legis. 129, 144-148 (1979).

い)"という言葉を使っている。そのため、ここの利益は、日常的な利益以上のものが求められ、従業員が賃金を得て義務を果たした通常の結果以上のものが求められる。そのため、企業規模などを考慮した上で、総合的に著しいか否かを検討する必要がある。」と判断しており、企業業績にどのような利益を与えたかという点が企業規模に応じた売上高・利益などから判断されている。[34] もっとも、「著しい利益」と認めた裁判例は、ほとんどない。[35] これについては、「Too big to Pay」ルールというものがあり、会社の規模が大きくなればなるほど、発明がもたらす利益が企業業績に対して少額となることから、大企業においてはほとんど認められないからである。例えば、大企業グループに36億円という一見すると高額の利益をもたらした発明について、裁判所は、大企業グループの売上高からすると36億円では企業業績に対する寄与度が低く「著しい利益」とは言えないと判断している。[36] このように、発明に対する対価支払が肯定されるケースは極めてまれであるということができる。一方、40条の(3)は、仮に発明が企業に「著しい利益」をもたらしたとしても、関係団体協定において補償金の支払いを定めている場合は、裁判所による補償金の裁定を適用しないという免除ルールを定めている。[37] そして、仮にこの関係団体協定によって定められた金額が、裁判所の裁定する補償金の額よりも少なかったとしても、その定めが尊重されるとしている。[38] この点は、ある意味で、イギリス法においては、労働組合による集団的自治が機能しているとの評価が可能である。

　以上をまとめると、個別的自治のみを重視するアメリカ法と、一定の場合に

---

34)　Kelly and Chiu v. GE Healthcare LTD［2009］EWHC 181（Pat）.

35)　従業者による発明が危機に瀕していた企業を救ったことから補償金の裁定が認められた事案として、前掲注34）。

36)　Shanks v. Unilever Plc & Ors［2017］EWCA Civ 2. 2450万ポンドの利益をもたらした発明ではあるが、Unilever 社の企業規模（グループ）における売上高と利益からすると発明による寄与は小さく、「著しい利益」とは言えないとした。

37)　「関係団体協定」とは、当該従業者の所属する労働組合又はその代理人により及び当該使用者又はその所属する使用者団体により作成されて発明当時に効力を有する団体協約であって、1992年労働組合労働関係（統合）法の趣旨に該当するものをいう（40条⑹）。

38)　Terje Gudmestad, Patent Law of United States and the United Kingdom: A Comparison, 5 Loy. L. A. Int'l & Comp. L. Rev. 173, 186（1982）.

集団的自治を尊重するイギリス法という違いを見出すことができる。この点からしても，集団的自治と個別的自治の両側面から労働者保護を図ろうとする我が国の職務発明制度の特殊性を見出すことができる。

Ⅳ　知的財産法と労働法の交錯における集団的利益調整の可能性

　労使の交渉力格差の是正，使用者に手続的インセンティブを付与することによる予測可能性の向上という観点から，特許法は労働組合の関与による「相当の利益」算定の制度設計を尊重している。もっとも，ここで尊重されるのは，「合理的なルールの設計」についてであり，それを当てはめた結果，発明者に著しい不利益が生じた場合は，不合理性が肯定されることとなる。つまり，特許法は，協議の場面においては，集団的利益調整を尊重しつつ，個別の当てはめの場面については，発明労働者の利益保護の観点からの不合理性審査を行っているのである。このような考え方を予測可能性に乏しい，競業避止義務・秘密保持義務についても反映できないであろうか。

1　退職後の競業避止義務と労働組合の役割
　例えば，競業避止義務の場合，労使の間で，競業避止義務のひな形を作成しておくことが考えられ，その点で労働組合の機能が意義を有すると考える。具体的には，競業避止義務の期間や地域範囲，代償などについてあらかじめ制度設計しておき，企業が退職労働者との間で競業避止義務特約を締結する際には，そのひな形に沿った内容にするよう，労働組合と使用者との間で労働協約として定めるという方法が考えられる。競業避止義務が退職労働者の行動の制約を意味することからすると，労働協約の規範的効力としてではなく，債務的効力として規定すべきと考える。期間や地域，代償については，労働者の在職中の地位や担当していた職務の内容を踏まえて決定されるべき部分もあることから，単一的な規定ではなく，期間については，「半年～2年」というふうに幅を持たせた制度設計をしておき，特約締結の際に使用者にそのレンジから期間を選択させるという方法も可能であろう。このように競業避止義務特約について，

大シンポジウム（報告⑤）

企業の実情に即した制度設計が存在し，それに応じて締結されたものについて
は，労働組合との集団的決定を尊重し，一応の合理性を肯定するという解釈論
が考えらえる。もっとも，競業避止義務は労働者個人の権利を著しく侵害しう
るものであることからすると，そもそも競業避止義務特約を締結する必要がな
い場合や，労働者の在職中の地位等に照らして，労働者に過度の不利益を与え
るような場合，あるいは，退職時に使用者が十分な手続を履行しないまま，一
方的に義務を課している場合など，退職労働者に著しい不利益が生じていない
かの，積極的な内容審査を行う必要があろう。競業避止義務がそもそも退職労
働者の権利を侵害することを前提としていることからすると，経済的利益の算
定を行う職務発明制度以上に厳格な審査が求められよう。このように，競業避
止義務特約の有効性判断の際に，制度設計における労働組合による「集団的自
治」と個別労働者の不利益審査という「個別的自治」を相互補完的に考慮する
ことで，労使の交渉力格差を是正し，予測可能性を高めることができると考え
る。

2　退職後の秘密保持義務と労働組合の役割

　また，秘密保持義務についても，労働組合が秘密管理規程の策定等において
積極的に関与することで，予測可能性を高めることが可能であると考える。例
えば，秘密管理規程において，秘密の種類や秘密管理の方法について明確に定
めておき，その内容について労働組合が了承しているような場合には，その秘
密の種類，秘密管理の方法が当該企業において合理的なものであるとして評価
すべきではないだろうか。確かに不正競争防止法上の守秘義務については，厳
格な「秘密管理性」，「有用性」，「非公知性」の要件をあてはめる必要がある。
しかしながら，契約上の秘密保持義務についてまで，不正競争防止法類似の厳
格な要件を求めることは，両義務の射程範囲を同一のものにしてしまう結果，
企業の採るべき秘密管理政策の手段を奪ってしまう恐れがある。そのため，労
働組合との間で集団的決定がなされているような場合には，その集団的自治を
尊重すべきではないか。また，現在の裁判例においては，秘密保持義務につい
ては，期間等の要件を課していないが，労働組合が労働者の利益保護の観点か

ら，使用者との間で秘密保持義務の期間についても定める等，より労働者利益に即した適切な契約内容を設定しうるというインセンティブも存在すると考える。もっとも，秘密保持義務は，退職労働者の行動を制約するものであることからすると，競業避止義務同様，そもそも秘密保持義務契約を締結する必要がない場合や，労働者の在職中の地位などに照らして労働者に過度の不利益を与えるような場合，あるいは，退職時に使用者が十分な手続を履行しないまま一方的に義務を課する場合など，退職労働者に著しい不利益が生じていないかについて積極的な内容審査を行う必要があろう。

Ⅴ　おわりに

企業の知的財産政策については，企業毎に策定する必要があり，その決定については，使用者がイニシアティブをとった制度設計を行うことが必要であるが，使用者の一方的決定に委ねることは，労働者に大きな不利益を与える危険性がある。したがって，労使の交渉力・情報力格差を是正し，使用者の制度設計に対して関与・監視できるシステムが求められ，その点で労働組合が重要な役割を担うことができる。労働者の利益を保護・代表する立場の労働組合が使用者と共同して制度設計を行うことで，労使の利益に沿う制度設計が可能となる。そして，集団的自治に基づいて策定された制度等については，その集団的決定を尊重し，制度の側面からの一応の合理性を認めるべきである。もっとも競業避止義務・秘密保持義務は，退職労働者の職業選択の自由・営業の自由を侵害する危険性が極めて高い。そうすると，集団的自治のみを重視することは望ましくない。したがって，制度設計において，集団的自治を尊重しつつも，個別的な審査を肯定すべきである。この点，職務発明制度は，「協議」の側面において集団的自治を尊重する一方で，「開示」，「意見聴取」の場面で個別労働者の利益を考慮しており，参考になる。[39]

特許法のガイドラインは労働組合以外に「発明従業者の利益を代表する者」

---

39)　労働組合による積極的な関与の必要性について言及するものとして，土井由美子「労働者の視点から見た改正法の施行に向けた課題」季労250号（2015年）68頁。

大シンポジウム（報告⑤）

との集団的な協議も可能としており，集団的自治の主体としては過半数労働者代表や従業員代表制等の可能性も存在する。特に，少数労働者の利益が問題となる，職務発明制度においては，特定の労働者の利益を代表する集団的な代表制についての検討も必要となる。今後は，労働組合に限定されない多様な集団的利益調整の方法が検討されるべきである。これらの点については，今後の課題としたい。

（あまの　しんすけ）

労働法と知的財産法の交錯に関する問題の検討

茶　園　成　樹

(大阪大学)

I　はじめに

　本シンポジウムの最初の報告「シンポジウムの目的・テーマの俯瞰」において，野川忍教授は，労働法と知的財産法を比較して，労働法が，労働者保護と労使自治の原則を基本としつつ，労働者・使用者間の利益調整を主要な役割の1つとする法領域（規制対象は，労働契約という人的関係）であるのに対して，知的財産法が，知的創作物の保護・利用と公正な競争市場の規律・維持を目的とする法領域（基本的な対象は，財貨と市場の規律）であり，両者が関係する最大の契機は，知的創作物や競争市場における情報を扱う主体の多くが労働者であることと述べられている。

　労働法と知的財産法の主たる役割や目的にこのような違いがあるとしても，知的財産法においても，労働者が保護・利用される知的創作物を創造するのであり，使用者が労働者による知的創作物の創造を促し，創造された知的創作物の利用を行うのであるから，知的創作物が活発に創造され利用されるためには，労働者・使用者間の利益調整が適切に行われる必要がある。そのため，労働法と知的財産法の交錯領域において労働者と使用者の利益をどのように調整するかについては，どちらか一方の側だけから考えるのでは不十分であり，両法の考え方を踏まえた検討が行われなければならない。この点から，本シンポジウムは，大変有意義な試みということができる。

　以下では，本シンポジウムの報告において議論された論点のいくつかについて，知的財産法を専攻する研究者の立場から若干の検討を行うこととしたい。

大シンポジウム（報告⑥）

II 営業秘密保護と守秘義務

1 両者の比較

営業秘密は，不正競争防止法2条6項に定義されているように，秘密管理性要件（「秘密として管理されている」），有用性要件（「事業活動に有用」），非公知性要件（「公然と知られていない」）を満たす技術上・営業上の情報である。営業秘密に関する不正競争行為は，不正競争防止法2条1項4号～10号に規定されているが，労働者と最も関係するのは7号であり，同号は，営業秘密保有者から「営業秘密を示された」場合において，図利加害目的で（「不正の利益を得る目的で，又はその営業秘密保有者に損害を加える目的で」），その営業秘密を使用・開示する行為と規定している。

他方，守秘義務については，労働者は，在職中においては，信義則に基づく誠実義務（労働契約法3条4項）として当然にこの義務を負うと解されている。この場合，守秘義務の保護対象には営業秘密に該当しない情報も含まれ，また，使用者から当該情報を示された場合でなくても，また，当該情報の使用・開示に図利加害目的がなくても，義務違反が成立し得るとされている。これに対して，退職後には，守秘義務が発生するためには労働契約上の明確な根拠が必要であるとする見解が有力である[1]。この場合の保護対象や違反行為は在職中と同様に広く解されているが，労働者の職業選択の自由を不当に制限する場合は，公序良俗違反となるとされる[2]。

---

1) レガシィ事件・東京地判平27・3・27労経速2246号3頁，土田道夫『労働契約法〔第2版〕』（有斐閣，2016年）708頁，荒木尚志『労働法〔第3版〕』（有斐閣，2016年）280頁，松村信夫「退職従業者に対する競業行為の制限」日本工業所有権法学会年報30号（2006年）184頁，192頁。反対：石橋洋「企業の財産的情報の保護と労働契約」日本労働法学会誌105号（2005年）16頁，26頁，田村善之『競争法の思考形式』（有斐閣，1999年）65頁。

2) マツイ事件・大阪地判平25・9・27労働判例ジャーナル21号10頁。ダイオーズサービシーズ事件・東京地判平14・8・30労判838号32頁，ダンス・ミュージック・レコード事件・東京地判平20・11・26判時2040号126頁も参照。

2 保護対象

(1) 守秘義務の対象の広さ　前述したことから明らかなように、守秘義務の保護対象は営業秘密よりも広い。たとえば、学説では、会社のスキャンダル等の有用性を欠く情報も守秘義務の対象となり得ると主張されている[3]。また、ある裁判例では、営業日誌に記載された顧客情報に関する事案において、原告（懲戒解雇された被告の元社員）は、保護されるべき「秘密」とは、秘密管理性、有用性、非公知性の「三要件を具備していることが必要であるとして、営業日誌の記載事項はこれに当たらないと主張する。しかし、原告の主張は、不正競争防止法にいう『秘密』の解釈としてはともかく、被告が就業規則及び従業員服務規程で『漏洩』等を禁じている『取引先の機密』及び『職務上知り得た秘密』の解釈としては相当でなく、同主張は採用することができない」と述べられた[4]。

(2) 最近の裁判例の動向　しかしながら、最近の裁判例には、守秘義務の保護対象に関して営業秘密の3要件を考慮するものがある。関東工業事件判決は、営業秘密と同義に関する必要はないが、労働者の行動を不当に制約しないように、少なくとも秘密管理性と非公知性が必要であると述べた[5]。レガシィ事件判決でも、「機密保持義務の対象となる機密は、不正競争防止法上の営業秘密よりも広い範囲のものとなり得るが、同時に、その守秘義務の範囲が無限定なものとなり、過度に労働者の権利ないし利益を制限したり、情報の取扱いについて萎縮させることのないように、その範囲を限定されると解される」と述べられ、非公知性、有用性および秘密管理性が必要であるとされた[6]。エイシン・フーズ事件判決も、非公知性、有用性および秘密管理性を要すると述べた[7]。

---

3) 土田・前掲注1）書124頁、岩出誠「情報の管理—労働者の守秘義務、職務発明・職務著作等の知的財産権問題を中心として」日本労働法学会編『講座21世紀の労働法　第4巻』（有斐閣、2000年）114頁、119頁。

4) 日産センチュリー証券事件・東京地判平19・3・9労判938号14頁。この事件で問題となった顧客情報は、必ずしも明らかではないが、秘密管理性要件が満たされないものであったようである。

5) 関東工業事件・東京地判平24・3・13労経速2144号23頁。

6) レガシィ事件・東京地判平27・3・27労経速2246号3頁。

7) エイシン・フーズ事件・東京地判平29・10・25（平成28年（ワ）第7143号）。

大シンポジウム（報告⑥）

　これら３判決のうち，レガシィ事件では３要件が満たされると判断されたが，関東工業事件およびエイシン・フーズ事件では秘密管理性が満たされないことを理由に保護が否定された。このような最近の裁判例の動向は，次に見るように営業秘密の秘密管理性要件および非公知性要件の趣旨に照らせば，基本的に妥当なものと評価することができる。

　（３）　営業秘密に該当しない情報の保護　　営業秘密に該当しない情報も保護されるということは，保護される情報が営業秘密の３要件を満たす必要はないということである。そこで，営業秘密の３要件のそれぞれについて検討する。

　営業秘密の秘密管理性要件の趣旨は，当該情報が営業秘密であることを客観的に認識できるようにすることによって，従業員等の予見可能性，経済活動の安定性を確保することにある[8]。次に，有用性要件は，法的保護を行うに足りる社会的意義と必要性のあるものに保護対象を限定するために設けられたものである。これにより，スキャンダル情報等の事業活動に有用とはいい難い情報は保護されない。また，反社会的な情報も有用性を満たさず，保護対象に含まれない[9]。最後に，非公知性が要件とされたのは，保護を受ける固有の価値を有する情報に限定しようとするためであり，また，公知な情報に保護を及ぼすと社会的に混乱が生じるからである[10]。

　これら３要件のうち，有用性要件は，公正な競争を確保しようとする不正競争防止法の保護対象となるための当然の要件といえようが，この要件を満たさない情報であっても，スキャンダル情報のように，その開示が使用者の利益を害するものがある。そのため，そのような情報も守秘義務の対象に含めるのが適切であると思われる[11]。

８）　ダンス・ミュージック・レコード事件・東京地判平20・11・26判時2040号126頁，ロボットシステム事件・名古屋地判平20・３・13判時2030号107頁，経済産業省知的財産政策室編『逐条解説　不正競争防止法』（商事法務，2016年）40頁，経済産業省「営業秘密管理指針」３頁〈http://www.meti.go.jp/policy/economy/chizai/chiteki/trade-secret.html〉。

９）　公共土木工事単価情報事件・東京地判平14・２・14（平成12年（ワ）第9499号）。その他，発熱セメント体事件・大阪地判平20・11・４判時2041号132頁は，問題となった技術情報が当業者であれば通常の創意工夫の範囲内において適宜に選択する設計的事項にすぎないなどとして，有用性要件が満たされないとした。

10）　通商産業省知的財産政策室監修『営業秘密』（有斐閣，1990年）59頁。

これに対して，秘密管理性要件を満たさない情報については，労働者にとって法的に保護されるべきものかどうかを判断することが困難であり，また，非公知性要件を満たさない情報を保護することは，公知情報が原則としてすべての者が利用できるものであるにもかかわらず，守秘義務を負う労働者だけが利用できないこととなって，その者の職業選択の自由を阻害することとなる。

以上のことから，守秘義務は，有用性要件を満たさない情報も対象とすることができ，この点で営業秘密に該当しない情報も保護し得ることになるが，保護されるためには，秘密管理性要件および非公知性要件を満たすことが必要であるといえよう[12]。

3　規制行為

不正競争防止法2条1項7号は，図利加害目的を要件としているのに対して，守秘義務の場合には，故意過失で足りる[13]。また，7号では，営業秘密保有者から「営業秘密を示された」場合が対象となっているところ，この文言に関して従業員自身が開発した情報の利用に対して同号が適用されるかどうかについて見解の対立があり，同号の適用を否定する説もあるが[14]，守秘義務の場合には，

11）　なお，反社会的な情報については，その開示は内部告発として正当な理由があるとの理由で守秘義務違反が否定される場合があろう。

12）　秘密管理性要件について，裁判例に一定の傾向があり，秘密管理の程度が緩いもので足りるとする時期の後に厳格な秘密管理を求める時期があり，現在は緩やかな運用への揺り戻しが起こっていると述べる見解がある。田村善之「営業秘密の秘密管理性要件に関する裁判例の変遷とその当否（その1）」知財管理64巻5号（2014年）621頁。反対：髙部眞規子「営業秘密の保護」知的財産法政策学研究47号（2015年）59頁，63-65頁。上記見解のような裁判例の傾向の認識が正しいかどうかはともかく，秘密管理性要件は満たされるかどうかを画一的に判断できるものではなく，緩和的に運用される場合と厳格に運用される場合とで要件充足の判断に違いが生じる。この点は，非公知性要件についても同様である。そのため，守秘義務と秘密管理性要件や非公知性要件の関係について，たとえば，これらの要件はそれ自体としては必要であるが，営業秘密の場合の運用が厳し過ぎ，より緩和的に取り扱われるべきとの考え方もあり得よう。

13）　ただし，開示に正当な理由が認められる場合には，守秘義務違反が否定される。メリルリンチ・インベストメント・マネージャーズ事件・東京地判平15・9・17労判858号57頁参照。

大シンポジウム（報告⑥）

そのような情報も保護され，この点でも守秘義務の保護対象がより広いことになる。

　もっとも，後者に関して注意すべきは，7号の適用を否定する説は従業員自身が開発した情報は保護すべきでないと評価しているわけではないということである。そのような情報については，まさに契約で守秘義務を課すことは可能であり，その場合，従業員から当該情報を悪意・重過失で取得する者に対しては，2条1項8号・9号の不正競争として規制することができるのであり，7号が適用される場合と変わりがない。

Ⅲ　営業秘密保護と競業避止義務

1　営業秘密侵害に基づく営業差止め

　不正競争防止法は，営業の自由を前提として，不正競争を禁圧しようとする法律であり，そのため，競業避止義務とは原則的に無縁である。ただし，不正競争行為に対する救済として，営業の差止めが問題となる場合がある。

　営業秘密に関する不正競争行為に対する救済としての営業差止めに関して特に問題となるのは，営業秘密が顧客リストである場合に，その顧客リストに含まれる顧客との取引の禁止である。この点，顧客リストに含まれる顧客に対して取引を勧誘することは，営業秘密の使用ということができるから，このような行為を禁止することは特に問題なかろう[15]。しかしながら，顧客リストに含まれているが，取引を自発的に求めてきた顧客と取引することは，営業秘密の使用には当たらないため[16]，これを禁止することはできない[17]。

---

14)　この問題に関する最近の論考として，山根崇邦「不正競争防止法2条1項4号・7号の規律における時間軸と行為者の認識の構造」特許研究57号（2014年）43頁，石井美緒「従業者開発，創作の営業秘密と不正競争防止法2条1項7号の『示された』要件」中山信弘先生古稀記念『はばたき—21世紀の知的財産法』（弘文堂，2015年）892頁，西川喜裕「従業者が自ら作出した情報を利用する行為の営業秘密侵害該当性」慶應法学35号（2016年）119頁。

15)　渋谷達紀『不正競争防止法』（発明推進協会，2014年）165頁。

16)　営業秘密である顧客リストに含まれる顧客に対する取引勧誘の差止請求を認容した裁判例として，放射線測定機器具顧客名簿事件・東京地判平12・10・31判時1768号107頁，中古車顧客情報事件・大阪地判平25・4・11判時2210号94頁。

ただし，営業秘密の実効的な保護のために，そのような顧客との取引自体を禁止する必要性がある場合がある。男性用かつらの顧客リストの不正使用が問題となった，男性用かつら事件・大阪地判平8・4・16知的裁集28巻2号300頁は，営業秘密である顧客目録記載の者に対する取引勧誘とともに，被告の店舗に来店あるいは電話連絡をしてくる顧客目録記載の者との取引に対する差止請求を認容した。同判決は，その理由として，被告はほとんど宣伝広告を行っていないこと等から，「自己の顧客の獲得はすべて原告顧客名簿を使用した原告の顧客に対する勧誘に依存しているといっても過言ではない。したがって，男性用かつらの請負若しくは売買契約の締結をしようとし又は理髪等同契約に付随するサービスの提供を求めて被告宛来店あるいは電話連絡をしてくる別紙顧客目録記載の者は，特段の反証のない限り，被告が一度は原告の営業秘密である原告顧客名簿を使用して勧誘を行った顧客であると推認することができ，これらの者に対し，被告が男性用かつらの請負若しくは売買契約の締結，締結方の勧誘又は理髪等同契約に付随する営業行為をすることは，先に行った原告顧客名簿を使用しての原告の顧客に対する勧誘によってもたらされる必然的な結果を利用する行為であるということができ，不正競争防止法3条2項の立法趣旨をも考慮すると，右の勧誘と一体をなすものとして営業秘密の使用に当たると解するのが相当である」と述べた。

　ところで，アメリカの営業秘密法には，不可避的開示論という考え方があり，それは，ある判決によると，「原告は，被告がその新しい雇用により不可避的に原告の営業秘密に依存する結果となることを示すことによって，営業秘密の不正利用の主張を証明することができる[18]」というものである[19]。不可避的開示論については，この考え方が，元従業員の転職先の職務内容のみに基づいて差止請求を認めるものであるならば，競業規制そのものであり，わが国法に導入す

17）　ペットサロン事件・東京地判平16・9・30（平成15年（ワ）第16407号）。

18）　PepsiCo, Inc. v. Redmond, 54 F. 3d 1262, 1269 (7th Cir. 1995).

19）　アメリカ法における不可避的開示論の現状については，Wiesner, A State-By-State Analysis of Inevitable Disclosure: A Need For Uniformity and a Workable Standard, 16 Marq. Intell. Prop. L. Rev. 211 (2012) 参照。

べきではないと思われる。これとは異なり，元従業員が転職先において元使用者の営業秘密を開示・使用しようとする意図を認識することができる事情があれば，現行法上も，不正競争によって営業上の利益が侵害されるおそれがあるとして，営業秘密の開示・使用の予防請求を認めることができる[20]。もっとも，そのような事情の存在を証明することは困難な場合が少なくないのであろうが，その対応策として，競業避止義務の設定という方法がある。この点からすると，元従業員の転職先の職務内容のみに基づいて差止請求を認めることは，競業避止義務規制の潜脱という結果を招来することになろう。

2 競業避止義務

競業避止義務は，守秘義務と同様に，在職中は信義則に基づく誠実義務（労働契約法3条4項）として当然に発生し，退職後はその発生に契約上の明確な根拠が必要であると解されている[21]。

退職後の競業避止義務については，労働者の職業選択の自由を考慮して，その有効性が厳格に判断される。その判断は，①労働者の地位・職務が競業避止義務を課すのにふさわしいものであること，②元使用者の正当な利益の保護を目的とすること，③競業制限の対象職種・期間・地域から見て職業活動を不当に制限しないこと，④適切な代償が存在することの4点を総合して行われるとされる[22]。

これらのうち，②の元使用者の正当な利益としては，秘密情報の保護と顧客確保が問題となる。

秘密情報の保護については，裁判例では，一般的に当該情報が営業秘密に該

---

20) 石田信平「営業秘密保護と退職後の競業規制（3・完）」同志社法学319号（2007年）183頁，249頁以下は，不可避的開示論のわが国への導入を主張するが，その不可避的開示論は労働者の背信性も考慮するものである。

21) マンション管理会社事件・東京地判平27・2・12判時2265号59頁，土田・前掲注1）書710頁，細谷越史「労働者の秘密保持義務と競業避止義務の要件・効果に関する一考察」日本労働研究雑誌663号（2015年）57頁，61頁，松村・前掲注1）論文193頁。

22) 土田・前掲注1）書711頁。川田琢之「競業避止義務」日本労働法学会編『講座21世紀の労働法　第4巻』（有斐閣，2000年）133頁，143頁も参照。

当するか否かの判断をしていないが，保護対象には営業秘密に該当しない情報[23]も含まれると解されている。しかしながら，前述したように，秘密管理性要件および非公知性要件を満たさない情報は保護されるべきではない。また，有用性のない情報は守秘義務の対象とはなり得るが，そのような情報はまさに事業活動に有用なものではないのであるから，その保護のために競業避止義務を課すべき理由はない。よって，保護される情報は営業秘密に限られるべきである。

次に，顧客確保については，これが元使用者の正当な利益に当たるかどうかについては，肯定説[24]と否定説[25]が対立しているが，否定説を支持すべきと思われる。従業員が転職したり，独立したりすることは職業選択の自由であって，転職・独立した元従業員によって元使用者の顧客が奪われることは自由競争の必然の結果であり，顧客奪取の阻止が正当な利益と評価することはできないから[26]である。

以上のことから，競業避止義務は営業秘密の保護を目的とする場合に限って有効であると解される。また，労働者の職業選択の自由から，営業秘密保護のために守秘義務で足り，競業避止義務まで課す必要性がないのであれば，その有効性は否定されるべきであろう[27]。

---

23) 第一紙業事件・東京地判平28・1・15労経速2276号12頁，パワフルヴォイス事件・東京地判平22・10・27判時2105号136頁，モリクロ事件・大阪地決平21・10・23労判1000号50頁，ヤマダ電機事件・東京地判平19・4・24労判942号39頁，トーレラザールコミュニケーションズ事件・東京地決平16・9・22判時1887号149頁。なお，トータルサービス事件・東京地判平20・11・18判タ1299号216頁は，問題となる情報は「営業秘密には厳密には当たらないが，それに準じる程度には保護に値するということができる」と述べた。

24) 横地大輔「従業員等の競業避止義務等に関する諸論点について（上）」判タ1387号（2013年）5頁，10頁，成学社事件・大阪地判平27・3・12（平成25年（ワ）第10955号）。

25) 田村・前掲注1)書76頁，松村・前掲注1)論文201頁，アサヒプリテック事件・福岡地判平19・10・5判タ1269号197頁。

26) 田村・前掲注1)書76頁。

27) 新日本科学事件・大阪地判平15・1・22労判846号39頁，アメリカン・ライフ・インシュアランス・カンパニー事件1審・東京地判平24・1・13労判1041号82頁，同事件2審・東京高判平24・6・13労働判例ジャーナル8号9頁，リンクスタッフ事件・大阪地判平27・8・3（平成25年（ワ）第3282号），石橋・前掲注1)論文31頁参照。

大シンポジウム（報告⑥）

Ⅳ　職務発明・職務著作と労働法

1　職務発明と労働法

特許法35条は，従業者等が行った発明であって，その性質上使用者等の業務範囲に属し，その発明をするに至った行為が使用者等における従業者等の現在・過去の職務に属するものである職務発明について，使用者等と従業者等の利益調整を図っている。

職務発明に対する労働法の適用については，肯定説[28]と否定説[29]が対立している。肯定説は，職務発明と相当の利益は「労働条件」に該当するため，特許法35条とともに労働法が適用されると主張し，否定説は，職務発明に関する問題はあくまで発明者たる地位との関係で生じるものであることや職務発明制度と労働基準規制の目的の違いから，職務発明の取扱いは「労働条件」に当たらないと主張している。

私見では，肯定説に立つと，職務発明規程の改訂の場合に，相当の利益について，特許法35条が詳細な考慮要因を挙げているにも関わらず，さらに労働契約法10条の規制が及ぶこと，また，特許を受ける権利の帰属の変更についても，労働契約法10条の規制に服することから適当とはいえず，否定説が支持されるべきである。

2　職務発明・職務著作の創作者

（1）　職務発明の発明者　　職務発明の発明者である「従業者等」とは，「従業者，法人の役員，国家公務員又は地方公務員」（特許法35条1項）である。すなわち，労働契約の当事者に限られない。もっとも，「法人の役員」は，管理

---

28)　土田・前掲注1）書146頁，土田道夫「職務発明とプロセス審査─労働法の観点から」田村善之＝山本敬三編『職務発明』（有斐閣，2005年）146頁，153-154頁，岡田健太郎「職務発明と労働法規制についての一考察」専門実務研究11号（2017年）91頁。

29)　深津拓寛ほか『実務解説職務発明』（商事法務，2016年）212-213頁，高橋淳＝松田誠司編著『職務発明の実務Q&A』（勁草書房，2018年）266-267頁。

職としての立場の者ではなく，発明をするに至った行為が現在・過去の職務である，発明をした者として問題となる。

出向・派遣の場合は，発明者は，出向元・派遣元の従業者等ではなく，出向先・派遣先の従業者等となる場合があると解される[30]。発明の利用に最も適しているのは出向先・派遣先であるのが通常であり，従業者等は職務発明の特許を受ける権利を取得させた使用者等に対して相当利益請求権を有する（特許法35条4項）ことを考慮すれば，発明者を出向先・派遣先の従業者等と解し，出向先・派遣先の職務発明の成立を広く認めることが，発明者のインセンティブを高め，職務発明制度の趣旨に適合することになろう[31]。

(2)　職務著作の作成者　　著作権法15条は，「法人等の業務に従事する者」が職務上作成した著作物の著作者を法人等としている。「法人等の業務に従事する者」について，RGB アドベンチャー事件・最判平15・4・11判時1822号133頁は，次のように述べている。著作権法15条1項「の規定により法人等が著作者とされるためには，著作物を作成した者が『法人等の業務に従事する者』であることを要する。そして，法人等と雇用関係にある者がこれに当たることは明らかであるが，雇用関係の存否が争われた場合には，同項の『法人等の業務に従事する者』に当たるか否かは，法人等と著作物を作成した者との関係を実質的にみたときに，法人等の指揮監督下において労務を提供するという実態にあり，法人等がその者に対して支払う金銭が労務提供の対価であると評価できるかどうかを，業務態様，指揮監督の有無，対価の額及び支払方法等に関する具体的事情を総合的に考慮して，判断すべきものと解するのが相当である」。

「指揮監督下の労働」と「報酬の労務対償性」によって実質的な判断をすることは，労働法上の労働者性と同じである。しかしながら，労働者性を肯定す

---

30)　中山信弘＝小泉直樹編『新・注解特許法〔第2版〕上巻』（青林書院，2017年）579頁［飯塚卓也＝田中浩之］，深津ほか・前掲注29)書93-94頁，高橋＝松田編著・前掲注29)書81頁，土田・前掲注1)書146頁，土田・前掲注28)論文156頁，曽根麻翼「職務発明・職務著作と労働者派遣等―特許法35条，著作権法15条」知的財産法研究146号（2012年）1頁，3頁。

31)　希土類の回収方法事件・大阪地判平14・5・23判時1825号116頁参照。

大シンポジウム（報告⑥）

ることは，労働法による労働者保護を享受することに繋がるが，これとは反対
に，「法人等の業務に従事する者」であることを肯定することは，職務著作を
成立させて，法人等が著作者としてすべての権利を有し，著作物の作成者は何
らの権利も有しない結果となる。そのため，「法人等の業務に従事する者」を
広く解することは，著作物の作成者にとって不利な状態となるといえるが，派
遣労働者が派遣先で著作物を作成した場合はどのようになるであろうか。

　まず，法人等と雇用関係にある者から考えるに，上記最判では，そのような
者が「法人等の業務に従事する者」に当たることは明らかであると述べられて
いる。それは，職務著作制度の趣旨として，著作物の円滑な利用を図るために
著作権および著作者人格権を法人等に一元的に帰属させることを挙げることが
できるところ，法人等と雇用関係にある者については，著作権を法人等に帰属
させるという意思を推認することができ，また人格的利益を主張しないという
意思も推認でき，その者に著作者人格権を認めなくても特に不当とはいえない
ことによるものと思われる。そうであれば，次に，法人等と雇用関係にない者
については，そのような者が「法人等の業務に従事する者」に当たるためには，
法人等の内部において雇用関係にある者と同様の態様で従事する者であること
が必要となり，また，そのような者であれば「法人等の業務に従事する者」に
該当すると解すべきであろう。そのような者の作成した著作物について職務著
作の成立を認め，法人等だけが権利を取得できるようにしても，法人等と雇用
関係のある者と同等に取り扱うことであるため，不測の不利益を与えるもので
はないと思われるからである。また，そのような者の作成した著作物について
の権利の帰属を法人等と雇用関係のある者が作成した著作物と同様のものにす
ることが，著作物を利用する者の予測可能性を確保することになるからである。[32]

　この考え方によれば，雇用関係にない者として，派遣労働者は多くの場合，
派遣先の「業務に従事する者」に当たり，派遣先が派遣労働者によって作成さ

---

32)　茶園成樹「雇用契約と職務著作」大阪大学大学院法学研究科附属法政実務連携センター
　　編『企業活動における知的財産』（大阪大学出版会，2006年）1頁，16頁。辰巳直彦「法人
　　著作—コンピュータ・ソフトウェアを中心として」民商107巻4＝5号（1993年）539頁，562
　　頁，田村善之『著作権法概説〔第2版〕』（有斐閣，2001年）381頁も参照。

れた著作物の著作者となって，当該著作物についての著作者の権利を有することになろう。[33]

（ちゃえん　しげき）

---

33)　中山信弘『著作権法〔第2版〕』（有斐閣，2014年）210頁，加戸守行『著作権法逐条講義〔6訂新版〕』（著作権情報センター，2013年）147頁，曽根・前掲注30)論文6‐7頁，茶園成樹［判批］『著作権判例百選〔第6版〕』（有斐閣，2019年）49頁。反対：小倉秀夫＝金井重彦編著『著作権法コンメンタール』（レクシスネクシス・ジャパン，2013年）353頁［小松陽一郎］。

《シンポジウムの記録》

労働法と知的財産法の交錯
——労働関係における知的財産の法的規律の研究——

1 労働法と，知財法・不競法との関係

　野川忍（司会＝明治大学）　よろしいでしょうか。昨日のワークショップ二つ，個別報告，懇親会と続いた熱気のある学会があり，その翌日，大変広いこの教室に満席の会員を迎えて，これから熱気のある討論をするというつもりで頑張りたいと思いますので，どうぞよろしくお願い致します。

　最初に，私から石田会員までについての質問に関して，土田会員に司会をお願いし，そのあと，土田会員から茶園先生までの質問については，私が司会を担当します。それでは，お願いします。

● 関係諸法の体系上・憲法秩序上の位置づけ

　土田道夫（司会＝同志社大学）　それでは，質問用紙を頂いていますので，順次，紹介していきます。

　弁護士の豊川会員から，「知財法（知的財産権法），不競法（不正競争防止法）の目的から見て，産業法，経済市場法，ベクトルとしては独禁法（独占禁止法），消費者法，異なる面もあるが，あると見てよいか。例えば，会社法と労働法の適用関係と同様に見てよいのではないか」，野川会員にと

いうことですが，豊川会員に補足はありますか。

　豊川義明（弁護士・関西学院大学）　野川会員のほうにということで，その次の質問も，実は，引き続きというものです。この交錯は，全体の法秩序，すなわち憲法規範のもとにある法の統一性，そのような考え方ということでいいのだろうかという質問でした。

　土田会員や野川会員，一部の労働法の研究者を除いて，あまりこの問題については，全体の大きな関心にはならなかったと思います。しかしながら，今日，こういうシンポを持ったことは非常に良かったと思います。

　結局のところ，茶園先生が最後に言われたことにも関連しますが，特許法というのは，一つの特別法，あるいは不正競争防止法も特別法として存在していますけれども，言うならば，これは，産業あるいは市場競争法といいますか，そういうものですから，憲法の22条と，27条との関係，そういう全体の法秩序規範のもとで整序していくということでいいのでしょうか。ごく当たり前の話ですが，お聞きしました。

　野川（司会）　ご質問，ありがとうございます。まず，豊川会員は，「知財法，不競法の目的から見て，産業，市場経済法，ベクトルとしては独禁法，消費者法と異な

るところもあるが，あると見てよいか」と
ありますが，まさに，括弧の中に書かれた
ように，同じ経済産業政策ということが反
映されていても，例えば，独禁法と特許法
と不正競争防止法ではかなり違うと思って
います。

　というのは，経済政策に関する法律は，
あくまでも公正な，まさに競争市場という
ものを確立するということが主たる目的で
すが，知財法の場合には，価値のある情報
をそれとして保護するという重要な法目的
がありますので，必ずしもそれが全部調和
するわけではありません。その意味では，
産業政策に関する法体系の一部ではあるけ
れども，例えば，独禁法とはかなり違うの
ではないかと思っています。

　それから，まさに質問の主たる内容です
が，もちろん憲法秩序のもとで，一方では
営業の自由があり，一方では団結権等に伴
う労働法上の規制があります。もちろん，
それらは全く別に独立してあるのではなく
て，それぞれが交錯し合いますし，あると
ころでは序列が図られますし，あるところ
では競合するというようなことが最初から
予定されたうえで組み立てられた憲法秩序
のもとにあると思います。

　実は，競業避止義務は，非常に分かりや
すくて，一方では使用者側の，その企業に
おいて秘密として，その秘密を用いて生産
性を挙げる，あるいは利潤を挙げていると
いうことがあれば，それをほかで使ってほ
しくないという企業の利益は，営業の自由
のもとで十分に尊重されるべきです。

　ところが，それがあまり強すぎると，一

方で労働者には，職業選択の自由という，
これもまた序列の付け難い規範があります。
では，その両方の憲法上の規範が対立する
場合が起きたときには，どのような理念を
もって調整するかということが求められる
というのは，もちろん，これは釈迦に説法
ですが，ほかのさまざまな憲法規定，特に
人権規定の中にはあります。そういう意味
での，動的な，ダイナミックな憲法秩序の
もとに位置付けられているというように理
解しています。よろしいでしょうか。

2　営業秘密・不正競争防止法と守秘義務

● 重層下請における不正競争防止法の適用関係

　土田（司会）　では，続いて，河野報告
に関する質疑に移ります。労働政策研究・
研修機構（JILPT）の濱口会員から，河野
会員と茶園先生に，以下のご質問を頂きま
した。

　「営業品質の保護，不競法の適用におい
て，IT 業界で普遍的に見られる重層請負
をどのように扱うべきかについて見解を伺
いたいと思います。最近，ベネッセ顧客情
報漏えい事件，東京高裁の平成29年 3 月21
日判決を評釈する機会があり，不競法が重
層請負という実態を想定せずに作られてい
るのではないかとの印象を受けましたが，
これは契約上の営業秘密保護についても同
様ではないかと思います。上記判決は，重
層請負が偽装請負だから派遣関係になると
いう，やや裏口を使ったやり方をしていま

すが，そのこと自体，正当な請負では適用しにくいことを示しているのではないでしょうか」ということで，詳細な質問ですが，さらに補足されることはありますか。

濱口桂一郎（労働政策研究・研修機構）

特に追加はありません。私，不正競争防止法は全く不勉強ですが，たまたまベネッセ事件を評釈するという機会があって，あらためて，この不正競争防止法のコンメンタールを読みましたが，派遣労働者は従業者と見なすという記述はありますが，請負は全く書かれていない。しかし，実態としては非常に多いのではないか。

請負労働者が，全く正当にID番号とパスワードをもらって，営業秘密とか，その他の企業情報にアクセスすることはいくらでもあることですが，これがどの程度想定されているのかという，大変素朴な素人の疑問を感じたので，ぜひ，見解をということで質問しました。

河野尚子（世界人権問題研究センター）

ありがとうございます。重層的業務委託や請負と不競法との関係については，まだ十分に検討ができていない段階で，お答えするのが難しい状況です。契約上の営業秘密の保護に関しても，契約の解釈の場面で重層的業務委託・請負関係において保護される営業秘密がどの範囲に及ぶのかという点については，今後検討していく必要があると思いました。

茶園成樹（大阪大学・非会員）　ちょっと確認させてもらいます。この事件は，ベネッセが保有している顧客情報を，そこで情報処理をしていた人が漏えいしたという

ものです。その漏えいした人が重層請負だったということですね。

その場合でしたら，ベネッセと漏えいした人との間に契約があるかという話になると，なかなか難しいのかもしれません。もっとも，不正競争防止法の2条1項7号でしたら，そもそも従業者という文言を用いていません。この事件は，先ほどの報告の中で述べた「営業秘密を示された場合」であり，ベネッセから漏えいした人に営業秘密が示されたわけです。その人が正社員であろうが，請負であろうが，重層請負であろうが，恐らくそういうことは問題とならず，その漏えいした人が図利加害目的で開示，使用すれば不正競争に当たるということになると思いますが，そうではないでしょうか。

濱口（労働政策研究・研修機構）　原審は割とシンプルに判決を出したのですが，被告人が「これは偽装請負だから無効だ」と反論して，その反論を逆手に取るかたちで，東京高裁の判決は「いや，そのとおりだ，偽装請負だ。だから，派遣法40条の6の類推適用により直接雇用になるので保秘義務を負うのだ」という論理を立てているのです。この不正競争防止法上，そういう論理を立てないと，重層請負の末端労働者の責任を追及しにくいものなのか。

そこがよく分からないのですが，少なくとも高裁がそういう判決の論理を立てているということ自体が，不正競争防止法の建て付けとして，偽装請負でない，真正の重層請負の場合には，責任を末端まで追及しにくいものであるのかなと。

そこのところをぜひお聞かせいただければという趣旨で質問しました。

茶園（大阪大学）　すみません。私が御質問の趣旨を誤解していました。ベネッセ事件は刑事事件ですから、2条1項7号ではなく、21条の問題ですね。この規定においては、行為者として役員や従業者という文言が用いられています。

重層請負の場合にどうなるかといった問題は、恐らく、この法律を作った際には考えられていなかったと思います。私自身も考えたことがないですが、重層請負が違法かどうかという問題とは別に、不正競争防止法においては、営業秘密の保護が問題なのであり、違法な請負であるから犯罪とならないとすることは妥当ではないでしょうから、罪刑法定主義の問題はありますが、何とか対処できるように解すべきではないかと思います。

濱口（労働政策研究・研修機構）　刑事罰のほうです。

茶園（大阪大学）　そうですよね。

濱口（労働政策研究・研修機構）　つまり、不競法の刑事罰規定において、重層請負の末端労働者も対象にしようとする場合に、この高裁判決のように、偽装請負だから直接雇用だというロジックで適用するというやり方をせざるを得ないということは、逆に言うと、偽装請負でなく真正な請負であったら、刑事罰規定を適用することが困難な建て付けになっているのではないかという、そういう趣旨です。

土田（司会）　感想だけ言うと、私もそのような気がします。刑罰規定の適用だ

とすれば、罪刑法定主義がありますので、ご指摘のケースで直ちに適用するのはかなり難しいと思います。

不正競争防止法は、毎年のように改正されて営業秘密の保護を強化していますが、ご指摘のようなケースは抜け穴というか、ブラックボックスになっているところがあって、恐らく立法論の課題になってくるのかなという気がします。

● 契約上の守秘義務が保護対象とする秘密の要件

土田（司会）　次に、河野会員にさらに質問が来ています。労働政策研究・研修機構（JILPT）の山本会員から質問を頂いています。

「契約上の守秘義務の保護対象については、個々の労働契約における解釈によって、秘密としての客観的価値を確定するなどの河野会員の立場を前提としたとき、一般的ないし具体的判断基準の提出は可能でしょうか」という質問ですが、補足がありましたらお願いします。

山本陽大（労働政策研究・研修機構）
労働政策研究・研修機構の山本です。貴重な報告をありがとうございました。

まさに、今読んでいただいたとおりですが、河野会員の立場では、契約上の守秘義務の保護対象の確定というのは、不競法を援用するのではなくて、当該労働契約関係の文脈の中で個々に何が秘密なのかということを確定してゆくということになるのだと思います。

そのときに、ここで「客観的価値」と書

シンポジウムの記録

かれていますが，もう少し探究のときの一般論というか，もうちょっと具体的な探究の仕方みたいなものを考えているようなら，教えていただきたいというのが質問の趣旨です。

河野尚（世界人権問題研究センター）

ありがとうございます。具体的な判断基準の定立は可能であるといえます。契約上の守秘義務の営業秘密に関して，秘密としての価値を客観的に判断する裁判例の傾向を分析してみると，秘密として保護すべき使用者の利益があるかどうかという視点を具体化し，使用者にとって重要な情報で，外部に開示することが予定されていないという点を重視して判断しているような印象を受けます。

なお，契約上の守秘義務と不競法の営業秘密とを比較してみれば，特に，非公知性の内容と類似しています。

しかし，不競法の場合には，少し異なったところがあります。例えば，一度出回った他社の製品を自社で応用するような場合に，非公知性が認められるか否かという議論が存在しています。

契約上の守秘義務の場合には，一度出回った製品を自社で応用するような製品であっても，契約上の守秘義務の保護対象として保護される可能性があります。不競法の場合には，競争市場の視点が，やはり含まれているという点で異なっていると考えています。

もちろん，信義則上の利益の中で，競争市場の利益に関して検討する余地は，あります。ただ，その実益については，今後の

課題として検討していきたいと思います。

土田（司会） ありがとうございました。それと関連して，茶園先生のコメントの中で，河野報告に対して，「河野報告は契約上の守秘義務と不競法上の営業秘密の要件を別のものと解して，不競法を守秘義務に直ちに適用する裁判例に批判的だったが，秘密管理性と非公知性を要求することは妥当と考える」というコメントを頂きましたが，それについてはいかがですか。

河野尚（世界人権問題研究センター）

秘密管理性や非公知性に関しては，不競法特有の要素であって，契約上の守秘義務の営業秘密の中身とは別のものと考えています。確かに，非公知性については，契約上の守秘義務と重複し得る点があると考えていますが，やはり，不競法においては競争市場の視点というところが含まれているという点で異なります。そのため，不競法の三要件にはとらわれないという立場です。

● 契約上の守秘義務と秘密管理性の要件

土田（司会） 茶園先生，何かありましたら，どうぞ。

茶園（大阪大学） 非公知性があって，唯一問題となるのが，秘密管理性の要件の充足が必要かどうかという点にあるとしますと，この要件は，競争上の問題というよりも，その情報の利用者との関係で，その者がその情報を保護されるべきものと認識したかどうかを問題にします。

ですから，一般に言われているのは，企業の従業者なら，企業内でぽんと机の上に置かれている情報とか，技術情報であるが，

知る必要がない営業部員も簡単に見ることができる情報を保護されるべきものと考えないでしょうから，秘密管理性の要件を満たさないということになります。他方，机の上にぽんと置いてあったとしても，外部の人にとっては，その人がその情報を手に入れようと思ったら，その企業に侵入しなければいけませんので，秘密管理性の要件が満たされ得るということになります。

このように保護される情報であることを認識し得るかどうかを問題にしますから，私は，従業者のために秘密管理性要件が必要だと思います。これがないと，結局，従業者は，企業の中で知った情報のうちで，何を利用することができて，何を利用することが許されないのかを判断できないことになります。それは，職業選択の自由を害することになるのではないでしょうか。

ただ，秘密管理性は，理屈としては必要だけれども，現在の裁判所の運用は厳しすぎて，もっと緩やかでもよいのではないかといった，運用の厳格さに関して裁判所とは異なる考え方があるかもしれません。

土田（司会） 河野会員の趣旨は，契約上の守秘義務については，秘密管理性の要件はおよそ不要というのか，それとも，秘密管理性の程度が異なるという趣旨なのか，どちらですか。つまり，不競法で求められているような秘密管理性の要件は，契約上の守秘義務については求められないけれども，秘密管理性そのものは要件となると考えられるのでしょうか。

河野尚（世界人権問題研究センター）
契約上の解釈によって，秘密を外部に開

示することが予定されていないかどうかという点で，秘密を管理したかどうかというのが判断要素になる可能性はあります。しかし，必ずしも秘密管理性が必須であるとは考えていません。確かに，先ほど茶園先生がおっしゃったように，具体的に秘密管理性といった要件を掲げることは，労働者の職業活動の抑制を防止し，法的安定性を図るという意味では，意義があります。特に，政策的な観点から言えば，その要件を具体化するという点は，納得のいく話だと思っていますが，あくまで，契約の解釈の場面においては，そういった具体的な不競法の要件に限定されるべきではないと今のところ考えています。

● 不競法上の営業秘密の範囲の変化が，契約上の守秘義務の対象範囲の解釈に与える影響

土田（司会） フロアからも，ご意見があれば伺いたいですが，関連した質問がありますので，先にそちらを紹介します。明治学院大学の河野奈月会員から河野尚子会員へのご質問で，「契約上の守秘義務の対象範囲に関する質問です。ご報告によれば，ドイツ法のもとでは，判例法理がこれを不競法上の保護対象と基本的に同一と捉えているのに対し，学説には異論もあるというお話でした。EU指令を受けたドイツ法の改正によって営業秘密の要件が厳格化した場合，こうした変化が契約上の守秘義務の対象範囲に関する従来の議論に影響を与えるということは考えられるでしょうか」という詳細な質問を頂きましたが，も

し，補足があればお願いします。

　河野奈月（明治学院大学）　少し補足します。レジュメで言うと，3ページから4ページにかけての部分です。従来のドイツの不競法には営業秘密の定義規定はありませんが，判例法理のもとでは，一部の要件について比較的緩やかに判断されることもあるというご報告でした。

　EU指令を受けて提出された今回の法案は，一部の要件を厳格化しているようですが，それによる議論の変化はあり得るのかがお聞きしたかった点になります。

　河野尚（世界人権問題研究センター）
　ありがとうございます。EU指令以前の裁判例は，特に，秘密保持の意思は，秘密の性質を考慮する場合もあるという点で，緩やかに判断しています。それに対してドイツ法案においては，秘密保持措置も含まれるという点で，使用者にとってはより厳しい要件が付加されるということになります。こうした議論は，やはり契約上の守秘義務の議論にも影響を与える可能性があります。不競法と比べると，競争市場の利益を考慮する立場と労使の利益調整を考慮する立場との違いが際立って，契約上の守秘義務がより緩やかに判断される可能性もあるのではないかと思います。

　日本法においても，先ほど茶園先生がおっしゃっていたように，不競法上の秘密管理性に関しては，厳しく判断される時期と緩やかに判断される時期といった変動があったところもあり，近年の契約上の守秘義務においても，不競法の要件を用いる立場との関係性について，ドイツ法のこうした

今後の議論も，示唆が得られるのではないかと思いました。

　土田（司会）　今，河野尚子会員からもありましたし，先ほど，茶園先生からもありましたが，一時期の不正競争防止法の営業秘密管理指針は非常に厳しくて，求める管理レベルがとても高い時期がありました。そうすると，その時期は，不正競争防止法の要件があまりに厳しすぎるから，契約上の守秘義務についてはもう少し緩めて，使用者の利益を保護する必要があるのではないかという議論には説得力がありました。

　しかし，その後，不正競争防止法や営業秘密管理指針への批判を受けて，2016年に指針自体が緩和され，以前のものからかなり緩やかになりました。つまり，経済産業省の姿勢が，マストとしては秘密管理のレベルをかなり下げつつ，ベターとしては厳しい管理を求めるという姿勢に変化したということがあります。

　そういう変化をベースにすると，最近の裁判例の二つの考え方についてどう見るべきなのか，今後，どう考えるべきかという議論が出てくると思います。もし，フロアにおられる方で何かご意見があれば，ぜひ伺いたいです。

● 秘密管理性は一義的な概念か

　荒木尚志（東京大学）　東京大学の荒木です。茶園先生から，営業秘密の判断について，企業内で秘密管理されていない場合の秘密管理性が欠けているという話と外から侵入者が情報にアクセスする場合は秘密管理性の判断が違うという話がありまし

た。そこで，秘密管理性は，その管理の状況によって客観的に定まるものではなく，ある人にとって，それは秘密管理性があるかどうかというように定まる概念と理解してよいかどうかというのが質問です。

従業員も，会社に勤めている間は特に秘密管理がされておらず，誰でもアクセスが可能であっても，その人が退職後，競業行為でその秘密を使ったり，企業外に出た場合には，外部からの侵入者と同じ立場になるようにも思われるわけです。

そうすると，秘密管理性は情報の客観的な管理状況というよりも，それを受け取る人との関係で，あるいはそれを使おうとしている人との関係で考えられるということなのか。そうすると，秘密管理性といっても，一義的に決まらない，そういう概念として議論が展開していると理解してよいかどうか，という質問です。

茶園（大阪大学）　どうもありがとうございます。秘密管理性は，営業秘密の保有者が，秘密として管理していたかどうかを問題にしていますから，当然，情報がどのようなものであるかで決まるわけではありません。ですから，非常に価値のある情報だとしても，企業がずさんな管理をしている場合でしたら，秘密管理がないとして保護されません。また，同じ情報についても，企業内の人が秘密管理されているかどうかを認識するのと，外部の人がどう認識するかは当然違いがあると理解されています。

それと，一般によく言われるのは，「中小企業と大企業は違うだろう」ということ

です。そもそも営業秘密といっても，その企業で利用しているわけですから，当然，誰にも教えないということはできません。誰かに教えなければいけませんし，そこに何らかの管理が必要ですが，あまりにも厳格な管理を要求すると，企業の事業活動が阻害されますから，合理的な管理が求められることになります。大企業の場合は従業者の数が多いですから，従業者に認識させるためには，きちんと明確な管理をしないといけません。

他方，中小企業の場合には，ある種空気を読むことができて，明確に何も言わなくても，大体の人が，この情報はこの会社にとっては極めて重要な情報であって，秘密にしなければいけないということを暗黙のうちに理解することが多いでしょう。そういう場合には，当該企業が明確に，「これは秘密だ」と言うとか，丸秘のスタンプを押さなければいけないとか，恐らくそういうことをしなくても，秘密管理性の要件はクリアし得ると考えられます。

この点では，情報の価値が高いものは，特に中小企業においては，実際上，秘密管理性要件が満たされるのが通常であろうと思いますが，秘密管理そのものは，情報で客観的に決まるのではなく，まさに保有者が何をしていたかで基本的に決まるということになると思います。

● 不競法上の営業秘密と，契約上の守秘義務の対象は一致しないこともあるか

野川（司会）　茶園先生に，今の点について補足的に質問したいです。つまり，

秘密保持義務は，あくまでも契約上の義務なので，当事者間でどういうように認識してきたかが問題になります。そうすると，やはり客観的に定められた不競法上の秘密管理性とはずれる部分が出てくるのか出てこないのかが，最も原理的な疑問だと思います。

今の荒木会員の質問でいくと，合うかどうか分かりませんが，例えば，秘密ではなく，企業のセキュリティーという意味で，企業内の従業員という資格を持っていれば，誰もがアクセスできて，みんなが知っているとします。だから，企業の従業員の，いわばIDのようなものによってしか知れませんが，別に秘密だとは誰も思っていないとしましょう。企業の中の従業員は，そういうのを全部知れますが，秘密だとは思っていません。

ところが，退職したときに，あらためて退職にあたって使用者が，「あれは，少なくとも，退職後は，おまえにとっては秘密だよ」と言った場合，要するに，働いている間は秘密管理がされていませんが，退職してからあとは秘密だと思ってくれという場合は，恐らく秘密保持義務の中では別に問題はありません。つまり，秘密保持義務としては，もちろん，守らなければいけません。もちろん，中身が公序とかいろんなことに書かれていれば別ですが，合意されていれば契約上は問題ありません。しかし，不競法上，そういうものも秘密に含まれる可能性があるのかが一つです。

また，個人的に，「おまえはこれを漏らしてくれるなよ」と。「ほかの退職者が漏らしても問題ないけど，おまえに漏らされると困るんだ」ということも契約上はあり得ると思います。

例えば，中小企業等で，その社長の子どもだった人間が働いていて，「おまえが，社長の倫理的な問題について言うと，それはもうみんなが，何だ，そうなのかと思うだろう。しかし，そもそも初めから評判の悪い社長だから，関係のない社員が退職してから漏らしても，『何か，そういううわさがあるそうですね』というふうにして流されちゃう。つまり，おまえが言うと困るから，おまえは退職してから言うなよ」という，ある個人を特定して秘密保持特約を結んだとしても，契約上は，このような理由だからということで無効にはなりません。

しかし，そういう場合に，例えば，不競法上の秘密管理とはあまり関わりませんが，こういうことも，不競法上の秘密管理性は，弾力的にカバーし得る内容なのかという点はどうでしょう。

茶園（大阪大学）　恐らく，それは，基本的には無理だと思います。もっとも，「秘密かどうかよく分からないが，あなたからは何も言うな」とか，ある情報を特定して「これを言うな」とかを契約で定めることは，それが従業者の行動を著しく制約し不利益を与えるものでなければ，よいと思います。

しかし，このようなものがあるから守秘義務のほうが広いということは，ややミスリーディングであると思います。このようなものは，恐らく，例外的なものであって，通常，守秘義務や営業秘密の保護の場面で

問題になるのは，企業内で，「業務上の秘密を漏らすな」といったように抽象的に定められたうえで，次に，その漏らしてはいけない情報に何が含まれているかということです。

営業秘密の場合は，そういう漠然とした情報の中で，漏らした情報が，秘密管理性や非公知性の要件を満たすかどうかが問題となり，満たしていれば営業秘密に当たり，漏らす行為は不正競争になります。

守秘義務の場合も，基本的には同じであって，営業秘密に当たらないのであれば，守秘義務の保護にも当たらない，そのため，漏らしたとしても，救済は得られないということになると思います。スキャンダル情報のような有用性を欠く情報は別ですが，特に秘密管理性がないために営業秘密として保護されないものについては守秘義務も認められないと，私はそのように理解しています。

3　退職後の競業避止義務

● 退職後の競業避止義務が不競法に違反しないとの司法判断の背景にある価値判断

　土田（司会）　　次に，石田報告に移りたいと思いますが，よろしいですか。

　石田報告には，5点ほど質問を頂いています。まず，弁護士の水口会員から，「退職後の労働者の競業が不正競争にならない理由に，雇用流動化の要請や外部労働市場の育成という発想が裁判官にはあるのではないか」というご質問です。補足があればお願いします。

　水口洋介（弁護士）　　今，茶園先生の話で，私の問題意識は既に述べられましたので，特に補足することはありません。

　石田信平（北九州市立大学）　　競業避止特約の裁判例を見ると，特約の合理性が肯定されるのが，営業秘密保護に限定されている傾向にあります。その意味では，雇用流動化の要請が裁判所の判断に影響していると見ることもできると思います。しかし，この営業秘密が，不正競争防止法上の営業秘密に限定されていないということにも留意する必要があると思います。幾つかの裁判例では，営業秘密の不正競争防止法該当性が問題とされているものがありますが，多くの裁判例では，必ずしも不正競争防止法上の営業秘密該当性が厳格に審査されているわけではないというのが一点です。

　もう一つは，労働者自らが就業活動の自由を放棄して，一定の代償と引き換えに働かないということも可能なのではないか，という点です。例えば，3千万円の割増退職金が競業避止特約と交換に支払われたという場合には，不正競争防止法違反に該当するかどうかをあまり厳密に問わず，私は，競業避止特約の効力を広く認めてもよいのではないかと考えています。裁判例でも，割増退職金と引き換えに競業避止特約を結ぶ場合には，合理性基準を適用しないという見方が一般的であると思いますので，合理性基準の話では必ずしもありませんが，退職後の就業活動の自由を自ら放棄して，その引き換えに代償をもらうという契約も認められてもよいのではないかと，裁判例

でも認められてきているのではないかと思っています。

土田（司会） 水口会員，よろしいですか。

水口（弁護士） 具体的事件の解釈問題ではなく，そういう政策判断が競業と不正競争防止法の解釈に影響しているのではないか。背景にある価値判断がだんだん大きく影響しているのではないかという意見です。

石田（北九州市立大学） 確かに，退職後の秘密保持特約について，不正競争防止法上の営業秘密該当性の要件を斟酌するものが増えてきているのと同じように，競業避止特約についても，不正競争防止法の営業秘密該当性を問う裁判例が幾つか見られる傾向にはあると思います。

不法行為の領域では，自由競争を逸脱した退職後の競業行為は不法行為に該当するわけですが，そういった不法行為の分野でも，不正競争法に違反するかどうか考慮する裁判例が結構見られるようになってきているのではないかと思いますので，雇用の流動化の要請が裁判所の判断に影響を与えているという見方については，私も共通の認識を持っています。

● 代償給付の位置づけと実質的交渉の程度

土田（司会） 次に，駒澤大学の篠原会員から石田会員に質問を頂いています。「代償措置を重視した基準において賃金との区別を求める理由は何か，または，実質的交渉はどの程度を想定されているのか」というご質問です。篠原会員，補足があれ

ばお願いします。

篠原信貴（駒澤大学） 駒澤大学の篠原です。雇い入れ時や昇進・昇格等で秘密を持つポジションに入るときに，退職後の競業避止義務を課すことを含めて，高額の賃金を示して労働の意思確認をすることが考えられるかと思います。そこで，実質的交渉の担保としての側面で賃金との区別を求めることはあり得るとは思いますが，特に区別せず好待遇をもって義務付けをするということでは駄目なのでしょうか。

というのは，会社からして，何らかの競業避止義務を設定する以上は，一律にそのポジションの労働者に対し設定できるということでなければ意味がないのかなと思いますが，実質的な交渉という点を強調すると，交渉が決裂してしまえば，特定の労働者に対しては義務付けができないという事態が生じます。そうした企業サイドの要請には，退職後の秘密保持特約で対処すべきということになるのでしょうか。

石田（北九州市立大学） ありがとうございます。代償給付の位置づけは難しいと，私も思っています。基本的には，二つに分けて考えるべきであると考えています。

一つは，労働契約上の正当な利益を保護する場合です。営業秘密が典型的です。労働契約に付随した利益を保護するためには，代償は不要です。それは，労働契約を守るためだからです。

ところが，労働契約とは切り離された利益，労働契約の利益を守らないものについて競業避止特約を課すには，労働契約とは切り離された代償が要るのではないかとい

うことです。従って，賃金とは区別された代償給付が要るのではないかと考えています。

　比較法的に見ても，アメリカでは，州によっていろいろ違いますが，雇用契約自体が，コンシダレーション（約因）の役割を果たします。競業避止特約だけを結ぶのは，競争制限で駄目ですが，雇用契約に付随して競業避止特約を結ぶ場合は許されます。その場合は，雇用契約自体が約因です。従って，競業避止特約は，雇用契約自体の保護利益に限定されるということで，労働契約上の保護利益があるかどうかが明確に問われるわけです。

　これに対してドイツでは，基本的には，労働契約とは区別された代償給付，退職時の直近の報酬50％の代償給付を，労働契約から区別されたものとして払う必要があります。労働契約と退職後の競業避止特約を理論的に区別しているわけです。

　アメリカの法規制にならうのであれば，競業避止特約については，代償給付は要りません。その代わり，使用者の利益を厳格に問うということになります。これに対して賃金とは区別される代償給付が十分支払われているのであれば，使用者の正当な利益はそれほど重視しなくてもいいでしょう。なぜなら，労働契約とは区別される契約だからです。そのために，賃金とは区別された代償給付が要るのではないかと考えています。

　それから，実質的交渉がどの程度かも難しいところですが，それは，労働者の意思が客観的，合理的な理由に基づいているか

どうかも考慮されるべきでしょうし，情報提供なども当然考慮されるべきではないかと思っています。この点については，今後の検討課題ということで理解頂ければと思いますが，労働者が合意した客観的な理由があるかないかというところは，代償の額が重要な判断要素になると思います。もう一つは，実質的交渉であるためには，やはり就業規則は特約の法的根拠にならないということです。しっかりと個別特約を結んでくださいということです。こうした視点から，退職後の競業避止特約について実質的交渉がなされているかどうかを厳格に審査してくべきではないかと考えています。

　土田（司会）　篠原会員，それでよろしいですか。

　篠原（駒澤大学）　ありがとうございます。個別交渉によって，特定の労働者と競業避止義務が設定できないとなった場合の解決策をお聞きできればと思います。

　石田（北九州市立大学）　競業避止義務の一律的な設定は，就業規則によることになりますが，その場合は，労働契約上の正当な利益が厳格に審査されることになるということです。労働契約上の正当な利益とは区別された利益を守るためであれば，就業規則ではない個別の特約を実質的交渉を踏まえて締結する必要があると，私は考えています。

　会社が，一律に就業規則で競業避止義務を課したければ，それは使用者の正当な利益の保護を厳格に問うかたちで就業規則の効力を厳密に審査して，効力を認めればいいのではないかと思っています。

シンポジウムの記録

● 退職後の競業避止義務と職業選択の自由

土田（司会）　次に、豊川会員からご質問があります。「退職後の競業避止義務は、憲法22条から見て、原則、公序違反として無効と見てよいか、競業避止義務の根拠は守秘義務の対象となる秘密に結局限定されることになるのではないか」という質問です。これも少し補足してください。

豊川（弁護士・関西学院大学）　茶園先生から、既に意見もありましたし、結論的には、私は、茶園先生が言われたことと同様に考えているわけです。競業避止義務は、戦前の工場法前後のときに職工が不足した中で、職工の囲い込みとして当時からあったと理解しています。

しかし、職業選択の自由という問題で、憲法22条1項論を原則と見るならば、競業避止義務は、基本的には、やっぱり公序良俗に反すると見て、特段に競業避止を認めなければならないという客観的合理的な根拠は何かとなります。その根本は、結局のところ、守秘義務になる、それは不正競争防止法の秘密になるだろうと考えています。

私が相談にのった事件で、ある大学の大学院課程を出た人が、大きな会社の化学プロジェクトの責任者でした。彼がやめるときに、競業避止義務を入れられたわけです。そうすると、そういうプロジェクトをやっているのは特定のしかありませんが、ほかのところには行けません。そうすると、競業避止義務をどうしても解除してほしいという話がありました。結局、和解交渉をやり、競業避止義務は、実は、A社自身の特有のノウハウに限定したものであって、そ

れ以外のものについては、他社の仕事は問題ないという趣旨の文書を交わしました。そういう問題なのではないかということです。

石田（北九州市立大学）　ありがとうございます。まず、私も、基本的には同じように考えています。ただ、労働者が自ら代償を払って、職業選択の自由を放棄する契約も認められていいのではないか。例えば、5千万円もらう代わりに、1年間、競業会社に勤めないでくれという契約を否定する根拠がどこにあるのかということが一つです。

もう一つは、イギリスで、ガーデン・リーブ・クローズという条項が用いられることがありますが、これは競業避止特約ではなく、退職後1年間は何もせずに賃金を全額受給するかわりに、労働契約の終了が延ばされる、というものです。代償給付として賃金全額を保証するから競業会社には就職しないでくれというもので、十分な代償給付と引き換えに、自らの就業選択の自由を放棄するという契約条項になります。

こういう場合には、比較的緩やかに効力は認められています。しかし、十分な代償が全くないのであれば、それは、もちろん、不正競争防止法上の営業秘密に限定されるべきであると思います。アメリカやイギリスの発想ですが、競業避止特約は原則無効であって、合理性が認められるのは、営業秘密を保護するための合理的範囲に限定されなければならないとは思います。他方で、十分な代償をもらっている場合には、比較的緩やかに競業避止特約の効力を認めても

いいのではないか。それは，例えば，ドイツでは，直近の報酬の50％です。今言ったイギリスのガーデン・リーブ・クローズは，報酬100％です。

これは，労働者の地位とか，業界とか，退職時の報酬とか，いろんなものが考慮されるとは思いますが，職業選択の自由の制限と引き換えに十分な代償を労働者が受給して，それは，当事者が実質交渉を経て決めたものについて，原則無効と言う必要はないのではないか。逆に言うと，緩やかに効力を認めてもいいのではないかと考えています。

豊川（弁護士・関西学院大学）　繰り返しますが，先ほども，特約の問題が出ました。そこにおける対等性の問題，私も，代償金の問題についてはずっと留意してきましたが，この問題についての基本的な考え方をどう確認していくのかということの上に立って，代償金，特約，対等性，相当性という問題になるだろうと，私は考えているということです。

● 職業選択の自由は，代償措置と引き換えに放棄できるか

土田（司会）　この件については，関連した質問があります。関西大学大学院の内田英一さんから，「退職後の競業避止義務と職業選択の自由の関係について」，今，石田会員が，十分な代償と引き換えに就業選択の自由を放棄する契約は否定できないのではないかという回答がありましたが，それと関連して，「十分な代償措置があったとしても，退職後の競業避止義務が長期

間にわたって課されるのは，職業選択の自由との関係で許されないのではないでしょうか。競業避止義務が課される期間の制限についてご教授ください」という質問を頂いています。

内田英一（関西大学大学院・非会員）

それは，石田先生の話を聞いたときに書きました。そのあとに，天野先生と茶園先生が，私の問題意識をもっと正確に言われました。茶園先生が言われたように，職業選択の自由を金で売ることがいいのかというところが，問題として一番です。

仮に，十分なお金をもらっているから職業選択の自由を売ってもいいということであっても，それが長期間にわたるのはやはり問題でしょう。ただ，天野先生の発表の中にありましたが，2年でも短期と言っている裁判例もあれば，1年でも長期と言っている裁判例もあって，いったい何をもって短期だとか長期だとかを判断するのだろうか。この二点が聞きたいことです。

土田（司会）　整理すると，そもそも代償措置を得たことを理由に職業選択の自由を売るというか，放棄していいかどうかという問題と，それから，放棄の期間が長期にわたる場合はどう考えるかという二点でよろしいですか。

内田（関西大学大学院）　はい，そうです。

土田（司会）　では，これは，あとで茶園先生にもお願いします。

石田（北九州市立大学）　質問ありがとうございます。職業選択の自由を売ることは，そもそも人権を売ることになりますの

シンポジウムの記録

で，認められるべきではないという見方も十分理解できるところではあります。しかし，1億円を払って，退職後の競業を1年間我慢するという契約自体の効力を，職業選択の自由自体を根拠に原則無効であったり，あるいは厳しい内容審査をかけることはできるかというと，私自身は，やはりその効力は柔軟に認めましょうということが，契約自由の観点から適切なのではないかと思っています。他方で，そもそも競業避止特約の出発点，営業制限法理の出発点は，競業避止特約で競争が制限されるということでした。競争が制限されるために，過度に全般的に競争を制限することは，契約自由においては正当化されません。従って，職業選択の自由，就業の自由を売るにしても，部分的であってください，ということです。職業選択の自由を放棄する自由を認める場合であっても，それは部分的でなければいけません。

そういう観点から言うと，20年，30年，あるいは永久的に職業選択の自由を放棄する契約は，否定されるべきかと思いますが，これに対して，部分的な競業制限については，やはり契約自由の観点から認められるべきではないかと考えています。

では，期間は1年がいいのか，2年がいいのか，5年でいいのかということです。これは，個別ケースに応じて考えていかざるを得ません。業界においても違いますし，退職労働者のポジションによっても違うでしょう。労働者が置かれている境遇，家庭環境等も含めた境遇によっても違うでしょうから，業界，労働者の能力，退職後の転

職活動の可能性，退職時の報酬等々も踏まえて，これはケース・バイ・ケースで判断せざるを得ないのかなと考えています。

基準を作ると，基準に拘束されてしまって，逆に柔軟性が損なわれるのではないか。労働者は多様ですし，企業，業種・業態も多様ですので，ケース・バイ・ケースで柔軟に判断せざるを得ないのかなと，私自身は考えています。

土田（司会）　内田さんはいかがですか。

内田（関西大学大学院）　言われるとおりだと思いますが，基本的な立ち位置があって，どこに立つのか。本来，原則は無効ですが，公共の利益も考慮して合理的なものであれば認めよう，と制限されている内容が部分的で，期間も短ければ認めようという立場に立てば，「いや，10億円もらったら20年でもいいよ」という話ではないのではないかと思います。

● 退職後の競業避止義務と公序

土田（司会）　司会者からも質問を一点したいと思います。これは，競業避止義務の紛争が登場してから，色々と議論されている問題です。例えば，代償を1億円払う，その代わり，20年間，競業避止義務にするという契約は，石田会員によればどう評価されるのか。というのは，石田報告のレジュメの3ページを見ると，職業選択の自由，企業秘密の保護とは別に，先ほど強調されたとおり，社会的利害としての独占集中のおそれとか，一般消費者の利害という要素，いわばパブリックポリシーが入っ

ていて，アメリカ法にもそれが入っています。そうすると，1億円の代償を受け取る代わりに20年間，競業しないということは，本人にとっては問題ないとしても，パブリックポリシーの観点とか，社会的利益の観点から見たらどう評価されるのかという点について教えてください。

石田（北九州市立大学）　公序とか，パブリックポリシーの観点からの規制は，最終的には必ず残ると，私も考えています。ですので，20年とか，30年とか，そういうものはパブリックポリシーや公序に反するとして無効だということはできます。ただ，アメリカでは，公序やパブリックポリシーの規制はそもそも緩やかでした。それは，繰り返しになりますが，競争を全般的に規制する，労働者の職業活動を全般的，永久的に禁止するものについては，公序やパブリックポリシーから無効になりますが，2年や3年，5年，これはケース・バイ・ケースだと思いますが，こういうものについて代償と引き換えに競争制限の義務を課されることについてはパブリックポリシーや公序に違反しないと，私は考えています。

土田（司会）　そうすると，例えば，先ほど，豊川会員が話された，非常に能力のあって優秀な，日本にとってかけがえのない研究者に5年間，1億円代償を支払うから，その代わり競業禁止という場合，その5年間は，社会的損失が非常に高くて取り返しがつかない，パブリックポリシーの観点からは問題だというケースはあり得ますか。

石田（北九州市立大学）　それはケー

ス・バイ・ケースだと思いますが，年収1千万円の労働者の場合については，基本的には，5年間，5千万円は，有効として認めてもいいのではないか。裁判例でも，割増退職金と引き換えに，競業制限が課されることはしばしば問題となっています。そういう場合には，競業避止特約の合理性基準をそもそも課さない，これは競業避止義務ではそもそもないという言い方をして，裁判所は，競業避止義務に課されている合理性基準の適用を排除していますが，これを仮に退職金の割増しと引き換えに，競業制限を引き受けるという競業避止特約とすると，この競業避止特約については原則無効とか，営業秘密保護の場合に限定されるといった意味の厳しい合理性審査は必要ではないと考えています。

● 職業選択の自由を放棄する合意の任意性

土田（司会）　それでは，茶園先生いかがですか。

茶園（大阪大学）　私はまだよく分からなくて，職業選択の自由を放棄する代わりに金銭を得るということが可能かどうかについては，石田先生が言われるように，その本人が納得しているなら問題ないということは，私もそうかなという気がします。

ただ，一般的に，従業者がきちんと納得してやるということが本当に確保されるのかに疑問があります。本当は退職後にすぐにでも競業活動を行いたいのに，使用者が要求するので嫌々ながら競業禁止契約を締結する場合もあるのではないか。その場合に，従業者は代償を得たからよいのだと割

り切ってよいかどうかについては，まだ考え中です。

土田（司会）　労働政策研究・研修機構（JILPT）の山本会員から，今のテーマと関連して質問を頂いています。「石田会員へ」ということで，「②の契約的アプローチに際して，適切な，あるいは十分な代償給付の決定について，立法政策による介入の可能性はあるでしょうか」という，今の問題について段階を進めたご質問ですが，山本会員，補足をお願いします。

山本（労働政策研究・研修機構）　JILPTの山本です。先ほどからの話を聞いていると，ドイツもそうですし，イギリスでもそうかと思いますが，当事者の交渉によって適切な代償を決定することについて，完璧に本人たちのいわば生の交渉に委ねているということではなく，ある程度，法が下支えしている側面が諸外国では見られるという話だと承りました。そうすると，日本においては，適切な代償の決定にあたって，何らかの立法によるルールメーキングは，必要と考えているのか，あるいはやっぱり日本においては硬直性を有するため，そういった立法は不要だという考えもあるかもしれませんが，石田会員はどういうふうに考えているかを教えてください。

石田（北九州市立大学）　質問ありがとうございます。例えば，ドイツだったら，50％の補償金が法律で決められていますが，期間に連動しています。2年間だったら，2年間で，50％ということです。ただ，地域的範囲には全く連動していませんので，会社としては，1年間，50％の補償金を払

っておけば，地域を広くしても効力を認められるのかという批判はあります。

このように立法で基準を決めるとはいっても，具体的にどのような基準にするのかは簡単には決められないと思います。例えば，地域と補償金や代償の額とを連動させるにはどのようにしたらよいのかという点も検討されなければなりません。期間だけ連動させると，非常に幅広い競業避止特約の締結のインセンティブになってしまうからです。

また例えば，ドイツでは，労働者に50％の補償金が適用されますが，取締役だったらどうなのか，競業避止特約だけでなく，秘密保持特約，顧客勧誘禁止特約にも適用されるのか，といった問題が議論されています。立法で基準を決めると，またそれに応じて違う問題がどうしても生じてきてしまうので，私自身は，適切な競業制限の範囲は個々の労働者，業種・業態に応じて全く違うので，これは司法判断に，代償については委ねざるを得ないのかなと考えています。

その一方で，合理性審査の考慮要素である，使用者の正当な利益とか，代償とか，地域的限定とか，期間限定とか，そういったものを立法で示すことは可能ですし，望ましいのではないかと考えています。

山本（労働政策研究・研修機構）　よく分かりました。ありがとうございます。

土田（司会）　さらに今の議論に関連する質問を，弁護士の大塚達生会員から頂いています。「どちらかといえば意見です。退職後の営業秘密保持義務及び競業避止義

務の設定については，契約上の放棄は必要になりますが，現状では，在職中あるいは退職間近に，使用者が優越的地位を利用して，過度に広範な義務を設定する誓約書を労働者に書かせることが横行していると思います。このような誓約書の効力の問題について，何らかの立法的措置が取られることが望ましいと思います」というご質問です。大塚会員，補充をお願いします。

大塚達生（弁護士） 質問というよりは，どちらかというと，意見です。個別の労働者や労働組合からよく相談を受けるのは，「こういう誓約書を書くようににと使用者が言ってきているんだけど，どうしようか」と。大体顛末を見ていると，やっぱり書いてしまうことが多いです。断ると，なかなかそのまま退職しづらいというのがあって，力関係上，書かざるを得ません。だけど，内容的にはすごく過度な規制になっているので，退職後に不利益になります。こういう誓約をもう少し何らかのかたちで規制できないかと思います。

今，話題になっていた代償として5年で5千万円も支払われた事例は，一般の労働者にはなかなか縁のない話でして，むしろ，そういう代償がないものについてどうやって何らかの規制をかけるかという問題意識です。

代償制度がいいのかという点については，私は，基本的には，そこは，代償金を得て，一定程度，自分の職業選択範囲を狭めるというのもひっくるめた職業選択の自由なのかと思います。

ただ，長期契約と短期契約の違いは少し考えないといけなくて，短期契約の場合には，基本的にはパブリックの面はそんなに考えなくてもいいのかな，基本的にはやっぱり職業選択の自由は労働者個人のものなのかなと思いますが，長期契約になると，その時点で予見できないこととかもあるはずで，それなのに長期にわたって大事な権利を過度に狭めるようなことをしていいのか，そういう観点から，長期契約については，何らかの規制は必要ではなかろうかと思います。

土田（司会） 河野会員と石田会員お願いします。まず，河野会員お願いします。

河野尚（世界人権問題研究センター）
ご指摘された点については，おっしゃるとおりだと思います。実際に，ドイツ法においても，契約上の守秘義務の義務内容の具体化が進められていて，特にひな型を用いた労働契約の場合に関しては，約款規制の適用があり，民法典307条1項2文において，いわゆる透明性原則が定められています。これによれば，「一切の秘密を漏えいしてはならない」といった包括的な条項に関しては，透明性の原則によって無効となるという判断がなされると言われています。実際に，労働契約法草案においても，「正当な利益として使用者によって機密保護を必要とすることが示された事柄として定める守秘義務あるいは定めることができる守秘義務を遵守しなければならない」と，義務内容を具体化することが要請されています。

私自身も，こういった立法的な措置は，労働者の予見可能性，職業活動の過剰な制

約を防止する点，一方では，使用者の秘密の漏えいを事前に防止するような機能もあり，今後，検討すべきと考えています。ありがとうございます。

石田（北九州市立大学）　ありがとうございます。今，河野会員が言われたように，過度な競業避止義務をどうするかについては，二つのアプローチがあります。一つは，河野会員が言われた全部無効にするかです。それとも，裁判所が，広範な競業避止特約の義務範囲を合理的に限定して，使用者の正当な利益の保護を必要な範囲で限定して，その部分についてのみ効力を認めるかです。

全部無効のアプローチにすると，会社に対して，期間，業種・業態などについて限定的な契約締結を促すインセンティブになるとは思います。

他方で，実際，そういうインセンティブが望ましいですが，実態としては非常に過度な，広範囲な競業避止義務の設定や秘密保持義務の設定が行われている現状を踏まえると，それを全部無効にしてしまって，会社利益の保護を全て否定するということには，若干躊躇を覚えているところです。

私としては，現時点の実務等を踏まえると，過度な範囲を設定する競業避止特約，秘密保持特約については合理的範囲に限定して，使用者の正当な利益や保護に必要な範囲で効力を認めるという取り扱いがいいかなと考えています。

短期契約と長期契約については，将来のことは分からないということであろうと思います。労働契約の内容規制の根拠はいろいろありますが，一つは，将来のことが分からないという点があると思います。こうした観点からの内容規制は必要であるという見方もあると思います。

私自身が言いたいことは，当事者が十分な交渉をしてその対価が十分である場合であっても，契約当事者の関係だけではなく，市場の競争，競業を制限することによる市場へのデメリットという観点からの緩やかな内容規制が，最終的に残るという点です。そこもやっぱり考慮しないといけないのではないかと考えています。逆に，当事者が十分に交渉して十分な対価が支払われているのであれば，将来のことが分からない，という観点からの内容規制は限定的にすべきではないかと思うわけです。

土田（司会）　よろしいですか。ちなみに，ここで書かれている，「使用者が優越的地位を利用して過度に広範な義務を設定する」という件については，今年，公正取引委員会が出した「人材と競争政策に関する検討会報告書」がありまして，こういうケースについては，独禁法の適用の可能性があると提言しています。その件について，一番詳しい荒木会員が会場におられますので，もし，差し支えなければ，コメントを頂けるでしょうか。

荒木（東京大学）　先ほど一定の対価があれば，職業選択の自由を放棄できるのかが議論となりました。権利であれば，放棄は可能となりそうですが，ストレートにそう議論しないのは，交渉力の格差がある当事者間の契約を，「契約の自由」と称してよいのかという問題を，おそらく労働法は議論しているからだと思います。同じ問

題について，独禁法では，優越的な地位の濫用の問題と捉えて規制の対象としています。そうすると，交渉力の格差のある当事者間の契約や取引を労働法の規制を拡張して規制するだけではなく，独禁法の問題，経済法の問題として処理する選択肢もあるのではないかということが，「人材と競争政策に関する検討会」では議論されたように思います。

同じ事象について労働法の規制の対象とすべきなのか，それとも，独禁法，経済法の施策として，優越的地位の乱用として規制するのかを考える際には，規制の実効性，すなわち，労働法と独禁法のいずれがより実効的な規制ができるのかが重要ではないか，ということだったと思います。

あの検討会では，例えば，労働組合法上の労働者性が問題になったような役務提供者の事案について独禁法による規制も可能ですが，やはり労働問題の専門委員会である労働委員会が公正取引委員会よりもより実効的な，適切な規制ができるのではないかという議論がなされ，労働法の適用があり得る状況においては，労働法の規制を優先するという整理がなされたと考えています。

土田（司会）　優越的な地位の濫用による規律については，「人材と競争政策に関する検討会報告書」は参考になると思います。

それでは，ここまでで，一応，野川報告，河野報告，石田報告，茶園先生のコメントについての質疑をしましたが，今の4報告について何かフロアからご意見はあります

か。

それでは，司会を交代します。よろしくお願いします。

4　職務開発・職務著作と労働法の関係

● **著作権法第15条の適用について**

野川（司会）　それでは，土田会員，天野会員，それから，茶園先生についての質問を扱います。まず，質問用紙として出されたものから扱います。

一橋大学の非会員の長塚真琴さんから，16時に退席予定ということで出されている質問があります。内容を紹介します。

「著作権法15条をめぐって，著作権法が懸念するのは，同条が，労働関係の外にあるフリーランスに拡大適用されることです。古くから著作物の制作に関する指揮監督関係があれば拡大適用可能という説があり，裁判例は，この説と厳格適用説に分かれています。労働法の見地からは，この問題についてどうお考えでしょうか。土田会員へ」ということですので，お願いします。

土田（同志社大学）　十分に回答できるかどうか分かりませんが，ご質問は，労働関係の外にあるフリーランスについてですが，フリーランスが実態上，著作物の制作について法人との間で指揮監督関係下になければ，職務著作には該当せず，著作権法15条の適用はありません。

この点については，関連する判例（最高裁平成15年4月11日判決）があって，法人の業務に従事する者（デザイナー）が作成

した著作物（アニメーションの図画）の職務著作該当性について判断しています。判決の射程は，雇用関係に限定されますが，それ以前には，今の質問にあったとおり，雇用関係が存在する場合にのみ15条を適用するという厳格説と，請負・委任等の場合も指揮監督関係があれば適用するという説がありました。最高裁は，雇用関係にある者については，指揮監督関係にある場合について15条が適用されると判断しました。

この判決を敷衍していくと，フリーランスのように雇用関係になく，請負・委任や業務委託契約には15条は適用されませんが，実態として指揮監督関係があれば及ぶという解釈もあり得ると思います。これによれば，著作権法15条が適用され，職務著作該当性が肯定されて，著作権は法人に属し，報酬請求権がないという，ご質問で懸念されている結論が生ずる可能性があります。

他方，フリーランスが法人との間で指揮監督関係にない場合は，著作権法15条がフリーランスに拡張適用される可能性はないということになります。つまり，指揮監督関係の実態によるという気がします。もちろん，先ほどの厳格説を採用して，フリーランスに対する15条の適用を否定する解釈もあり得ると思います。

野川（司会）　ありがとうございます。この問題は，関心のある先生方で共有するということですので，私も，コメントと土田先生に対して少し質問したいと思います。

ここで言う，「指揮監督関係があれば」の「指揮監督」の意味です。つまり，著作権法上，15条を適用すべき法目的からすると，ここで拡大適用することが可能な要件である指揮監督とは，どのレベルのことを言うのか。労基法を適用するために必要な指揮命令関係ともありますし，労組法を適用する労働者，つまり，労組法上の労働者と労基法上の労働者の双方について，裁判例でも一定程度の指揮監督関係あるいは指揮命令関係を必要としていますが，その内容も程度もかなり違います。

そうすると，ここで言う，「著作物の制作に関する指揮監督関係があれば適用可能」という説における指揮監督関係は，また別の観点から見た指揮監督関係になるのか，あるいは労基法上の労働者等と一致するのかといった点についてはどうでしょうか。

土田（同志社大学）　判例法理としては，最高裁の平成15年判決が掲げた指揮監督関係の判断（業務態様，指揮監督の有無，対価の額および支払方法等に関する具体的事情を総合考慮して判断）に集約されると思います。従って，これも個別判断になると思いますが，一方，ご指摘のとおり，労基法・労契法と著作権法15条とでは法目的が違いますから，15条適用の前提となる指揮監督関係としては，労基法9条の労働者性を決するような指揮監督関係まで要求されるわけではないと解される可能性もあります。しかし，この点を解明するためには，著作権法15条の法目的・立法経緯や，職務著作の要件についてさらに検討を深める必要があると思います。

● 職務発明の意義・位置づけ

野川（司会） 豊川会員からの質問です。「職務発明の意味から見て、やはり、創作者主義が正しいのではないか。2015年特許法改正は正しくないのではないか」。「私は、発明者と人類全体の福利に帰属すべきと考えています」ということです。これは茶園先生への質問でした。豊川会員に補足はありますか。

豊川（弁護士・関西学院大学） 人類社会の大きな成果である発明を一企業の財産保護と見ていいのだろうか、それは、やはり創作者のものとしたうえでその利益は広がっていくというか、人類全体の福利厚生あるいは利益に還元すべきものではないかということで、職務発明を含めた発明について知的財産権法から茶園先生の意見を伺っておきたいと思った次第です。

茶園（大阪大学） 私は、知的財産法を代表しているわけではありませんし、私と同じ考えの人がどれぐらいいるのか分かりませんが、例えば、著作物の中でも絵画や文学、音楽といった伝統的な著作物については、その著作者のものだということをきちんと尊重すべきだという考え方はあると思います。他方、データベースやコンピューターフログラムになると、そういう考え方はあまりないような気がします。

発明については、イデオロギッシュに創作者主義が重要かと言われると、実は、私は、あまりそうは思っていません。発明は年間何十万件も出願されます。膨大に行われているわけでして、特許を取得することによって、企業は利益を挙げていますが、

現代社会においては、実は、一つ一つの特許がものすごい価値を持っているというものでもあまりありません。また、現代の経済的価値の高い発明は、企業が膨大な研究開発投資をして、最先端の研究施設を準備し、数多くの人がそこに関与して、完成されるものです。

つまり、新しい発明をするためには莫大な研究開発投資が必要で、その投資をするのは企業です。そして、企業に莫大な研究開発投資をさせるためには、当然、そこから生み出される発明に関する利益の還元を保証する必要があります。よって、もちろん発明者には価値がありますが、投資をする企業も大変重要ということになります。

そういうことから、創作者主義を無視できませんが、どうすれば発明がたくさん行われるようになるかを考える必要があるでしょう。そのためには、当然、使用者と従業者たる発明者との利益調整をうまく行う必要があります。現行の特許法35条の利益調整の方法がいいかどうかは、いろいろと議論があると思いますが、少なくとも科学技術が高度に進歩した現代社会においては、創作者主義だけではなかなかうまくいかないのではないかと思います。

野川（司会） 豊川会員、よろしいでしょうか。では、土田会員からコメントをお願いします。

土田（同志社大学） 私の意見は先ほど話しましたが、豊川会員のお考えは、理論的には、いわゆる自然権論の立場と考えられます。自然権論を前提とすると、豊川会員が話された結論になると思いますが、

今，茶園先生が言われたように，投資をする使用者と発明をする従業者に対してそれぞれインセンティブを提供しつつ，どのような利益調整のやり方があるかを考えたときには，今回の改正法のようなやり方もあり得ますし，私は，それを支持しています。

● 職務著作の著作者人格権の帰属

野川（司会）　それでは，土田会員に対する次の質問に移ります。非会員ですが，志賀国際特許事務所の松村弁護士から質問が届いていますので，一応読みます。「土田先生の説に立つと，職務著作の著作者人格権の帰属についてはどうあるべきであるとされることになるでしょうか」。おそらく，最後のほうで時間がなくて，土田会員が報告を多少はしょったところに関する内容だと思いますが，いかがでしょうか。

土田（同志社大学）　これは茶園先生に教えていただければと思いますが，私が著作権法の規律への疑問として述べたのは，「職務著作も非常に多様化していて，その中には，個性なり属人性が強く，かつ企業に莫大な利益をもたらし得るような著作もあるはずだ。そこで，現行法15条のように著作権と著作者人格権の使用者への帰属を認めつつ，何らの報酬請求権を認めないのは適切ではないのではないか」ということでした。弁護士の水口会員からも同様のご示唆を頂いています。

そういう考え方に立つと，従業者に著作者人格権を付与するという立法政策は当然あり得ると思います。実は，知的財産法においても，そういう議論があります。私の

レジュメで引用した横山久芳教授は，日本工業所有権法学会39号の論文で，そうした立法論の可能性について言及されています。その前提として，著作権法学の中では，著作の価値にかかわらず，著作者人格権をおよそ付与しないという立法政策はおかしいという意見があります。著作権は別としても，少なくとも著作者人格権は著作者本人に帰属させるべきだという批判です。そうすると，少なくとも著作者人格権ついては従業者に帰属させるという立法政策はあり得ますし，検討されるべきだろうと思います。

野川（司会）　茶園先生，この点はいかがでしょうか。

茶園（大阪大学）　著作権法は，著作物について著作権という財産権と著作者人格権という人格権の2種類を定めています。特許法でも，発明について特許を受ける権利という財産権と発明者名誉権が認められていますが，発明者名誉権は単に発明者の名前を記載するだけの非常に弱々しい権利です。

これに対して，著作者人格権は，著作権と同じくらいの強力な権利です。著作者人格権は，著作者の人格的利益を保護する権利ですので，著作者にのみ帰属します。

従業者が職務著作として著作物を作成した場合，著作権は使用者が有します。しかし，著作物を作成したのは従業者なので，著作者人格権は従業者が有すると思われるかもしれませんが，著作者人格権も使用者が有します。なぜそうなるかというと，職務著作の規定が適用される場合，著作者は

使用者になります。ですから，使用者が著作者人格権を有することになるわけです。

このようにされている一つの理由は，著作者人格権は強力ですから，従業者が著作者人格権を有していると，使用者が著作物を利用しようとした場合に著作者人格権が障害となる可能性があるので，そのようなことが生じないように，全ての権利を使用者に集中させたものと，一般には理解されています。

このようなルールに対して，知的財産法の分野では，「趣旨は分かるけれども，作ってもいない使用者に人格権が帰属し，従業者が何も有しないのは，適切ではないのではないか」という強い立法論的な批判があります。しかし，現行法がそうなっていますので，仕方がありません。

国によっては，著作権は使用者が有するが，著作者人格権は従業者に残し，ただ，使用者が利用すると想定される利用形態については使用者が利用することができることにして，使用者による利用が確保されています。私は，そのような制度がよいのではないか，日本のように著作物を作成していない者が人格権を有することになるのは，やはり不自然であろうと思っています。

5　特許法・労働法の適用関係

●特許法35条の審査と労契法10条の合理性審査の関係

野川（司会）　ありがとうございました。それでは，次の質問に移ります。同志社大学の岡村会員から土田会員の報告につ

いて，「相当の利益の水準を相当の対価のときのものよりも引き下げること，不利益変更の内容審査につき，特許法35条5項における審査と労契法（労働契約法）10条における審査との間で質的な相違はあるのか。もしないならば，手続的要素を列挙する35条5項の『等』という言葉に『内容審査』を読み込むという，文意解釈上は多少無理のある解釈を採ることの実益は，もっぱら制度設計以降の実際の運用面，利益の給付の審査を行うことができるという点に求められることになるのか」という質問です。岡村会員，補足説明をお願いします。

岡村優希（同志社大学）　貴重な質問の機会を頂き，ありがとうございます。同志社大学の岡村です。私の質問の端緒は，土田会員が提唱されている例外的実体的司法審査にあります。確かに，ある制度が当事者の利益状況に与える影響を適切に評価するためには，制度の設計面と運用面から検討する必要があるところ，労契法10条は前者を対象とした規制ですので，後者についての規制は不十分であると言えます。その意味で，例外的な実体的審査をする必要があるというご指摘については，首肯すべきところがあると思います。

もっとも，その法的根拠として特許法35条を用いるということに起因して，次のような質問が浮かびました。

第一に，特許法35条5項において実施される実体的審査と，労契法10条において行われる実体的審査との間には質的な相違があるのかという点です。特に，土田会員は，制度設計の段階でも特許法35条の審査が及

ぶという立場ですので，両者の規定の適用
領域が重なる部分が出てくるかと思います。
その時の審査がどのような理論的機序をも
って行われるのかというところに関心を持
ちました。

そして，これは第二の質問とも関連する
ところですが，実体的審査を正面から行え
る労契法10条に対して，特許法35条5項は，
条文の文言からして，手続的審査を主軸と
するものであり，実体的審査は謙抑的なも
のとなるのではないかという点も気になっ
ております。また，文言上，労契法10条は
合理性を要求していますが，特許法35条5
項は不合理性を問題とする規定であり，合
理性までは要求していません。そういった
ところからしても質的な相違がもたらされ
るのかというところが質問です。

第二に，労契法10条による規制が予定さ
れる中で，どうして特許法を適用するのか，
その意義はどこにあるのかという点です。
先ほど述べたとおり，労契法10条では難し
いような制度の運用面での審査を行うとい
うところは大変意義があると考えますが，
それ以外にもあるのでしょうか。特に，土
田会員は，協議の状況や意見聴取などの手
続的な要素が並んでいる特許法35条5項の
「等」という1文字に，手続的なものとは
質的に全く異なる実体的考慮要素を読み込
み，それを例外的な内容審査の法的根拠と
しています。そのような，文理解釈として
は少し無理があるような解釈をとってまで
して「等」に実体的審査を読み込む意義が
どこにあるのかという点に関心を持ちまし
た。

長くなってしまい誠に恐縮でございます
が，よろしくお願いいたします。

土田（同志社大学）　ありがとうござ
います。ご質問は二点ありました。

一点目は，「そもそも特許法35条5項の
不合理性審査と労契法10条の合理性審査の
間には質的な相違があるのか」という点で
す。私は，これはあると考えています。

報告でも話しましたが，特許法35条の考
慮要素は，茶園先生も言われたように手続
的な要素，つまり，協議，開示，意見聴取
がメインです。そして，今言われたとおり，
「等」という箇所に内容審査を読み込むと
いう例外的な解釈ができるだろうというこ
とです。

一方，労契法10条は，不利益の程度，変
更の必要性，変更後の就業規則内容の相当
性という実体的考慮要素を挙げています。
ただし，労働組合等との交渉の経緯という
手続的な考慮要素も置いています。

報告の趣旨は，職務発明規程の改訂に対
して労契法10条の適用を肯定した場合の合
理性判断については，手続的要素を重視し
て検討すべきだろう。ただし，その結果，
職務発明規定の改訂によって相当の利益が
著しく過少となるような場合には，10条の
解釈としても実体的合理性を検討すべきだ
ろう，ということです。そうなると，特許
法35条も労契法10条も，基本は手続的審査，
補充的ないし例外的に実体的審査というこ
とになり，その意味では共通しています。
なお私は，「不合理性審査」と「合理性審
査」の間に質的な差異があるとは考えてい
ません。

それでは，どういう点で質的な相違があるのか。ご質問の中にも，「特許法35条においても『等』の中に『内容審査』を読み込むのであれば，10条の規律とどう違うのか」という項目があります。報告でも言いましたが，労契法10条は，変更後の就業規則の内容の相当性という考慮要素を明示しており，代償措置や経過措置の有無・程度が重視されます。ですから，そうした考慮要素を全く明示していない特許法35条と比較した場合，職務発明規定の改訂に際してそうした措置が欠如している場合には，仮に特許法35条の解釈として制度設計の段階で職務発明規定の改訂が不合理性を否定され，言い換えると合理性を肯定される場合も，労契法10条の解釈としては，合理性を否定されることがあり得るということです。その場合は，職務発明規程の改訂は特許法35条をクリアしたにもかかわらず，労契法10条が適用されて合理性を否定されるケースがあり得ることになります。

もう一点の質問は，「特許法35条と労契法10条の重畳適用を認める場合，35条の内容審査の実益は，制度設計以降の実際の運用面，つまり，実際の利益額や給付の内容の審査を行うことができるという点に集約されてくるのか」ということです。

私は，労契法10条にない特許法35条の独自の意義は，ご質問の点にあると考えています。すなわち，職務発明規程改訂において制度設計も手続も全く問題がない一方，実際に支給された額が当てはめの段階で著しく過少な場合には，特許法35条の独自の規律が及ぶと思います。35条によれば，相当の利益の不合理性は，最終的には使用者が個々の従業者に支給する利益額の不合理性によって判断されるため，実際の利益額が発明の価値に照らして著しく過少とされた場合は，利益の不合理性が肯定され得るからです。その場合には，労働法上は労契法10条の適用によって職務発明規程の合理性が肯定された場合も，特許法35条5項の解釈としては不合理性を肯定されます。そして35条7項が適用され，同項の基準によって利益の相当性が判断されることになります。

岡村（同志社大学）　ありがとうございます。そうすると，特許法35条5項の内容審査よりも労契法10条の内容審査のほうが審査密度が高いということになるかと思います。はじめは，労契法10条のもとでは「合理性」判断が，特許法35条5項のもとでは「不合理性」判断が行われるということから，特許法35条5項の審査のほうが緩やかである。言い換えれば，インセンティブをどのように設定するかについて使用者側の裁量をより多く残しているのが特許法35条5項と考えていて，そうであるならばインセンティブ論との整合性も高いと思っておりました。しかし，土田会員のご見解では，特許法35条5項の審査をしたうえで，別途労契法10条を適用するというかたちで，より強度の審査を及ぼしていくことになるのだと理解することができました。拙い質問にお答えいただきまして，誠にありがとうございました。

野川（司会）　ありがとうございます。特許法35条の審査と労契法10条の合理性審

査との関係に関わる議論でしたが，それについて先ほど茶園先生が話をされましたので，コメントをお願いします。

茶園（大阪大学）　ありがとうございます。私は労働法の門外漢ですので，そう思うのかもしれませんが，特許法35条の改正は，使用者側のインセンティブ施策を今まで以上に柔軟に構築できるようにという方向で行われ，そのために，さまざまな考慮ファクターが規定されたわけですから，立法者は，特許法35条の規制をクリアすれば，もうそれで問題はないのだと考えたように思われます。

つまり，特許法35条の規制をクリアしたにもかかわらず，労働契約法10条によって使用者が考えていたインセンティブ施策が取れないという場合が生じることを，立法者はおそらく予定していなかったのではないかと思います。

そのため，労働契約法10条が適用されることになると，特許法35条の改正の趣旨が損なわれるのではないか，また，特許法35条の規制で十分であり，労働契約法10条を適用しなくても特に問題は生じないのではないかと思っておりますが，労働法の側からは受け入れ難い考えでしょうか。

土田（同志社大学）　ここは反論しますと，まず，先ほど，「相当利益の不合理性判断については，特許法35条が掲げている考慮要素で尽くされている」と言われましたが，尽くされていないと思います。つまり，35条が明示している考慮要素は確かに手続的要素であり，それによって考慮要素は尽くされるという考え方は確かにある

と思いますが，私は，先ほど話したとおり，「等」に内容規制を読み込むことで考慮要素を補充すべきだと考えます。

その理由ですが，今茶園先生が言われたように，特許法35条の2015年改正の一つの大きな趣旨は，使用者のインセンティブ管理を柔軟にして，柔軟な施策を可能にすることですが，もう一つの趣旨は，改正前の相当の対価と比べて同等の権利となるよう保障するというものです。これは国会の付帯決議で，衆・参両院の経済産業委員会で明確に謳われています。

今回の法改正でインセンティブ施策が柔軟になったことに使用者が甘えて，レジュメ6ページに書いたような，かなり乱暴な不利益変更を実行することを認めてしまうと，実質的に同等の権利となるよう保障するという明確な立法趣旨と整合しないことになります。そこで，こうした事態に対応するためには，先ほどの「等」に「内容規制」を読み込みつつ，今述べたとおり，それを補充する規律として，労契法10条の不利益変更規定を適用する必要があると思います。

しかし一方，労契法10条は，確かに頑丈なハードローではありますが，使用者に必ずしも過重な負担をもたらすことにはならないと思います。つまり，10条によって合理性が否定されるのは，レジュメに書いたような，かなり乱暴で，従業者に著しい不利益を及ぼす改訂に限定されるだろうと考えています。それならば，特許法35条改正の趣旨を損なうことはないし，使用者のインセンティブ施策にとってそれほど障害と

なるものではないだろうと思います。

また，先ほど，茶園先生から，「特許を受ける権利の帰属を従業者から法人に変更する場合，労契法10条が適用されらどう評価されるか」という問題提起がありましたが，これは法律にのっとった改訂ですから，10条によっても当然，合理性が認められると思います。

野川（司会）　この点は，まだいろいろと議論の可能性のあるところだと思いますが，特許法35条5項に基づく審査と労契法10条の審査との関係について会場から意見のある人はいますか。これは茶園先生にも土田会員にも学会誌のほうでぜひまた検討してほしいと思います。

● 「相当の利益」の賃金該当性の有無

野川（司会）　それでは，もう一つ，土田会員の報告に対する質問です。関西大学の川口美貴会員からレジュメ5ページの「3-2-3-③」についての質問です。「相当の利益は，労基法11条の賃金プラス特許法に基づいて請求権を有する給付であるから，賃金に関する労働関係法規が適用される，すなわち労契法10条も適用されると解することもできるように思われますが，賃金に関する法的規律は適用されないが，労働条件には該当するとの見解を採られる理由をお教えください」。

土田（同志社大学）　簡潔にお答えしますが，二点の理由があります。まず，労働条件と解する理由は，レジュメ5ページにありますが，労働条件を労働関係における労働者の待遇の一切を意味すると広く解

釈することが理由です。こういう位置づけになっているものとしては，ほかにストック・オプションがあります。ストック・オプションは，「労基法11条」の賃金には当たりませんが，労働条件には当たるというのが一般的な見解です。それと同様に考えたということです。

また，相当の利益を労働法上の賃金と認めておきながら，賃金に関する規律を適用しないのは，確かに人為的で若干無理があることは否定しません。ただ，相当利益請求権を認めたという特許法の政策選択を考慮すると，人工的ではありますが，こういう解釈もあり得るというのが私の意見です。

野川（司会）　すみません。川口会員，補足していただくのを忘れましたが，いかがでしょうか。

川口美貴（関西大学）　時間がないのに，ありがとうございました。相当の利益が労働条件だということには，もちろん異論はありませんが，「賃金ではない」とあえて言わなくても，相当の利益は「労基法11条」の賃金にも当たるので，賃金に関する規制も適用され，例えば，使用者が相当な利益を払わなかった場合は，不払いというかたちでさまざまな監督や制裁もあるという考え方もあり得るかもしれないと思いました。あとは，いろんな賃金債権の保護を，例えば，会社が倒産した場合に適用するということもあり得ると思います。

土田（同志社大学）　報告に際して，そこは私も一番迷ったところではあります。ただ，私の考え方は，相当の利益については，特許法の35条の政策選択によって，一

シンポジウムの記録

般雇用原則に基づく賃金としての法的性格が捨象されてしまったという理解です。そうすると，相当の利益は賃金ではありますが，賃金に関する規制は適用しないという論理にならざるを得ません。これは一つの立場の選択です。

野川（司会） これもいろいろと議論のあるところだと思いますので，今後，議論の展開が期待されます。

6 職務発明制度における労働組合の関与のあり方

● 労働協約の規範的効力

野川（司会） それでは，時間も押していますので，次に天野会員に対する質問に移ります。労働政策研究・研修機構（JILPT）の山本会員より天野会員に対する質問です。「レジュメ4ページにおいて非組合員との関係について述べられていることは，当該企業において多数組合と少数組合が併存している場合，特に，発明従業者が少数組合に加入している場合にも，そのまま当てはまると考えてよいでしょうか」。では，山本会員，補足説明をお願いします。

山本（労働政策研究・研修機構） JILPTの山本です。特許法のガイドラインに関して教えてください。ガイドラインを拝見すると，多数組合には，ある種の公正代表義務みたいなものを課しているように読めました。そうすると，発明者，あるいは潜在的に発明者たり得る人たち，例えば，当該企業の研究職の人たちなどが，利害の共通

性故に，少数ですが組合を結成した場合であって，かつ多数組合に対する個別委任はなかった人たちについても，レジュメ4ページの非組合員との関係のところが当てはまると見てよいかというのが質問です。もしかすると，これは天野会員が最後に今後の課題として言われた，いったい何を集団的な労使自治のインフラとして捉えるかというところが関わってくるのかもしれませんが，とりあえずご教示いただければと思います。

天野（首都大学東京） 質問ありがとうございます。「非組合員」と書いてあることから，非組合員の中には別組合員，少数組合員が入るのかというご質問だと思います。私のレジュメの4ページにガイドラインの内容がありますが，どちらかというと，これは拡張適用みたいな感覚で捉えていると考えています。複数組合主義を採るわが国においては，少数組合だったとしても，当然，団結権等が保障されており，拡張適用については，少数組合には及びません。そのような点からすると，この点は非組合員に限定され，別組合，少数組合員については妥当しないと考えています。

野川（司会） 次は，関西大学の川口会員から天野会員の報告に対しての質問です。「レジュメ4ページ，労働協約は，規範的効力と特許法上の相当の利益との関係で，『特許法の優先適用』と記されていますが，どちらを優先適用というよりは，『法規に違反する労働協約の場合は規範的効力を有しない』という説明のほうが正確であるようにも思います」とあります。で

は，天野会員，お願いします。

天野（首都大学東京）　質問ありがとうございます。特許法は発明者の個別権利を大前提として保護していて，協議においては集団的利益調整を参考にする，加味するという位置づけで考えていましたので，どちらかというと，労働法が一般法，特許法が特別法というイメージがありました。そのため，「優先適用」という言葉を使った次第です。

川口会員が言われるような理解のほうが正確である気もしますが，どちらがどうかというのは，現時点では即答しかねますので，この点については今後検討したいと思います。

● 職務発明者の利益代表者と労働組合

野川（司会）　ありがとうございます。天野会員に対して紙で出された質問は以上ですが，この場に出席の皆さんから天野会員に対する質問，意見等，ほかに何かありますか。

濱口（労働政策研究・研修機構）

JILPT の濱口です。天野会員の話を聞きながら感じたことがあります。先ほど，山本会員が質問したことと少しかぶりますが，そもそも一つの企業の中で職務発明をする人，研究開発をする人は，基本的に少数者です。多数の人は，どちらかというと，それを支える人です。その場合に，職務発明をする人の集団的な利益内容は，そもそもいかなるものであるべきかというところで，実は，何か矛盾があるような気がします。

日本の場合は，むしろ圧倒的に企業別組合になりますので，ある意味，そういうことはあまり起こらないかもしれませんが，それこそ山本会員がさっき言ったように，研究開発する人が組合をつくったらどうなるか。つまり，むしろ少数者であるが故に，自分たちの権利を集団的に代表したいというのが本来あるべき集団的な代表の姿なのか。それとも，古くは例の青色発光ダイオードのときに，確か会社側が，「その人だけではなくて，一般社員が一所懸命協力した」と言っていたように，そういう利益を代表するべきものなのか。ここには集団的労使関係論の根本に関わるような話があるような気がします。その点について天野会員の意見を伺えればと思います。

野川（司会）　天野会員，お願いします。

天野（首都大学東京）　貴重な質問ありがとうございます。報告でも述べましたが，そもそも職務発明は，競業避止も秘密保持もそうですが，少数労働者を対象とするものであり，その少数労働者の利益を労働組合が守るうえで限界があるというのは，そのとおりだと思います。実際，アメリカ法では，組合員の中の少数労働者の利益保護は，組合としての優先順位が低いという観点から，集団的自治が用いられないという側面があります。従って，労働組合が果たして代表し得るのかという問題は確かに一つあります。

ただ，企業別組合が主流のわが国においては，労働組合という集団は，労使交渉力格差の是正という点で一つの重要な役割を

担っています。また，少数労働者である発明労働者の利益を過度に守りすぎると，ほかの一般従業員の利益と衝突することも確かです。

そのうえで解すると，発明従業者の利益を十分に代表できていないではないかと思うかもしれません。しかし，相当の利益になってからは，単純な金銭のみではなく，昇進や昇格などの人事考課の部分も相当の利益として考慮できることになっています。そうなると，企業全体というか，労働者全体をイメージして制度設計を行わなければいけませんし，労働組合が発明従業者の利益のみならず全体の労働者の利益も踏まえて代表することは意味があると，私は考えています。

濱口（労働政策研究・研修機構）　ありがとうございます。実は，パートタイム・有期雇用労働法では，パート労働者や有期雇用労働者の過半数代表という概念があって，就業規則の意見聴取も入っています。ですから，むしろ特定の労働者の利益を代表する集団的な代表制みたいなイメージを持っているのかと若干深読みして水を向けたつもりでしたが，読み込み違いでしたら申し訳ありません。

野川（司会）　ありがとうございます。今の点に関しては，濱口会員が最後に言われたように，おそらく，今後，労働者の代表制をもう一度考え直そうという議論につながっていくだろうと思います。

日本では，労働組合ではない，事業所内の従業員代表制度については，既に数十年議論されていて，もはや諸外国の経験についての知見も積み重なっています。今回，こういう問題が出て，私も，従業員代表制を恒常的な制度としてどう構築するかということに踏み込むべきではないかとますます思いましたが，これは労政審（労働政策審議会）等での労働者側と使用者側の両方の既得権益に非常に大きく影響するという事情もあって，進んでいない状況にあります。

しかし，そろそろそんなことを言っていられる状況ではなくなってきていることを，公・労・使と私たち研究者も含めて，もう1回きちっと自覚して前に進むべきではないかと思います。

もちろん，従業員代表制はどのようなかたちであるべきかとか，そもそもそういうものが必要かという議論もまだあるだろうと思います。しかし，そういうこと自体をオープンに，しかも，きちんと見通しを持った場で議論されていないことは大変問題です。これは私の懸念です。

野川（司会）　ほかに天野会員の報告に対する質問はありますか。

土田（同志社大学）　特許法の指針には，今，濱口会員が指摘された問題意識に近いことが書いてあります。協議手続の箇所ですが，指針は，使用者が従業者の利益を正当に代表する者と集団的協議をした場合は，協議の段階では相当利益決定の不合理性が否定される方向に働くと述べていますが，この「従業者の利益を正当に代表する者」を労働組合に限定しているわけではありません。現行労働法には，特定労働者層の利益代表を認める制度は少ないですが，

特許法35条の指針のレベルでは，それが一定程度考慮されているということは注目すべきことかもしれません。

野川（司会）　ありがとうございます。

それでは，時間もだいぶ押していますが，報告者全体について，あるいは今日の大シンポジウムの統一テーマに関して意見，質問等があれば，会場から自由に発言してください。いかがでしょうか。よろしいでしょうか。

野川（司会）　今日の大シンポジウムは，「労働法と知的財産法の交錯——労働関係における知的財産の法的規律の研究」というテーマを掲げて検討してきました。昨日は，非常に活発な学会のワークショップ，個別報告等が行われ，懇親会が行われ，今日は付録のように扱われて，大シンポへの出席者は非常に少ないのではないかと思われていましたが，そのとおりになりました。それに加えて，恐らく，日本労働法学会としては，このテーマは荷重に過ぎるということで敬遠される傾向もあるかもしれないと懸念しています。

最後に言えば，従来，労働法は，物理的にも学問の内容的にも非常にドメスティックなものでした。例えば，労働基準法15条には帰郷旅費というものがあります。採用された労働者は，言われていた労働条件と違う場合には直ちに労働契約を解除しますが，そのときに，ふるさとに帰る旅費は使用者が負担しなければなりません。これはペルーから来た労働者にも適用されますが，恐らく，立法者は，ペルーに帰る旅費を中小企業が負担しなければならないというこ

とを全く考えていません。遠方といっても，せいぜい青森まで帰る旅費を負担するぐらいのことしか考えていなかったでしょう。

しかし，現在は状況が全く変わりました。今は単純作業にも外国人労働者の雇用が広がろうとしていますし，それだけではなく，日本からも多くの人が外国に働きに行っています。このように，労働法という法分野のドメスティックな性格は，物理的にも劇的に変わろうとしています。

また，かつて労働法の分野に関わるものは，労働法固有の理念や考え方があり，例えば，民法にしても会社法にしても商法にしても，ほかの分野とどのような協力ができるか，あるいはどのように学際的な検討ができるかということについて必ずしも十分な検討がなされてきませんでした。そういう意味で，労働法は内容的にもドメスティックなものだったと思いますが，今は，そこもそのようなことはもう言っていられません。

先ほど，フリーランスの話が出ましたが，それだけではなく，働く人という存在の具体的なイメージは，もはや工場で働く労働者には全然限られず，雇用される労働者も限られていません。また，本来は労働法で担当すべき分野だったと思われるところが，他の産業政策あるいは経済政策等の観点から浸食されています。

そういうことを考えると，今後は労働法固有の自己完結的な内容についての検討だけではなく，こういった大分野をまたがる，あるいは学問的にも両方にまたがる学際的な内容の検討がどんどん必要になると思わ

シンポジウムの記録

れます。今回の大シンポの検討も，そうした方向への一里塚として，一つのモデルとして貢献することができればと思っていました。

それでは，ちょうど時間となりましたので，これで今日の大シンポを終わります。長い間，ご清聴，ご参加，どうもありがとうございました。

（終了）

ワークショップ

Ⅰ　フランスの労働法改革
　　ワークショップ「フランスの労働法改革」に関する覚書　　　　　　矢野　昌浩
　　フランスの労働法改革　　　　　　　　　　　　　　　　　　　　　小山　敬晴
Ⅱ　結社の自由について改めて考える
　　　　──東アジアにおける「結社の自由」の法制・実態を踏まえて
　　アジアの結社の自由の問題点　　　　　　　　　　　　　　　　　　香川　孝三
Ⅲ　「同一労働同一賃金」の法政策
　　「同一労働同一賃金」の法政策　　　　　　　　　　　村中　孝史・島田　裕子
Ⅳ　「労働時間法」をどのように構想するか？
　　「労働時間法の過去と現在，そして未来」の趣旨　　　　　　　　　唐津　　博
　　労働時間法の目的と具体化の手法　　　　　　　　　　　　　　　　長谷川　聡
　　労働時間法をどのように構想するのか？──実務家からの視点──　北岡　大介
Ⅴ　LGBTと労働法の理論的課題
　　　　──トランスジェンダーを中心に
　　ワークショップの討論内容　　　　　　　　　　　　　　　　　　　名古　道功
　　企業によるトランスジェンダーの外見・服装の制約　　　　　　　　内藤　　忍
　　　　──服装等の自己決定権や性の多元論の観点からのS社事件の再検討──
　　LGBTに対する合理的配慮を中心に　　　　　　　　　　　　　　　濱畑　芳和
Ⅵ　山梨県民信組事件最高裁判決の意義と射程範囲
　　　　──労働契約関係における労働者の同意
　　議論の概要について　　　　　　　　　　　　　　　　水口　洋介・石井　妙子
　　労側弁護士からの報告　　　　　　　　　　　　　　　　　　　　　鴨田　哲郎
　　使用者側代理人としてみる本判決の意義と射程　　　　　　　　　　木下　潮音

《ワークショップⅠ》　フランスの労働法改革

ワークショップ
「フランスの労働法改革」に関する覚書

矢 野 昌 浩

（名古屋大学）

　フランスでは，社会党政権が2016年8月8日の法律により大規模な労働法改革に着手した。マクロン政権はさらに徹底した改革を内容とする2017年9月22日付の5つのオルドナンスを公布した。これらのオルドナンスは2017年9月15日の授権法に基づくが，2018年3月29日に追認法が成立した。前者は2017年9月7日に，後者は2018年3月21日に憲法院の合憲判決を経ている。

　このような最近のフランスの労働法改革をテーマとする本ワークショップで，小山敬晴会員（大分大学）はつぎのような問題提起を行った。従来のデロゲーション方式を越えて，企業協約を労働関係における中心的な規制手段として位置づけた点に，今回の労働法改革の特異性が存在する。今回の改革は，労働者保護規制の大幅な後退（解雇法の緩和，労働契約を当然に変更する集団的生産性協定の創設），企業協約制度の改革（従業員レフェレンダム方式の導入，従業員代表者の役割強化，使用者提案への労働者同意方式の導入），従業員代表機関の統合などをもたらした。こうして競争力や生産性といった経済的合理性の理念が労働法に取り込まれ，社会的民主主義の名の下に組合軽視が進んだ。企業での雇用から労働市場での雇用へというシフトのなかで企業の集権化が図られており，競争的労働法と呼びうるものが目指されていると評価できる。

　議論では，今回の改革の背景事情や具体的内容，さらに憲法上保障された集団的労働条件決定への代表を通じた労働者参加との関係などが論点となった。外国の最近の動向を扱ったこともあり，小山会員の問題提起や仮説にはほとんど立ち入れなかった。日本法との比較についても残された課題となった。

（やの　まさひろ）

《ワークショップⅠ》　フランスの労働法改革

フランスの労働法改革

小　山　敬　晴

（大分大学）

Ⅰ　は じ め に

1　フランス労働法改革

　フランスでは2016年および2017年に労働法典の大部分を変更・新設する大きな改革が行われた。当時の労働担当大臣の名前をとりエル・コムリ法と呼ばれている2016年8月8日の法律（以下，「2016年法」とする）[1]，2017年の一連のオルドナンス（以下，「2017年オルドナンス」とする）[2]がそれである（2つを併せて表現する場合，単に「労働法改革」とする）。国際的な経済競争の激化により，多くのヨーロッパ諸国で，それぞれ影響力の大きい労働法改革が行われているなかで[3]，フランスの動向は日本でも注目されている。しかし，フランスでは労働法改革に至るまでに，近年すでに数多くの労働法改正が積み重ねられてきたのであり，

1）　Loi n° 2016-1088 du 8 août 2016 relative au travail, à la modernisation du dialogue social et à la sécurisation des parcours professionnels. 野田進＝渋田美羽＝阿部理香「フランス『労働改革法』の成立―労働法の『再構築』始まる」季労256号（2017年）126頁参照。

2）　マクロン大統領が就任して間もなく成立した5つのオルドナンスからなる。細川良＝小山敬晴＝古賀修平「［特集］フランス2017年労働法改革」労旬1908号（2018年）6頁等参照。紙幅上全てを挙げられないが，野田進「マクロン・オルドナンスによる団体交渉システムの改革(1)」法政研究85巻1号（2018年）404頁をはじめとする同教授による諸論考が2017年オルドナンスを包括的に検討しており，本報告の内容もその業績に拠るところが大きい。

3）　フランスが労働法改革に至った経緯として，EUおよびOECDから労働法改革の実施を求める勧告が出されていたことは見逃せない。Recommandation du conseil du 14 juillet 2015 concernant le programme national de réforme de la France pour 2015 et portant avis du Conseil sur le programme de stabilité de la France pour 2015, JO de l'Union Europeen, C 272/51. etc.

とりわけ今般の労働法改革が注目されるのはなぜだろうか。すなわち，フランスの労働法改革が有している，これまでの法改正と性質の異なる特徴とはいかなるものか，という問題である。まずはこの点を明らかにしながら，労働法改革を検討するにあたっての視角を示したうえで，本報告の論点を提示する。

2　検討視角および論点の提示

　フランス労働法学においては，今般の労働法改革を新しい労働法体系の構築と捉える立場と[4]，近年立て続けに行われた労働法改正の継続にすぎないと考える立場との間で評価が分かれている[5]。労働法改革と，戦後形成されたこれまでの労働法理念との間には明確な断絶が存在するのか，または労働法改革により新しい労働法体系が構築されたのか。これらの問いに対しては，論者がこれまでの労働法理念をどのように定義づけるかにより評価が分かれるため，一概にどの立場が正当な評価であるかを判断することは非常に困難である。しかしながら，労働法改革はさまざまな法規定の改正の集積にとどまらず，フランス労働法体系の根幹である階層的規範そのものを変更していることから，これがこれまでの法改正の単なる延長ではなく，決定的に性質を異にしているものであると考えられ，そのような立場から労働法改革の検討を進めていく。

　これまでフランス労働法では，労働関係の規制は法律が中心であり，法律を頂点として，全国職際協定，産別協約，企業協定，最後に労働契約という階層的規範が形成され，下位規範は，上位規範を労働者に有利にしか適用除外することができない（社会的公序〔ordre public social〕）。これに対して労働法改革は，最低限の公序規定を除き，労使交渉規範が最優先で適用され，法律は補充的に適用されるにすぎないとして労働法の階層的規範を逆転させた。そして労使交渉規範のうち，とりわけ企業協定に優越性が与えられることになり，企業レベルでの労使交渉規範を中心に据える労働法体系が構築されたのである。たしか

4）　J.-D. Combrexelle, Vers un nouveau droit du travail, JCP S 2017. 1305.; P. Lokiec, Vers un nouveau droit du travail ?, D. 2017. 2109. etc.

5）　B. Teyssié, Les ordonnances du 22 septembre 2017 ou la tentation des cathédrales, JCP S 26 sept. 2017. 15. etc.

に，法律による労働者保護規定が充実し，かつ組合加入率が極めて低いなかで産別協約が拡張適用制度によって労働者保護に極めて大きな役割を果たしてきたフランスにおいて，80年代以降，労働法の柔軟化の文脈で，企業協定による上位規範の適用除外〔dérogation〕の範囲はすでに拡大されてきた。しかしながら労働法改革はこの方式を超えて企業協定を労働関係における第一の適用規範として位置づけたところに，その異質性が表れている。

労働法の階層的規範の逆転が実務にあたえるインパクトがいかなるものであるかは興味深い論点だが，これについては今後の動向を注視するしかない。また，階層的規範の逆転が行われたことのみをもって労働法改革の重要性を指摘しても，法体系の異なる日本においてさしたる実益はないため，本ワークショップでの論点としては，かような階層的規範の逆転がいかなる目的で行われたのかを明らかにし，世界的な労働法改革の波が起こっている中で，フランスの労働法改革が行われた実質的意義を検討することを提示したい。

Ⅱ　労働法改革の意義

1　労働法改革の目的と具体的内容

労働法改革の目的を端的に表すものとして，まず立法過程で示された労働法改革の目的を参照しておく。2016年法の提案理由においては，[6] 近年，数次の労働法改革が実施されてきたが，グローバル経済・技術革新の重大性からして，さらに改革を進める必要性があり，(a)地位とは関係ない，生涯の職業行程において人（就業者および失業者まで含む表現と思われる）のよりよい保護，(b)労働者代表との対話において経済変化のよりよい予測を企業ができるようにすることの2つがこの法律の目的として掲げられ，この改革は，（労働法だけではなく）フランスの社会モデルの再構築を可能とするものでなければならず，再構築のための三段階として，(i)労働法典の再構築（階層的規範の逆転），(ii)団体交渉促進のための，その正統性と有効性の強化（過半数原則に基づく協約有効要件，使用

6）　Exposé des motifs de LOI n° 2016-1088 du 8 août 2016 relative au travail, à la modernisation du dialogue social et à la sécurisation des parcours professionnels.

者代表性の改革，組合員の活動教育，雇用維持発展協定の整備），(ⅲ)個人別就業活動勘定〔compte personnel d'activité〕の整備（労働者だけでなく就業者全員を対象とする職業行程の形成）が設定されている。2017年オルドナンスでは，オルドナンス授権法に関する下院での審議において，労働法改革が必要となる理由として，(a)経済の国際化，(b)ICT 革命，(c)労働者の新しい期待・要望，とくに若年層において，長期安定雇用よりも，同一企業・地位にとどまらない生涯を通じた職業転換，ワークライフバランス実現のための柔軟性が望まれていることが指摘され[7]，「企業および産業部門における経済的および社会的対話を強化することを通じて，労働者および事業主に対してより自由と安全〔sécurité〕を与える」労働法改革を行うとされた[8]。したがって階層的規範の逆転は，労働者（または就業者）および使用者の自由と安全のために，労使対話を促進するために行われたものということができる。しかしながら，労働法改革のなかにはこのような目的の枠内で理解することができない法規定の変革が含まれている。そこで，労働法改革の実質的な意義を検討するために次の2つの側面に着目したい[9]。

（1）法律による労働者保護規制の後退　労働法改革によってもたらされた労働者保護規制の後退の例はいくつかあげられるが，本報告の文脈において重要度が高いと考える2つの事項に限って紹介する[10]。まずは解雇法の緩和である[11]。経済的解雇については，法定の経済的解雇事由として掲げられている「企業の経済的窮境」に加えて，2016年法が「注文数・売上高の重大な減少〔baisse

---

7) Rapport fait au nom de la commission des affaires sociales sur le projet de LOI d'habilitation à prendre par ordonnances les mesures pour le renforcement du dialogue social, par L. Pietraszewski, enregistré le 6 juill. 2017. pp. 13-14.

8) Rapport fait au nom de la commission des affaires sociales sur le projet de LOI d'habilitation à prendre par ordonnances les mesures pour le renforcement du dialogue social, par L. Pietraszewski, enregistré le 6 juill. 2017. p. 16.

9) なお以下の記述では2017年オルドナンスの内容が中心となる。本来なら2016年法と2017年オルドナンスの性質の違いにも言及すべきであるが，紙幅との関係で割愛する。

10) 産別協約による規制の後退も労働法改革の重要な帰結として挙げられるが，紙幅との関係でこれに関する説明は省略する。

11) 野田進「マクロン・オルドナンスによる労働契約法の改革─不当解雇の金銭補償，工事・作業契約，集団的約定解約」季労260号（2018年）127頁参照。

significative des commandes ou du chiffre d'affaires〕」,「競争力の保護に必要な組織再編〔réorganisation nécessaire à la sauvegarde de la compétitivité〕」を加え,その事由が大幅に拡張された(労働法典1233-3条。以下,「労働法典」略。)。そのほか,個別的解雇について濫用的解雇の解雇補償金に上限額が設定されたのをはじめとして(L1235-3条2項),これまでの法規定と比較して労働者の権利を後退させる改革が行われた。

つぎに集団的生産性協定〔accord de performance collective〕である。これは,労働契約より不利益な条件を定める企業協定の条項が,労働契約の同じ目的を有する条項にとってかわるものであり,労働者はこれを拒否できるが,その拒否が正当な解雇事由となることが法定された制度である。フランスでは原則として,有利な定めを除き,協約による労働契約の不利益変更は不可能であるが(L2254-1条),2016年法により,雇用の維持または発展という目的に限り,これを可能とする「雇用保存・発展協定」が創設された(雇用を維持する見返りとしての労働契約不利益変更)。2017年オルドナンスはこの制度をさらに進めて,その目的を「企業の運営の必要への対応」に拡大し,オルドナンスを追認する2018年3月29日の法律はこの協定を「集団的生産性協定」と改め,実質上も名目上も,この協定は労働者の当該企業における雇用存続のみならず,企業の生産性向上が目的であることが明白になった。協約による労働契約不利益変更の禁止を支えていた契約法の一般原則である契約の拘束力が,経済的合理性とい

---

12) これらの要素はすでに破毀院判例で考慮されていたが,フランスでは破毀院判例を否定する立法がしばしば行われるため,それをオルドナンスが追認した意義は大きい。

13) 「経済的窮境」の評価および再配置義務の検討に関する地理的範囲の縮小,労働契約の集団的破棄の新しい手段として「集団的合意解約〔rupture conventionnelle collective〕」の創設(L1237-19-1条以下),労働裁判における提訴期間の縮減(L1471-1条2項),使用者の解雇手続き上のいわゆる「間違える権利〔droit à erreur〕」(L1235-2条)等。

14) フランスでは L2221-1条の定める事項をすべて包含する集団的労使合意のことを労働協約〔convention collective〕,その一部のみを定めるものを集団協定〔accord collectif〕という。労働協約と集団協定とで効果につき相違はない。

15) LOI n° 2018-217 du 29 mars 2018 ratifiant diverses ordonnances prises sur le fondement de la loi n° 2017-1340 du 15 septembre 2017 d'habilitation à prendre par ordonnances les mesures pour le renforcement du dialogue social.

う正当化によって後退させられ，企業協定の契約に対する優位性が容認されることとなった。

(2) 企業レベルでの労使対話の改革　　代表例として３つ紹介したい。１つは労働協約の発効要件に従業員のよるレフェランダム（直接投票）方式が導入されたことである。2016年法は，まず，従業員代表選挙で30％の支持を得た１または複数の代表的労働組合による署名というこれまでの発効要件につきその支持率を50％に引き上げたが，署名組合の支持率が30％以上50％未満である場合には，従業員のレフェランダムが組織され，承認が得られれば協約が有効に成立するという方式を整備した。つまり過半数の支持を得ている組合が協約に署名しない決定をしたとしても，使用者はレフェランダムを通じて協約を成立させることができるようになった。

つぎに，企業内で団交・協約締結権が唯一認められる組合代表委員（délégué syndical, 代表的労働組合の企業内の代表者）が存在しない企業における，団体交渉・労働協約締結手段の整備である。労使関係の存在しない中小企業における団交促進を目的として（法律上50人以上の企業にしか企業内組合支部の設置義務がない），代表的労働組合の委任した者（組合受任者〔salarié mandaté〕）に団体交渉権を認め，とくに2004年以降，法律により漸次この方式が拡大されてきた。2017年オルドナンスは，11人以上50人未満の企業において，代表的労働組合による委任の有無を問わず，従業員代表委員選挙で過半数の支持を得た１または複数の者が協定を締結することができるようにし，従業員代表と組合受任者とを任意選択できるようになった。

このように，労働法改革は，企業レベルの団体交渉の強化を目的としながら，その中心的な当事者たる代表的労働組合の法律上の権限を後退させている[16]。また，11人未満の無組合企業において，または組合代表委員および従業員代表機関が存在しない11人から20人までの企業においては，使用者が協定案を提示し，労働者の2/3が同意すればそれが集団協定となるとされた。代表的労働組合の権限の後退どころか，ここでは交渉または対話という発想すら欠けている。

---

16) F. Géa, Les soubassements de la réforme, RDT 2017. 601.

最後は，従業員代表機関の統合である。フランスでは，法定の設置義務のある従業員代表機関が複数存在していたことなどから，その統合または簡素化について30年来の議論が蓄積されてきていた。これまで2度の部分的法改正が行われたが，2017年オルドナンスは，11人以上の企業について，社会経済委員会を単一機関とし，画一的に全機関をこれに統合させる抜本的改革を行った。[17] 例えば，労働者11人未満の事業場で，ハラスメント通報権などの権限を有し，大きな役割を果たしていた従業員代表委員〔délégué du personnel〕が廃止された。2017年オルドナンスは，今後も事業所レベルでの小委員会〔commission〕および現場従業員代表者〔représentant de proximité〕を設置できるとしているが，その設置は法定の義務でなくなり，企業協定にその設置の是非を委ねている。労働者50人以上の企業に設置が義務付けられていた安全衛生・労働条件委員会も廃止された。機関の簡素化は使用者にとっては協議義務の軽減となるうえ，社会経済委員会において経済的事項も安全衛生事項も同時に協議されることになれば，前者が後者に優先しかねないという懸念もある。[18] 組合代表委員以外の者との団体交渉に関しては，代表的労働組合の委任者と選挙で選出された従業員代表との間で権限が平準化された反面，従業員代表制度それ自体の改革では，機関の簡素化，企業レベルへの集約化または集権化，事業所における現場レベルでの活動者の法的基盤の喪失という改革が行われたのである。[19]

（3）小 括　(1)については，労働者保護規制が後退することの正当化として，競争力，生産性といった経済的合理性の理念が労働法の一つの理念として取り込まれているといえる。(2)については，企業の従業員による投票を介した民主主義的理念（労使民主主義〔démocratie sociale〕）を重視することを通じて，（事実上の，ではなく法律上の）労働組合の影響力は減少させられ，他方従業員代表機関については，組合との権限の平準化が図られながら，従業員代表機関そ

---

17) 企業評議会〔conseil d'entreprise〕という注目に値する新しい従業員代表機関も創設されたが紙幅との関係で説明を割愛する。

18) G. Loiseau, Le comité social et économique, Dr. soc. 2017. 1049.

19) G. Borenfreund, La fusion des institutions représentatives du personnel, Appauvrissement et confusion dans la représentation, RDT 2017. 616 et s.

れ自体としては，組織の効率化と権限の縮小が行われている。労働法改革の目的は労使双方の自由と安全の確保のための「団体交渉の強化」であるとされ，そのために投票を通じた民主主義を重視して，団体交渉の制度上の正統性が確保されてはいる。この正統性については，労働組合の代表性を民主的正統性に基づくものに変革した2008年法改正[20]を起点として，それ以降一層の強化が図られてきた。労働法改革はその1つの到達点といえる。しかしながら，労働法改革の実質をみれば，労働組合や現場の従業員代表の法的権限が後退または喪失し，彼らを通じた企業内での労使対話または労使コミュニケーションが軽視されているといえよう。

2　労働法改革がもたらした労働法とは

ここまで検討した労働法改革の実質的意義にかんがみて，労働法改革によって構築された労働法の性質とはいかなるものといえようか。経済的合理性を労働法の重要な理念の1つとし，労働組合および従業員代表機関の権限が弱められた労使対話の改革は，労働法による労働者の雇用保護についての質的変化，すなわち使用者の雇用責任を軽減し，流動的な労働市場における労働者の就業能力向上を目的として失業手当および職業教育を充実するという労働政策[21]のなかに位置づけることができる。労働者の雇用保護に関する考え方のこのようなシフトは，就業形態の多様化と流動化政策によりとくに2008年以降発展してきたものであり，2013年に職業行程の安全化〔sécurisation des parcours professionnels〕という概念が法律上定立されている。このような労働政策の文脈のなかに労働法改革を位置づけて考察すれば，労働法改革がその目的において生涯を通じた職業行程の進展を重要な目標として掲げ，企業協定を第一の適用規範としたのは，企業が経済的合理性に基づき，市場動向に迅速に適用できるように法の柔軟性を高めるものであるといえよう。[22] 労働者保護の観点からは，現職での雇用継続ではなく，再就職支援，職業教育の問題へと流れてゆく。

20）　小山敬晴「フランスにおける代表的労働組合概念の変容（2・完）」早稲田大学大学院法研論集141号（2012年）157頁以下参照。

21）　C. Didry, L'institution du travail, La Dispute, 2016. pp. 162-165.

ワークショップI②

　労働法体系において企業を中心に据える労働法改革は，伝統的な企業概念が衰退し，ネットワーク型組織が発展した現在の経済活動形態からすれば一見時代遅れの方式のようにみえる。しかしながら以上で述べてきたことにかんがみると，これまでの時代に労働法で議論されてきた企業への着目の仕方とはまったく次元を異にしている。これまでの企業論は，強力な使用者権限や，企業内での労働者の自由の抑圧との関連で問題とされてきたのであり，その対応として1982年にオルー改革により，企業内における労働者の市民化，ないしは企業利益の労働者への還元が目指された。これに対して労働法改革は，一国の労働市場政策における企業の雇用責任の軽減という文脈で，企業の集権化が目指されていると評価することができ，このような労働法は，競争的労働法〔droit du travail concurrentiel〕[23]とか競争力のための労働法〔droit du travail de la compétitivité〕[24]などと形容されている。

　本報告は労働法改革によるフランス労働法体系の変容という大局的な視点から労働法改革の意義を検討した。膨大な労働法改革の各論部分につき十分に検討し尽くすことはできておらず，それらの検討を行えば本報告の検討視角を見直す必要性も生じるかもしれない。これについては今後の課題としたい。

（こやま　たかはる）

---

22)　T. Sachs et C. Wolmark, Les réformes 2017: quels principes de composition ?, Dr. soc. 2017. 1017.

23)　A. Lyon-Caen, Réforme 2017, RDT 2017. 503.

24)　F. Géa, op. cit., 606.

《ワークショップⅡ》 結社の自由について改めて考える

アジアの結社の自由の問題点

香 川 孝 三

（神戸大学名誉教授）

Ⅰ　は じ め に

　藤川久昭会員の司会のもとで，問題提起をおこない，それに対してアジア各国を専門とする会員からそれぞれの国での結社の自由の状況が説明され，それらに基づきディスカッションがおこなわれた。

　この問題を取り上げたのは４つの理由がある。１つは貿易協定の中に労働条項・社会条項が規定されているが，その中に結社の自由がふくまれていること。２つ目は労働に関する企業の社会的責任（労働 CSR）の１つとして結社の自由の尊重が含まれていること。３つ目はサプライチェーンマネジメントとして結社の自由が遵守されているかのチェックが不可欠になっていること。４つ目は日本企業がアジアに進出しているが，そこで結社の自由の尊重が求められていること。以上のことからアジアにおける結社の自由の法制や現状がどうなっているかを検討することとした。

Ⅱ　問 題 提 起

　問題提起では ITUC Global Rights Index 2018 に基づき，団結権，団体交渉権，ストライキ権の労働三権がどの程度遵守されているかを５段階での評価による国別と地域別ランキングを紹介した。アジア太平洋地域は3.95で，中東および北アフリカの4.55についで悪い点数になっており，労働三権の遵守に問題があることを示した。日本，台湾，シンガポールが２段階の評価であるが，

ワークショップⅡ①

あとは5段階や4段階の評価であり、問題の国が多いことが分かる[1]。組合の推定組織率の統計資料が不備ではあるが、組織率は低く、さらに低下傾向にある[2]。ILO 87号・98号条約の批准状況でも、アジアは批准していない国が多いことを指摘した[3]。

社会主義市場経済国と資本主義国に分けて結社の自由の問題点を指摘した。社会主義市場経済国（中国、ベトナム、ラオス）では、ILO 87号・98号条約を批准できない状況にある。共産党が認める組合しか結成できず、それ以外の自由な組合を結成することは認められない。ということは組合選択の自由が認められていないことを意味する。組合は政府や使用者から財政援助を受けており、社会主義体制を維持する行政機関として位置づけられる。組合活動の中心である賃金交渉はあまり実施されず、福利厚生活動に力を入れている。そのために組合にかわってNGOが労働者の保護活動を行っている事例が中国にみられる。

資本主義国では強制的な労働組合登録制度が導入されている国が多い。例外は任意登録制度を採用しているインドだけである。独立以前から組合登録を強制

---

1) 5段階（guarantee of rights）は32か国が含まれ、バングラデシュ、カンボジア、香港、インド、インドネシア、韓国、ラオス、パキスタン、フィリッピン、トルコ、アラブ首長国連邦がここに入っている。4段階（systematic violations of rights）は38か国が含まれ、イラク、マレーシア、ミャンマー、タイ、ベトナムがここに入っている。3段階（regular violations of rights）は26か国が含まれ、ネパール、スリランカがここに入る。2段階（repeated violations of rights）には25か国が含まれ日本、シンガポール、台湾がここに入る。1段階（sporadic violations of rights）は13か国が含まれるがアジアの国はない。ワークショップでは、このランクづけに疑問の意見があった。それはシンガポールと韓国であった。

2) ILOSTAT 2018によれば推定組織率が以下である。香港26.1％、韓国10.1％、シンガポール21.2％、マレーシア8.8％、フィリッピン8.7％、インド12.8％、インドネシア7％、パキスタン5.6％、カンボジア9.6％、中国44.9％、ラオス15.5％、スリランカ15.3％、ミャンマー1％。組織率低下傾向を指摘する論文として Sarosh Kuruvikka, Subesh Das, Hyunji Kwon, "Trade Union Growth and Decline in Asia", *British Journal of Industrial Relations,* vol. 40, no. 3, 431–463 (2002).

3) 87号条約も98号条約も批准していないのは中国、ベトナム、ラオス、タイ、インド、アフガニスタン、韓国、どちらも批准しているのは日本、カンボジア、インドネシア、フィリッピン、バングラデシュ、パキスタン、中国（香港）、中国（マカオ）、87号条約だけ批准はミャンマー、スリランカ、98号条約だけ批准はマレーシア、モンゴル、ネパールである。

していたが，独立後もそれが維持されたのは，外資導入によって工業化政策を実現するために開発独裁体制を維持することが必要であったからである。[4] 第二次世界大戦後，独立を獲得していかにして国造りをおこなうかが大問題となったが，すべての国が農業だけに頼る政策から工業化政策を実施して国の富を増やしていくという政策を目指した。そのための国内の資本が不足しており外資に依存せざるをえない。外資に来てもらうために政治的に安定した社会を維持しなければならない。社会的に不安な状況にあれば，将来の予測可能性が低く，長期間の経営ができないことが予想されれば外資は進出しない。そこで，人為的に安定した社会を形成するために独裁体制を生み出した。これが開発独裁体制と呼ばれている。組合登録が強制されている場合，登録されるまで違法な団体である。登録されてはじめて合法な団体となる。登録要件に合わなければ登録取消となる。これは組合が政府の支配を受けやすい状況を生み出してきた。さらに，登録申請と登録されるまでの間にタイムラグがあり，その間に組合役員の解雇のような手段を使って，使用者の組合つぶしがおこなわれやすく，組合結成を困難とする要因となる。この問題を立法的に処理している事例としてバングラデシュ労働法で登録申請中の組合の役員の雇用条件の変更を禁止している（186条）が，これは例外的な立法例である。

　最低組合員数を法律で規定している場合，その数が高いと組織化が困難になるし，低いと小規模な組合が乱立し，複数組合の併存という問題を生み出す可能性をもっている。登録が認められたのち，登録組合は活動報告と会計報告を登録官に送付して，その内容をチェックされる。もし違法な活動がなされれば，登録の取り消しがなされ，組合は違法な団体になってしまう。登録官の判断や裁量によって組合の登録が取り消される可能性があり，登録取消制度が組合統制の手段として利用される。

　組合役員にだれを選出するかは組合の自由であるが，企業または企業が所属する産業に従事していない部外者が組合役員に選出されることを規制している国がある。これはインド，バングラデシュ，スリランカ，パキスタンの南アジ

4）　香川孝三『アジアの労働と法』（信山社，2000年）19-43頁。

ワークショップⅡ①

アの国々にみられる。部外者はプロの組合活動家であり，オルガナイザーであるが，自己の政治活動のために組合を利用する傾向が高く，組合を政治活動に巻き込むおそれがある。その弊害を考慮して部外者の数や割合を制限している。

バングラデシュとパキスタンでは組合役員中の女性の割合を一定の割合で確保することを義務づけている。男尊女卑の厳しいイスラムの国だからこそクオーター制の導入である。両国では議会での女性議員のクオーター制も取り入れられている。

アジア諸国での公務員の結社の自由の規制の範囲は他の地域より広いと思われる。日本でも消防職員の結社の自由が問題となっているが，公務員すべてに結社の自由を認めない国（カンボジア，バングラデシュ，パキスタン），刑務所職員や裁判所職員に認めない国（スリランカ）がある。

経済特区に外資を導入するために，特区においてのみ結社の自由を否定や制限する政策が採用される事例（マレーシア）があったが，現在では，これは廃止すべき事例とされている。

新しい動きとしてインフォーマル・セクターの労働者に組合結成を促進する動きがみられる。2018年ラオス労働法改正では，インフォーマル・セクターの労働者に結社の自由を拡大することを目指している。これまで労働法や社会保障法の適用を受けないとされていたインフォーマル・セクター従事者（人力車運転手，コーヒー・プランテーション従事者等）を保護する方法として新たに注目される動きである。

労働組合だけでなく従業員代表制が採用される国がある。両者の位置づけが問題となってくる。組合の組織率が低いために組合の保護が及ばない労働者が増加しているので，従業員代表制によってそれらが意見を表明することができる機会をつくるという意味がある。しかし，従業員代表には結社の自由が保障されていない。従業員代表制が労働者の保護につなげる保障をどう実質的に確保するかという問題がある。

アジアの結社の自由を促進するために，海外の組合がかかわりを持ち始めてきている。日本とオーストラリアが対照的なアプローチを採用してアジアの労使関係問題に接近している。日本は「建設的な労使関係および生産性向上運

動」「建設的な労使関係構築」を目指しており，協調的な労使関係を構築する労働組合の育成に力を入れている。つまり，労使の団体交渉によって労働協約を締結して協調的な労使関係を促進しようとしている。これまで日本の企業別組合がアジアに進出した先の労働組合との接触は限定的であったが，イオングループ労連はインドネシア，カンボジア等で協調的な労使関係を担う組合の育成に努力している。これは日本の企業別組合としては例外的事例であるが，このような組合がうまれたことは画期的なことである。これに対して，オーストラリアでは Australian People for Health and Development Abroad（Union Aid Abroad, APHEDA）がアジアにおいて対抗的労使関係を担う労働組合の育成に力を入れており，日本の試みとは違う活動を実施している。オーストラリアの組合は日本の企業別組合を御用組合と評価しているために，それとは異なる労働組合，たとえば産業別組合の結成を促進しようとしている。

　以上の問題提起に対して神尾真知子会員のコメントが出された。①市民社会の未成熟が東アジア諸国の労働組合の結社の自由が尊重されない根本にあると考えていいのかどうか。②欧米諸国では，法律による団結の禁止，放任に転換，団結権の積極的承認のように歴史的に展開しているが，東アジアでも同じ展開段階を経ていくと考えられるのか。③欧米諸国では労働組合が「国家，経済，社会の諸制度」において不可欠な要素とされているが，東アジアも同様に考えていいのか。④貿易協定の労働条項の中で，労働条項を遵守していないことを理由に経済制裁を科すことになるが，取引先の企業の中で結社の自由が遵守されているかどうかをどのように判断するのか。⑤結社の自由には団結する自由と団結をしない自由の両方を含むとされている。日本ではユニオン・ショップ協定の効力が議論されているが，消極的団結権の保障は東アジアでどのように取り扱われているのか。

　補足としていくつかの国の現状について報告がなされた。ベトナム（斎藤善久会員），台湾（根岸忠会員），韓国（李ジョン会員），中国（オランゲル会員）の報告がなされた。さらに ILO のアジア諸国の条約批准促進を求める意見表明

5）　村上哲朗「イオングループ労働組合連合会の取り組み」Work & Life 世界の労働2018年
　　3号，22-25頁。

（田口晶子会員）があった。ベトナムで，TPP 締結の動きの中で，結社の自由を遵守するために複数組合制を導入する法案作成の動きがあったが，トランプ大統領の TPP 離脱の通告を受けて，その法案が頓挫したことが注目された。

Ⅲ　議論の内容

次に，アジアの結社の自由をめぐる問題点について議論を整理しておきたい。

第 1 点は，社会主義国と資本主義国で区別をしているが，資本主義国の中で結社の自由の取り扱いの類型化ができないかという問題が提起された。開発独裁という枠組みで結社の自由の現状を分析しているが，もっとこまかく見ていく必要があるのでないかという指摘である。

日本労働法学会誌91号の中で「アジア諸国の労働法を考える視点」という論文の中で，「経済開発」と「民主化」という 2 つの視点でアジア労働法を考えるという提案をしている[6]。この論文のもとになった報告は1997年10月におこなわれており，20年が経過しているが，この 2 つの視点は今も有効と考えている。「開発独裁」は民主化が遅れた状態で経済開発が進められている状況を意味している。アジアでは，欧米と比べて「民主化」の程度が遅れているが，その中で，「民主化」の進み具合を基準として類型化ができるかもしれない。

「民主化」が進んでいるグループと「民主化」が遅れているグループに分類することができるが，その両者で結社の自由の取り扱いに違いがあるかが問われることになる。民主主義指数によれば，前者には日本，香港，シンガポール，インドネシア，韓国，フィリピン，インド，スリランカ，マレーシア，後者にはカンボジア，ミャンマー，パキスタン，タイ，ネパール，バングラデシュが入るであろう。これと ITUC Global Eights Index の 5 段階と照らし合わせると，整合しない国が多くみられる。整合しているのは日本とシンガポールだけである。民主化が進んでいるとされている韓国が 5 段階，香港，インドネシア，フィリピンも 5 段階，民主化が遅れている国はネパールを除いて労働三

---

6 ）　香川孝三「アジア諸国の労働法を考える視点」日本労働法学会誌91号（1998年）5 -24頁。

権の遵守に問題があるとされている。このような検討から類型化が難しい状況になる。今後アジア労働法を考えるあらたなフレームワークを生み出すかどうかを考えなければならない。

第2点は，欧米と同じ展開過程を経て結社の自由が遵守され，団結権の積極的保護に至るのであろうか。日本は欧米と同じ展開過程を経ているが，他のアジア諸国はどうであろうか。アセアンの後発国の1つであるカンボジアはポルポト政権崩壊後民主化への方向に向かっていると思われたが，フン・セン首相が長期間政権を握って，中国との関係が次第に深まり独裁的傾向を強めており，反政府的な活動をおこなう組合を抑圧している。その背後には，民主化を進めなくとも経済開発ができるという考えが浸透しつつある。さらに，ミャンマーでもアウンサースーチーが率いる国民民主連盟が政権を握っているが，その基盤は弱く，立法府，行政府，経済界には国軍の影響が大きく，国軍の協力がなければ国を運営することができない状況にある。軍政期には組合の結成が禁止され，やっと労働運動が始まったばかりである。労働組合の組織率も1％にも達しない状態であり，民主化の実現はきわめて困難を伴うであろう。欧米と同じ過程を経て団結権保護を達成できるかどうかは疑問がある。

第3点は，貿易協定の中で，結社の自由が順守されているかどうかをどこが判断するのかである。これは結社の自由だけでなく，広く中核的労働基準でも同じ問題が生じる。ILOがカンボジアで始めたBetter Factories Projectでは労働監督を担う人材育成がILOの協力によって実施された[7]。それが拡大してBetter Work Projectに名称が変更されたが，ベトナム，バングラデシュ等で実施されている。汚職に汚染されて不公平な労働監督がなされないようにしなければならない。労働監督だけでなく，広く労働行政を担う人材育成がILOやASEANで実施されているが，さらに促進する必要性がある。

第4点は，労働組合の活動をNGOが担うことができるのかという問題である。中国では，NGOが労働組合の活動の肩代わりをしている場合がみられるが，ベトナム，ラオスではそのようなNGOは存在しない。NGOも結社の自

7）　香川孝三「ILOのカンボジア工場改善プログラム―労働基準監督の技術協力」季労230
　　号（2010年）167-181頁。

由の対象になるが，社会主義国ではNGOも規制の対象であり，社会主義体制を危うくする活動は禁止され，監督官庁の厳しい監視下に置かれている。中国だけのNGOが労働者保護活動を可能にしているのはなぜなのか。それ以外の国ではできていないのはなぜなのか。[8]

　資本主義国ではどうか。労働組合とNGOは共通の課題に取り組むことができる。たとえば児童労働の廃絶，強制労働の廃止，人身売買の禁止等々でおこなわれている。それぞれの特色を生かして共同に取り組むことができる。

　第5点は，結社をしない自由も結社の自由にふくまれているが，組合の組織強制はアジア諸国でどのように議論されているのか。ILOは結社の自由の中に積極的結社の自由と消極的結社の自由も両方を含むことを認めているが，この点について条約はなにも定めず，国内法や慣行にゆだねるという政策判断がなされている。[9]日本でユニオン・ショップの効力をめぐって問題となっているが，ILOの解釈ではユニオン・ショップに法的拘束力を認めても，結社の自由に違反はしないことになる。

　アジア諸国で組織強制はどう扱われているのか。韓国，台湾では日本と同じように組織強制を認める議論がなされているが，結社をしない自由を認める法制の国（カンボジア）もある。フィリピンのように交渉代表制を採用している国では組織強制制度を取り入れる必要がなく，交渉代表に選ばれると，交渉単位の全従業員を代表して交渉することができるからである。

　第6点は，国際協力として結社の自由を促進する活動の位置づけが問題となった。たとえば，ミャンマーでの組合支援はITUCが主導して実施されたが，実態は日本から責任者派遣や財政支援を行ってきた。ITUCの支援が終わった後も，連合を中心として支援を継続している。[10]組合結成が認められてもまだ1％に達するかどうかの低い組織率ではあるが，連合はこれまで組合作りを支援している。これは労働組合が実施する国際協力の1つである。

　アジアに進出する企業で協調的な労使関係を構築するために，労働組合を支

8）　李妍焱『中国の市民社会―動き出す草の根NGO』（岩波新書，2012年）98-124頁。

9）　吾郷眞一「第1章基本的人権」財団法人日本ILO協会編『講座ILO（国際労働機関）―社会正義の実現を求めて（下巻）』（日本ILO協会，1999年）33頁。

援することは，その企業と対等の立場で団交によって協調的な労使関係を構築することにつながり，それがアジアの国々の経済開発に貢献し，国益の向上に役立つことになる。金属労協や国際労働財団がアジアで積極的に実施していることは，日本の企業別組合が実施しにくいところを補っているとみることができるのではないか。今後推し進めるにふさわしい国際協力といえるであろう。

Ⅳ　ま　と　め

アジア諸国の結社の自由をめぐって法制度面だけでなく，労働組合の実態をめぐって様々な問題点を含んでいることが判明した。一党独裁体制の社会主義国だけでなく，資本主義国においても開発独裁による経済開発のために結社の自由に違反する法制度や実態がみられる。しかし，経済開発の進展によって誕生している中間層によって民主化が進められるし，一方，経済開発をしても所得配分の格差が拡大することに不満な層が急進的な民主化を求める動きが生じているが，それらが結社の自由の遵守を促進する動きにまで及んでいない。逆に民主化をしなくても経済開発を実現し，むしろ組合弾圧に向かっている国が出てきている。したがって従来からあった結社の自由の問題は解決されないまま温存されている状況を見て取れる。それを改める契機は貿易協定上の労働条項やサプライチェーン問題を解決するための企業の動きにみられるが，これらは海外とのかかわりの圧力による変化であるが，それらがどこまで有効な機能を果たすか今後の問題と言えよう。さらにインフォーマル・セクターに従事する労働者の組織化という新しい分野の問題が起きてきている。

（かがわ　こうぞう）

---

10)　香川孝三「2012年ミャンマー労働争議法の改正点」『法政策学の試み』18集（2017年）3-23頁，同「ミャンマーにおける基本的な労働者の権利と労働慣行の促進のためのイニシアティブ（ミャンマー労働イニシアティブ）をめぐる動き」ICD NEWS（法務省法務総合研究所国際協力部報）70号（2017年）85-94頁，ミャンマーでは自作農農民によって組織される組合が8割近くを占めている。本来の第二次や第三次産業に従事する労働者によって組織される組合が少数派になっている。日本であれば農業協同組合に組織される農民が労働組合を結成している。これはミャンマーだけの現象なのであろうか。

《ワークショップⅢ》「同一労働同一賃金」の法政策

「同一労働同一賃金」の法政策

司　会：村　中　孝　史（京都大学）
問題提起：島　田　裕　子（京都大学）

Ⅰ　ワークショップの趣旨と検討対象

　2018年7月，労働者が事情に応じた多様な働き方を選択できる社会を目指す「働き方改革」の一内容として，いわゆる「同一労働同一賃金」実現のための法改正がなされた。ここでの「同一労働同一賃金」とは，同一企業・団体におけるいわゆる正規雇用労働者（無期雇用フルタイム労働者）と非正規雇用労働者（有期雇用労働者，パートタイム労働者，派遣労働者）の間の不合理な待遇差の解消を目指すものとされており，必ずしも「同一労働」に対して「同一賃金」を支払うことを目指すものではない。[1]

　この法改正により，パート労働法はパート・有期労働法となり，労働者派遣法も改正された。また，パート・有期労働法8条（不合理な待遇の禁止）は，これまでの文言に，「基本給，賞与，その他の待遇のそれぞれについて」，「当該待遇の性質及び当該待遇を行う目的に照らして」という文言が追加された。さらに，同9条（差別的取扱いの禁止）が，新たに有期労働者についても適用されることになった。

　上記のような法改正を契機とし，本ワークショップでは，従来の議論や立法動向を踏まえた問題提起を受け，正規・非正規労働者間の処遇格差に対し，今後どのように対応してゆくべきか，また，直近の課題として改正法の運用において予想される問題点等について議論を行った。なお，今回の改正法は労働者

---

1)　厚生労働省・同一労働同一賃金特集ページ https://www.mhlw.go.jp/stf/seisakunitsuite/bunya/0000144972.html（2018年12月15日）。

派遣にもかかわるが，本ワークショップでは労働者派遣にのみ関連する問題は取り扱わなかった。

Ⅱ　問題提起：非正規労働をめぐるこれまでの議論及び立法の動き

1　1990年代前半まで──「適正な労働条件の確保」が課題

　近年，非正規労働者の待遇が盛んに議論されるようになっているが，日本における非正規労働の歴史は長く，戦前から本工・臨時工間の待遇差は社会問題であった。しかし，戦後の高度成長期の労働力不足の中で臨時工は本工へ登用されていき，臨時工に代わって主婦層からなるパートタイマーが非正規労働を主として担うようになった[2]。彼女たちの多くは，主に配偶者の収入で生計を立てており，家事・育児と両立しつつ補助的な収入を得ることのできる労働形態としてパート労働を選択していた。そのため，1990年代前半までは，正社員とパート労働者の間の処遇格差はさほど問題視されず，むしろ処遇格差は異なる労働市場に起因するもので行政的に介入することは適切ではないという見解が有力であった[3]。1993年に成立したパート労働法3条は事業主等の責務として均衡処遇の努力義務を定めているが，1条の「目的」には均衡待遇は含まれず，「適正な労働条件の確保」や「雇用管理の改善」が言及されたにとどまる。当時は処遇格差よりも，労働条件が不明確であることに由来する不適切な雇用管理の方が問題視されていたようである。

2　1990年代後半～2000年代──「日本型均衡処遇」への関心

　これに対して，1990年代後半頃から企業が積極的に非正規労働者を活用するようになり，男性を含めた非正規労働者の割合が増大すると，「日本型均衡処遇」のルールの創設へ関心が向けられるようになった。また，丸子警報器事件

2）　濱口桂一郎「非正規雇用の歴史と賃金思想」大原社会問題研究所雑誌699号7-8頁。

3）　労働基準法研究会報告「パートタイム労働対策の方向について」（1984年8月）3(3)，労働省労働基準局編『労働基準法の問題点と対策の方向：労働基準法研究会報告書』日本労働協会（1986年）26頁。

において，所謂「疑似パート」の賃金が正社員の8割以下であれば公序良俗違
反であると判断されたことも[4]，正規・非正規労働者間の処遇格差へ注目を集め
る契機となったと思われる。

　2000年頃から始まった政府の検討会・審議会等において，雇用慣行に配慮し
た「日本型均衡処遇」とは何かについて議論されるようになった。その結果，
「日本型均衡処遇」とは，職務内容のみならず「人材活用の仕組み」を考慮す
ることであると考えられるようになった。つまり，同一職務かつ人材活用の仕
組みが同一であれば，均等処遇が原則となる。これに対して同一職務であって
も人材活用の仕組みが異なるならば，異なる処遇をすることも認められるもの
の，その相違は均衡のとれたものであることが求められる[5]。

　その後の立法として，2007年に成立した労働契約法3条2項において，就業
の実態に応じた「均衡」の考慮が定められ，パート労働法改正によって「通常
の労働者と同視すべき」パート労働者の差別的取扱いの禁止（旧8条）及び均
衡処遇の努力義務（旧9条）が定められた。

　なお，2000年以降の政策的な背景として，非正規労働者の保護のみならず，
ワークシェアリングの観点や再チャレンジを可能とする社会の実現という観点
からも[6]，正規・非正規労働者間の均衡処遇が重要な課題であると認識されるよ
うになった。また，少子高齢化，就業構造の変化，パート労働者の基幹化とい
った事情も指摘されるようになった[7]。

3　2010年代──個々の労働条件の「不合理」性判断

　2010年代に入ると，均衡処遇の努力義務から一歩進んで，パート及び有期労

4）　長野地上田支判平8・3・15労判690号32頁。
5）　労働政策審議会雇用均等分科会「今後のパートタイム労働対策の方向性について（報
　　告）」（2003年3月18日）https://www.mhlw.go.jp/shingi/2003/07/s0722-4g.html#betsu
　　（2018年12月15日）。
6）　厚生労働省「ワークシェアリングに関する政労使合意」（2002年3月29日）https://
　　www.mhlw.go.jp/houdou/2002/03/dl/h0329-1a.pdf（2018年12月15日），再チャレンジ推進
　　支援会議「再チャレンジ可能な仕組みの構築（中間取りまとめ）」（2006年5月30日）https://
　　www.kantei.go.jp/jp/singi/saityarenzi/honbun.pdf（2018年12月15日）。
7）　2007年改正パート労働法1条。

働者と正社員間の不合理な労働条件の相違が禁止されるようになった。2012年には労働契約法20条において，無期契約労働者と有期労働者の間の不合理な労働条件の相違が禁止され，同様の規定がパート労働法8条にも定められた。この不合理な労働条件の禁止は，パート労働法旧9条の差別的取扱い禁止が，「通常の労働者と同視すべき」パート労働者の範囲を非常に限定していたことや，差別禁止の要件が企業にとってネガティブ・チェックとして機能していたこと等の反省を踏まえて規定されたものとされる[8]。そのため，労契法20条は一定の要件を充たす労働者について同一の取扱いを求めるという構造ではなく，職務内容や人材活用の仕組みが異なっていても，事情に応じた均衡のとれた取扱いを要請する規定となっていた。また，差別的取扱いの禁止については，2015年のパート労働法改正により，差別禁止の対象となる労働者の範囲が拡大された（9条）。そして，2018年の働き方改革により，パート労働法がパート・有期労働法となった。

　この労契法20条やパート・有期労働法8条の労働条件の「不合理」性は，個々の労働条件ごとに，その趣旨や目的に照らして判断するものと考えられている。労契法20条の施行通達は，不合理性を「個々の労働条件ごとに判断」すべきであるとし，労契法20条に関する最高裁の判断も，手当に関して同様の立場をとっている[9]。さらに上述のように，パート・有期労働法8条は，不合理性について「基本給，賞与，その他の待遇のそれぞれについて」，①職務内容や②人材活用の仕組み，そして③その他の事情のうち，「当該待遇の性質及び当該待遇を行う目的に照らして」適切と認められるものを考慮して判断されるとし，個々の労働条件ごとに不合理性を判断するという立場をより明確に示している。

　このような考え方によれば，個々の労働条件の趣旨・目的が正社員と同様に妥当する限り，パート・有期労働者も同様に取り扱うことが要請される。家族手当のような生活扶助的な給付は，その趣旨（例えば，扶養家族のいる労働者の

8）　荒木尚志「有期労働契約規制の立法政策」荒木尚志＝岩村正彦＝山川隆一編『労働法学の展望』（有斐閣，2013年）186頁。

9）　ハマキョウレックス（差戻審）事件・最二小判平30・6・1労判1179号20頁，長澤運輸事件・最二小判平30・6・1労判1179号34頁。

生活扶助）が有期労働者やパート労働者にも全く同様に妥当するのであれば，同様に支払わなければならない。つまり，純粋に生活扶助的な給付の場合，人材活用の仕組みは考慮されないことになりそうである。

上述のように，2000年代までの議論では，日本型均衡処遇の特徴は人材活用の仕組みを考慮することにあり，人材活用の仕組みが異なるならば異なる取扱いも認められると考えられてきた。これに対して，現在では，人材活用の仕組みは必ずしもすべての労働条件の相違を正当化するものではなく，個々の労働条件の趣旨・目的が全く同様に妥当するのであれば，同一の取扱いをしなければならないと判断される傾向にある。

4 非正規労働に関する欧州の差別的取扱いの禁止ルール

個々の労働条件ごとにその趣旨目的に照らして不合理性を判断するという考え方は，欧州から強い影響を受けたものと考えられる。欧州では，非正規労働についての反差別の原則が指令によって定められている。パートタイム労働指令では，パート労働者は，客観的な根拠によって正当化されない限り，パート労働という理由のみで，比較可能なフルタイム労働者よりも不利な取扱いをされてはならないと定められている。[10]同様の規定は，有期労働指令にも存在する。[11]そして，このような欧州指令は各加盟国において国内法化されている。

異なる取扱いを正当化する「客観的な根拠」に関して，例えばドイツにおいては，個々の給付の性質や目的が重視される傾向にある。個々の給付の性質や目的は，手当の支給要件や支給基準等から推論される。[12]なお，ヨーロッパでは日本のような「正社員」という概念はなく，無期フルタイム労働者かどうかでキャリアコースが異なるわけではない。そのため，日本のように，長期にわたり（時間・場所ともに）柔軟な働き方をする正社員について，厚遇により企業への長期定着を促すという発想は存在しないものと考えられる。

---

10) パートタイム労働指令 1997/81/EC 第4条1項。

11) 有期労働指令 1999/70/EC 第4条1項。

12) Georg Annuß/Gregor Thüsing, Kommentar zum Teilzeit- und Befristungsgesetz, 3. Aufl., München/Bonn, 2012, S. 75 Rn. 49.

Ⅲ　ワークショップでの議論の概要

　ワークショップでは，労契法20条に関する最高裁判決の解釈，「不合理」性
の証明責任の所在や労契法20条違反の法的効果，正社員・限定正社員間の処遇
格差等，多様な論点について議論がなされた。ここでは，紙幅の関係から比較
的議論が多かった問題につき３つにまとめて概要を記すこととする。

1　労使の賃金決定に対する法的介入の是非及び在り方について

　労契法20条やパート・有期労働法８条の不合理な労働条件の相違の禁止は，
労使の賃金決定に対する法的な制約の一つである。パート・有期労働といった
雇用形態は，人種や性別等のように労働者の人格に関わるものではなく，パー
ト・有期労働法８条の不合理な労働条件の相違の禁止は，人格に関わる差別禁
止とは性質を異にする。同条は，非正規労働者の割合が増大する中で，正規・
非正規労働者間の処遇格差が社会問題となっていることに対して，処遇格差の
拡大に歯止めをかけ，社会的な安定を図る政策的な規定と考えられる。

　人格的な差別に関わらない以上，労使自治を重視すべきであるとの見解によれ
ば，基本的労働条件である賃金（とりわけ基本給）に対して国が介入することに
は慎重であるべきであり，公正な賃金の決定のためには労使自治の促進や援助
こそが本来あるべき政策ということになりうる。一方で，労契法20条やパート
労働法８条が定められたことは，1993年パート労働法３条や2007年パート労働
法９条といった努力義務規定が，労使の自主的な取組には十分につながらなか
ったことの現れとも考えられる。また，労使自治に任せると，使用者・労働者
間あるいは正規・非正規労働間の事実上の力関係によって労働条件の決定がな
されることになりかねず，結果として常に公正な労働条件が導かれるとは限ら
ない。このように，処遇格差の拡大に歯止めをかけ，社会的な安定を図るとい
う政策目的のために，賃金決定に対してどの程度法的な介入をするべきかにつ
いては，ワークショップにおいても見解が分かれた。

　なお，労契法20条やパート・有期労働法８条は，賃金決定に対する労使の自

由をそこまで大きく制限するものではないように思われる。これらの規定は，職務給を強制するものでも，正規・非正規間において統一的な賃金決定基準を設けることを強制するものでもない。また，職務の難易度や責任，経験・スキル等に対する金銭的評価は引き続き，基本的には労使に委ねられている。つまり，これらの規定は，従来の正社員に関する人事処遇を変更することを意図しているのではなく（結果として労使が自主的に変更することはありうるとしても），これまでの人事処遇を前提としつつ，正社員のみに支給されていた手当の一部（パート・有期労働者にもその趣旨が妥当するもの）について，パート・有期労働者にも支払うように使用者に義務付けるものと考えられる。もちろん，パート・有期法８条が明示するように，同条は手当のみならず基本給や賞与についても適用されるが，以下で述べるように，基本給や賞与については相違の不合理性判断が困難なケースが多いと思われる。

2　パート・有期労働法８条の運用において予想される問題点について

　パート・有期労働法８条の「不合理」性判断の明確化のために，同法15条１項に基づくガイドラインが今後策定される予定である。このガイドラインの「たたき台」は，「基本給」について①労働者の「能力又は経験」に応じて支給する場合，②「業績又は成果」に応じて支給する場合，③「勤続年数」に応じて支給する場合を挙げ，それぞれのケースついて問題となる例，ならない例を挙げている[13]。そして，パート・有期労働者についても当該基準に応じた部分については同一の支給をしなければならないとする。ワークショップでは，この「たたき台」がそのままガイドラインとなった場合の基本給に関する運用について，いくつかの問題点が挙げられた。

　まず，「たたき台」が例示するような単純な基準によって正社員の基本給が支給されることはむしろ例外であり，実際には多様な基準を組み合わせている

---

13)　「同一労働同一賃金ガイドラインのたたき台（短時間・有期雇用労働者に関する部分）」https://www.mhlw.go.jp/content/12602000/000348377.pdf（2018年12月15日）。なお，本ワークショップの後，2018年12月28日に，同一労働同一賃金ガイドラインが公表された（厚生労働省告示第430号）。

ために，基本給のどの部分が何に応じて支払われているのかが労使にとっても明確ではないケースが多いと考えられる。さらに，正社員は（年功給を含む）月給制，非正規労働者は時給制というように，正規・非正規労働者間で異なる賃金決定基準を採用している場合，両者間の相違の不合理性をどのように判断するかについて，ガイドラインの「たたき台」は条文の文言以上には何も述べていない。結局，「たたき台」が正式にガイドラインとなったとして，基本給に関してガイドラインが参照可能なのは，正規・非正規労働者間で職務内容や人事制度がほとんど同じケースに限定されるように思われる。賞与についても，基本給を補填するという性質のものについては，同様の問題が生じる。

3　パート・有期労働法9条の解釈について

パート・有期労働法9条は，①職務内容と②人材活用の仕組みが通常の労働者と同一のパート・有期労働者について差別的取扱いを禁止する。この規定の解釈として，①②が同一であれば同一の取扱いが要請されるのか，あるいは合理的な理由があれば異なる取扱いも「差別的取扱い」とはならないのかという問題がある。これはとりわけ，長澤運輸事件のような定年後再雇用の場合に，定年後再雇用であることを9条において考慮できるかという局面で問題となる。

この点について，ワークショップでは，9条の文言には8条のように「その他の事情」が含まれていないことから，①②の同一性の要件を充たせば同一の取扱いが求められるという見解が複数の会員より述べられた。これによれば，定年後再雇用された労働者に公的年金の受給可能性があることは，9条においては考慮されない。もっとも，②の同一性は将来の見込みも含めて判断されることから，長澤運輸事件のようなケースでも9条違反とならない可能性についても指摘された。ある時点では①②が同一であったとしても，定年後再雇用の期間中に職務や責任を軽減され，あるいは配置転換が免除される可能性が現実に存在する場合には，②の同一性判断に影響するという趣旨と思われる。

文責：Ⅰ　村中孝史（むらなか　たかし）

Ⅱ，Ⅲ　島田裕子（しまだ　ゆうこ）

《ワークショップⅣ》「労働時間法」をどのように構想するか？

「労働時間法の過去と現在，そして未来」の趣旨

唐　津　博

（中央大学）

「労働時間」の規制は，歴史的にみれば，労働運動勃興の時代から現在に至るまで，そのメインスローガンのひとつであり，ILO 1 号条約（1919年）は，工業的企業における労働時間を 1 日 8 時間かつ 1 週48時間に制限するものであった。「労働時間」の立法的規制は，労働法の原点ともいうべきものである。

日本の「労働時間」規制は，戦前の工場法（1911年）の要保護労働者（女性・年少者）を対象とする 1 日12時間制に始まったが，ILO の国際労働基準を範として制定された労基法（1947年）は，性別，業種を問わない，すべての労働者を対象として， 1 日 8 時間・ 1 週48時間制を採用した。この法制は，1987年改正により， 1 週40時間・ 1 日 8 時間制（週労働時間数の短縮と週単位規制としての変形労働時間制の導入）へ転換され，その後，若干の手直し（裁量労働制の拡大等）が加えられたものの，その基本的骨格はなお維持されている。この間，労働時間法（制）のあり方は，労働法学会でも度々シンポジウムのテーマに取り上げられ，法律学以外の関連諸科学の議論を含む様々な観点から，多岐に渡る活発な議論が積み重ねられてきた（学会における直近の有益な議論は，学会誌110号（2007年）59頁以下参照）。

ワークショップは，労働法学会の新たな知的フォーラム（課題の提起とこれに応対する自由な討議を通じて，新たな議論展開の可能性を探る場）として企画された。紆余曲折を経て2018年 6 月に成立した「働き方改革関連法」は，何故に，どのようにして，「労働時間」を規制するのか，この素朴な問いを改めて突き付けている。蓄積された議論（過去）を踏まえて，最近の議論動向（現在）を確認し，議論の方向性（未来）を探ること，これがここでの課題である。

（からつ　ひろし）

《ワークショップⅣ》「労働時間法」をどのように構想するか？

労働時間法の目的と具体化の手法

長 谷 川 　 聡

(専修大学)

Ⅰ　目的と問題意識

本稿は，労働時間に関わるルールを広く含めた労働時間法の論点をその目的と具体化の手法に着目して概括的に提示することを目的としている。その問題意識は，労働時間法がその意義を失わずに展開するためには，その独自の意義を念頭に社会の動きを反映した目的を与えられ，具体化されるべきであるが，現状は必ずしもそのようになっていないのではないかという点にある。紙幅の制約から労働時間法の展開の分析は別稿に譲り，結論部分のみ言及する。[1]

Ⅱ　労働時間法の目的と法制度化

1　考慮された労働時間法の目的とその位置づけ

(1)　身体健康を保護する手段と力点の変化　　労働時間法は工場法の時期から労働者の身体健康の保護を目的として展開してきた。[2] 但し，労働時間の長さや規則性を規律することから身体健康を保護することは，過半数代表の同意や金銭補償などがある限り，極端な長さや不規則性に至らなければ事実上行われてこなかった。さらに近年では，裁量労働制を導入する際に設置が義務づけられる健康福祉確保措置のように労働時間の規律以外の方法でこの目的が達成さ

---

1)　長谷川聡「労働時間法の目的─史的分析を基礎として」専修ロージャーナル13号（2018年）137頁。なお本稿の文献の引用は最少限とする。

2)　岡実『工場法論』（有斐閣，1913年）408頁。

れることが増えた。身体健康の保護を実現する手段としての労働時間規制の重みは，一定水準の時短の達成と産業構造の変化，増加傾向にあるサービス労働における時間的負荷と精神的負荷との関係性の曖昧さによって相対的に低下している。

(2)　経済的効率性の向上と規制緩和　　他方で，経済的効率性の向上という目的が，労働時間法の展開の原動力として重視されてきた。裁量労働制や変形労働時間制の導入の意図の一つはこの点にあり[3]，2018年労基法改正ではこの目的が前面に押し出された[4]。労働時間法は，規範的な裏付けのある個別的労働法から，この裏付けの不明確な，時代ごとの社会経済の必要に応じる経済政策的手段としての性質を強くしている。

(3)　特定領域・方法に限定した生活時間の保障　　また，母性保護と育児介護責任遂行時間の保障という目的は育介法の展開などを通じて次第に高い価値を認められ，労働時間の短縮や時間外労働の拒否など，労働者が主体的に労働時間をコントロールする手段によって実現されるようになった。しかし生活時間全般については，フレックスタイム制や休息制度の明文化によって保護が意識され始めたばかりにすぎない。

2　労働時間法の目的のとらえ方

身体健康の保護に高い価値を認めるべきとしても，これのみを意識して他の目的や社会の動きを十分に考慮せず，旧来の規制枠組みから離れなかった点に現行法の問題がある。今日の社会をふまえると，身体健康の保護に加え，以下の目的が少なくとも考慮されるべきである[5]。

第一は，賃金の算定基礎となる労働時間（賃金時間）の保障である。ICT の発達による情報伝達の随時化や就労における場所的拘束性の低下，募集採用コ

3）　青野覚「ホワイトカラー労働時間管理問題と裁量労働みなし制」法学新報101巻 9 = 10号（1995年）391頁，396頁。

4）　島田陽一「労働時間法政策のこれから」日労研677号（2016年）64頁。

5）　毛塚勝利「賃金・労働時間法の法理」日本労働法学会編『講座21世紀の労働法　賃金と労働時間　第 5 巻』（有斐閣，2000年） 2 頁，21頁。

ストの低下は，労働の時間的断片化を容易にし，極端な労働時間の短さや不定期さが労働者の生活に支障を及ぼすことの問題性を顕在化させつつある。

第二は，雇用機会の調整である。1987年の労基法改正時には長時間労働に対する国際社会からの批判も受けて，国内の雇用機会を調整することを意識した法定労働時間の短縮等が行われた。限りある労働力需要に対して何人の労働者が雇用に従事することが可能になるかという視角は，働き方・働き手の多様化の中でバランスの取れた雇用政策を展開するために不可欠の視角である。

第三は生活時間の保障である。育児等特定の目的に限定した生活時間の保障は，労働者が他の社会的責務を果たし，ライフスタイルを選択する可能性を見逃しかねない。日本的雇用慣行の崩壊と労働市場の流動化は生活時間の中での労働者にとってキャリア形成の必要性を，ICT の発達は生活時間への労働時間の浸食が起こる可能性を高めている。

これらの目的のうち基軸となるのは生活時間の保障である。あらゆる個人が生活時間の保障を要し，日々の生活における主体的な選択や社会的責任の遂行を可能にするには生活時間自体を保障する必要があるためである。

3 労働時間規制の手法

(1) 基本的となる仕組み　　以上の視角によれば，例えば，労働時間の長さの規制は生命・社会活動のサイクルである1日単位が基本となり，時間外労働の負担には，生活時間の使途を決め，そこでの責務を果たすことを可能にするために時間自体で報いるべきこととなる。

また，労働者に労働時間について調整を求める権限を認めることも視野に入る。現行法でも育児介護責任遂行時間を保障する文脈で，労働者が労働時間の長さや時間外労働の有無をコントロールする権限が認められている。

(2) 働き方の多様化への対応方法　　多様な働き方に対しては，労働時間法の目的はあらゆる労働者に関わるという理解から，適用除外というより，働き方の特徴に応じて各目的を達成可能な労働時間法を構想することで対応すべきことになる。生活時間の保障は労働者個人の問題にとどまらない公共的価値を持つため，個人の選択のみで労働時間法の適用をすべて除外されることは認め

にくくなる。

この視角によれば，多様な働き方をどのように分類して規制するかが課題となる。同じ長さの労働でも仕事により身体健康に与える負担は様々であること，労働者が得られる賃金が高額な場合には賃金時間を保護する意義が薄れること，一定の専門性を根拠に雇用の配分をより強く競争に委ねて良い仕事もありうることから，生活時間を除く他の目的については，仕事の内容に応じて当該目的に係る規制を類型的に除外する仕組みを構想することが可能といえる。

（3）　実効化の方法　　労働時間法の目的が身体健康の保護以外に広がるならば，そのすべてで刑事罰による実効性確保は不可欠ではなく，例えば，労働時間の調整を求める権利は労働契約上の権利として構成することもできる。但し，労働時間の規制が公共的性格を有することから，行政によるチェックを導入することも排除されない。

また，労働者の主体的選択を保障するにあたっては，過半数代表制，労使委員会制度などの仕組みの再検討が課題となる。今日の枠組みは，戦後の経済の混乱を考慮して，法定労働時間の遵守による身体健康への負担の回避か，時間外労働により割増賃金を得るかを主に労組の選択に委ねる意図の下に，36協定の締結と割増賃金の支払により上限なく時間外労働を認めるなど[6]，当時の社会状況下での実現可能性に配慮する姿勢が色濃く見られたことを基礎としたものであり，組合組織率の低下と労働者の利害の多様化が進行した今日の社会状況下においては再検討の余地がある。この論点は，従来従業員代表制の導入をめぐって交わされてきた議論のそれと重複する。この仕組みを整えることには，多様な就労環境や働き方に対応した労働時間の規制を事業所レベルで実現する意義も認められる。

（はせがわ　さとし）

6）　野田進「労働時間規制立法の誕生」日本労働法学会誌95号（2000年）81頁，96頁。

《ワークショップⅣ》「労働時間法」をどのように構想するか？

労働時間法をどのように構想するのか？
——実務家からの視点——

北　岡　大　介

（社会保険労務士）

Ⅰ　問題の所在

1　はじめに

労働時間規制の中核たる労基法32条は，使用者に対し，1日8時間，週40時間の法定労働時間を超えて「労働させてはならない」という「不作為義務」を定め，罰則をもって義務付けている。同規制については，近時，労基署による積極的な行政指導および司法処分の増加が顕著であるところ，さらに平成31年4月施行の改正労基法では時間外労働の上限規制を強化した。[1] このように不作為義務履行確保の重要性が高まっているが，課題も多い。

労基法32条が定める不作為義務が履行されているか否かは，「労働」から労働者を解放することをもって判断されることとなる。まず場所的・時間的拘束が明確であり，かつ上長による指揮命令に基づき就労している製造工場等では，同判断は比較的明瞭であるが，事務系労働の中には，所定労働時間中も時間的・場所的拘束が緩やかであったり，業務遂行方法や時間配分の多くを労働者本人に委ねることが多々見られ，労基法32条が定める不作為義務が尽くされたか否か判然としない場合が生じうる。以下，事務系労働に係る労働時間規制の課題を挙げた上で，新たな労働時間法の構想につき一つの視点を示すものである。[2]

1）　働き方改革を推進するための関係法律の整備に関する法律（平成30年法律第71号）。

2 事務系労働における不作為義務判断の困難性

事務系労働における労働時間性判断の困難性が典型的に争われたものとして，所定時間内外に生じていた私的チャットを含む在社時間の労働時間性が問題となったドリームエクスチェンジ事件（東京地判平28・12・28労経速2308号 3 頁）がある。同判決では労働時間性を肯定するが，その理由として，私的チャット等に対し会社側がこれまで指導注意をしたことがなく，私的・業務目的が混在していたこと等を挙げており，会社側の労働時間管理態勢の不備を重視した判断がなされた。他方で，同様に会社側の労働時間管理態勢が不備がある一方，労働者本人が労働したか否か判然としない場合，裁判例の中には「ある程度概括的に時間外労働時間を推認するほかない」とする（ゴムノイナキ事件・大阪高判平17・12・1労判933号69頁）など割合的解決を試みるものが散見される。さらに近年では，事務系労働を中心に在宅勤務など事業場外での勤務形態も広がりを見せており，労働時間性判断が困難な事案がさらに増加する恐れがある。

3 即時的な労働時間規制と履行確保の困難性

前記のとおり労働時間性判断が容易でなく，裁判所が割合的解決を試みざるを得ないような事案では，日・月単位での上限規制を遵守しているか否か，労使当事者さらには労基署から見ても判断が困難であり，即時的な上限規制が絵に描いた餅となる恐れがある。とりわけ事務系労働については，今後，在宅勤務の活用拡大が見込まれるが，在宅勤務では仕事の合間に，育児・介護など様々な私的活動が中抜け時間として生じうる。この場合，如何に労働時間の上限規制を行うかが大きな課題となりうる。また労災認定の過重性評価における時間外労働時間数[3]，さらには改正労働安全衛生法66条の 8 の 3 において新たに義務づけられる「労働時間の状況の把握義務」と前記の労働時間性判断が如何

2） 詳細については，北岡大介「労働時間性判断をめぐる法的課題と社内規定」淺野高宏＝北岡大介編『労働契約論の再構成 小宮文人古稀記念論文集』（法律文化社，2019年 6 月発刊予定）。

3） 精神障害の労災認定の過重性評価と労働時間につき検討したものとして北岡大介「精神障害の労災認定における過重性評価」季労237号（2012年）74頁以下参照。

なる関係に立つか判然としない。

Ⅱ　今後の労働時間法制の構想として——前記課題認識を踏まえて

1　休息時間規制の可能性

　今後の労働時間法制を構想するに際して，まず量的規制の対象を「労働時間」に限定するか，新たな対象物を規制対象に加えるかが問題となる。産業医学分野においては，労働者の慢性的な睡眠不足（1日5時間未満等）が脳心臓疾患，さらには精神疾患と有意な関係にあることが明らかにされており[4]，健康確保の観点から見れば，「労働時間」のいわば裏側にある「休息時間」の確保を義務づける施策の強化が考えられる[5]。労基署の監督指導から見ても，「休息時間」取得の事実確認は容易である上，的確な指導も講じやすく，休息時間確保による社会的効用も極めて大である。

2　労働時間性判断明確化のための補助線策定の促進について

　他方で労働時間「量」規制の強化もなお必要であるところ，この場合には「不作為義務」（労働させない）とは如何なるものを指すか，改めて明らかにしていく必要がある。そのための一つの試論として考えられるのは，不作為義務を履行したか否か容易に判別しうるための使用者の作為内容の明確化，つまりは労働時間判断のための補助線策定の促進である。一例としては，労使による自主的な「労働時間」のガイドライン策定がある。例えば外勤営業であれば，外勤営業等で如何なる活動をしているのか明らかにし，その活動の労働時間性，さらには労働時間・休憩時間に対する標準所用時間を明らかにしたガイドラインを策定し，これを基に対象社員から労働時間の自己申告さらには上司による

4）　中央労働災害防止協会編「職場における自殺の予防と対応〔改訂第5版〕」（中災防，2010年）11頁以下。

5）　平成31年4月施行改正労働時間等設定改善法2条は新たに「健康及び福祉を確保するために必要な終業から始業までの時間の設定」を事業主の努力義務とし，法制上の義務化については今後の課題とされた。

点検をなすことが考えられる[6]。もちろん想定を超えた業務が生じることもあり，この場合は，事前ないし事後確認を通じて，当該業務に要した時間を労働時間として把握する必要がある。また合理的内容の社内規則を策定するとともに，その周知・運用の適正性が求められ，これに欠ける場合，いかに社内規則に非労働時間である旨明記されていたとしても，使用者側主張は斥けられる[7]。

3　労働時間設定改善指針に基づく計画策定と労基法32条，37条

その他，労働時間性判断を明確化するための使用者の作為内容につき，参考となるものとして，政府の「労働時間等設定改善指針」がある。同指針では，使用者が講ずべき一般的な措置として以下項目等を挙げている。

① 実施体制の整備　　自己の雇用する労働者の労働時間等の実態を適正に把握の上，労使間の話し合いの機会を整備すること。

② 業務内容等の見直し　　前記労使間の話し合いおよび個別の要望・苦情処理等を踏まえ，業務内容や業務態勢の見直し，生産性の向上等を進める。

③ 計画の策定とPDCAサイクル　　労働時間等設定改善に係る計画を労使間の話し合い等を進めながら策定し，当該計画策定後には随時その検証，見直しを行う。その他，労働者の抱える多様な事情および業務の態様に対応した労働時間等の設定，年次有給休暇を取得しやすい環境の整備など。

前記①〜③の対策は長時間労働の抑止に極めて有効であり，すでに労基署監督指導の現場では，企業名公表制度の運用などで積極的に前記①〜③に係る行政指導が展開されている。今後の立法論としては，企業が①〜③を踏まえた適正な計画を策定周知し，PDCAサイクルで検証・改善をなしうる場合，公的機関等が定期的に認証し，認証企業に対し，助成金加算支給，各種届け出の適用除外などのインセンティブを付与する施策も考えられる。

（きたおか　だいすけ）

6）　北岡大介『「働き方改革」まるわかり』（日本経済新聞出版社，2017年）143頁以下。

7）　参考裁判例としてＡタクシー事件・福岡地判平25・9・19判時2215号132頁。同事件では5分以上の駐停車時間を休憩時間と定める社内規定を根拠とした労働時間性判断が争点となったが，判決では社内規定の合理性を肯定する一方，周知・運用の適正さに欠けることから会社側主張を斥けている。

《ワークショップⅤ》 LGBT と労働法の理論的課題

ワークショップの討論内容

名 古 道 功

(金沢大学)

Ⅰ 討 論 内 容

　本ワークショップにおける濱畑報告では，障害者差別解消法および障害者雇用促進法における「合理的配慮」のトランスジェンダーへの適用可能性等，また内藤報告では，Ｓ社（性同一性障害者解雇）事件（東京地決平14・6・20労判830号13頁）を素材にして服装規制等が検討された。

　主な討論は以下の通りである。第一に，法律規制の意義と限界，そして課題である。具体的には，トランスジェンダーについては各々の前提条件が異なり，また求めるものが違う。そして職場での対応も，当事者の資質，認識，意向などによって異なることもある。したがって対話と連携が重要であり，手続的措置が重視されねばならないのではないか。次に法令自体が男女を前提とした規制をしている点に留意すべきであるとの意見が出された。例えば，労安衛法はトイレの男女別設置を規定し，また労災保険法の遺族補償では夫と妻を意味する文言を用いており，トランスジェンダーを論じるにはこうした点の見直しが必要ではないか。第二に，トランスジェンダーを「障害者」概念に含めることの是非に関して，そのメリットは司法救済を求めやすくなるとの意見に対して，労働契約上の配慮義務構成もありうるとの指摘があった。またトランスジェンダーを「精神疾患」と捉えることについて，WHO 国際疾病分類 ICD-11 において性同一性障害は「性別不合」として障害から除外され，最近，SOGI（Sexual Orientation and Gender Identity〈性的指向・性自認〉）という言葉が用いられ，LGBT を「特別視」をするのではなく，すべての人の属性と認識することが

ワークショップⅤ①

重要であるとの意見が述べられた。第三に，均等法は男女差別を禁止した法律であるから，トランスジェンダーに対する差別に均等法は適用されないとの主張に対して，「性別」の中には生物学上の男女だけではなく，性自認に基づく男女も含まれると解釈することも可能ではないかとの意見が出された。第四に，服装規制・トイレ利用制限に関して，それぞれの職場や当事者の事情に応じて対応は異ならざるを得ず，調整が不可欠であるとしても，内藤報告で指摘された人格権を考慮して検討していかねばならないとの主張があった。また実際上の対応のむつかしさや「職場の平穏」ないし職場秩序も考慮せざるを得ないケースも存するのではないかとの指摘もあった。これに関して濱畑会員から，従業員に対する当事者に関する一定の説明は必要であるとともに，当事者の存在を前提にした職場での対応が必要となり，定期的な研修が求められると述べられた。第五に，労災補償における精神障害の認定基準との関連につき，カミングアウトの強制による精神障害が発症した場合，セク・ハラか，それとも対人関係の項目のいずれに該当するのかに関して，セク・ハラは「性的言動」を対象としており，むしろ対人関係の項目に位置付けるのが適切であるとの指摘がなされた。また精神障害の認定基準ではセク・ハラといじめに関連しており，トランスジェンダーに対するハラスメントは，指針のどの項目に位置付けられるのかが議論され，いじめの項目に該当するとの考えと，新たな項目を設けるべきであるとの意見が出された。

Ⅱ　ま　と　め

トランスジェンダーに関する事件は少なく，また企業での実情もそれほど解明されていない中，さまざまな意見が述べられ，提案された論点が深められた。トランスジェンダーを障害概念に含めるのか，それとも労働契約上の配慮義務に基づきその保護を図るのかには対立があり，また職場での取り扱いのむつかしさがあるが，今後，多様な人材の能力発揮が求められるダイバーシティマネジメントに鑑みると，働きやすい就労環境の構築は不可避であり，憲法13条に基づく人格権を尊重した方向で，立法を含めて考える必要があろう。

（なこ　みちたか）

《ワークショップⅤ》 LGBTと労働法の理論的課題

企業によるトランスジェンダーの外見・服装の制約
——服装等の自己決定権や性の多元論の観点からのS社事件の再検討——

内　藤　　　忍

（労働政策研究・研修機構）

Ⅰ　トランスジェンダーの服装等に関する悩み

　SOGI（性的指向・性自認）と労働に関するあるシンポジウムで，会場の参加者から「会社で社長から呼び出されて，ちゃんと化粧をしろとか，女らしい服装をしろと何度も言われて，苦しく，参っている」という声があがった。また，別の機会に，メディア関係の女性からも，以前勤めていた会社で上司に「服装が華やかでない」などと注意されて悩んだ話を聞いた。職場で服装や外見の問題で悩んでいる人は意外に多い。特にトランスジェンダーの人たちの悩みが深刻だ。

　一般社団法人社会的包摂サポートセンターの提供する「よりそいホットライン」（厚労省社会・援護局及び復興庁の補助金事業）における「セクシュアルマイノリティ専用ライン」の電話相談で，比較的多く寄せられた悩みの1つに，トランスジェンダーの職場での服装に関する問題がある[1]。既に働いているトランスジェンダーからは，「職場でスカートを履くことを強制されたり，化粧することや女性らしさを求められることが苦しい（FtX）[2]」，「職場でメンズスーツを

1）　内藤忍＝長沼裕介「第4章　セクシュアル・マイノリティの労働問題」『「よりそいホットライン」　平成26年度報告書』（2015年）130頁，133頁［長沼裕介執筆部分］。

2）　MtF（Male to Female）とは生物学的性別が男性で，性に関する自己意識が女性である場合をいう。FtM（Female to Male）とは生物学的性別が女性で，性に関する自己意識が男性である場合をいう。X（X-gender）とは男性でも女性でもない性別上の自己意識を持つことであり，無性・中性・両性など様々な性自認を含む。

ワークショップV②

着るのが嫌だ（MtF）」といった相談が寄せられている。就職活動をしていた
トランスジェンダーからは，「求職時にスーツを毎日着用することや短髪にし
なければならないことに耐えられず，就職活動をあきらめてしまった（MtF）」，
「面接でスカートをはくのに抵抗がある（FtM）」など，履歴書の性別欄に通常，
戸籍上の性別を記載することとも相まって，就職活動時に戸籍上の性別の服装
や髪型をしなければならないことに由来する苦痛等の相談が報告されている[3]。

　そもそも何のために職場に行くかと言えば，仕事のためである。仕事に，性
別や各性別特有の服装や髪型がどう関係しているのか。労働者が戸籍上の性別
の服装や外見をしていない場合に，それが職場で問題とされる根拠は何か。

　このテーマに取り組むために，本稿では，トランスジェンダーの服装問題が
争われた唯一の事案である2002年のＳ社（性同一性障害者解雇）事件（東京地決
平14・6・20労判830号13頁）判決を改めて取り上げる。そして，使用者は，トラ
ンスジェンダーの自認に基づく職場の服装・外見を制約できるのか，いかなる
理由で制約できるのか，検討する。

Ⅱ　労働者の容姿・服装規制に関する紛争

1　Ｓ社（性同一性障害者解雇）事件の概要と決定要旨

　本事件は，性同一性障害の労働者Ｘ（MtF）が女性の容姿での就労を認めら
れなかったことを主たる理由として配転命令を拒否したこと，配転に応じた後
も業務命令に反し約1ヶ月にわたり女性の容姿で出勤したこと等を理由とする
懲戒解雇処分が，懲戒権の濫用に当たるとして争われた事例である。裁判所は，
同僚や取引先・顧客が，女性の容姿をして就労する労働者に対し「違和感や嫌

3）　特定非営利活動法人虹色ダイバーシティの「LGBTに関する職場環境アンケート2016」
　によれば，就職，転職活動において，セクシュアリティに関連して困難があると答えた人は，
　LGBTその他（同性愛者，バイセクシュアル，その他）の場合は44％，非当事者の場合は6
　％であったが，トランスジェンダーの場合は70％と非常に高い割合の人が困難があると感じ
　ていた。このうち，就職，転職活動中の服装等の問題は大きいと推察される。また，トラン
　スジェンダーが企業に望むLGBT施策の第1位は，「トランスジェンダーの従業員への配
　慮」（70.4％）であった。

悪感」をもつとしても，当該労働者が女性としての行動を抑制されると多大な精神的苦痛を被る状態にあったことなどを同僚が認識し，理解するよう図ることにより，そうした違和感や嫌悪感は緩和する余地があったが，使用者は，理解しようとする姿勢を有していなかったとした。そして，女性の容姿をしたXを就労させることが，Yにおける企業秩序又は業務遂行において，著しい支障を来すとは認められず，Xによる本件服務命令違反行為は，懲戒解雇に相当するまで重大かつ悪質な企業秩序違反であると認めることはできず，本件解雇は権利の濫用に当たり無効とした。

2　非トランスジェンダーの外見・服装規制

そもそも職場における服装はどこまで自由が許されるのか。茶髪を理由に運送会社社員が解雇された東谷山家事件[4]では，「労働者の髪の色・型，容姿，服装などといった人の人格や自由に関する事柄について，企業が企業秩序の維持を名目に労働者の自由を制限しようとする場合，その制限行為は無制限に許されるものではなく，企業の円滑な運営上必要かつ合理的な範囲内にとどまるものというべく，具体的な制限行為の内容は，制限の必要性，合理性，手段方法としての相当性を欠くことのないよう特段の配慮が要請されるものと解するのが相当」として解雇無効と判断されている。つまり，東谷山家事件判決では，労働者の容姿等は人の人格や自由に関する事柄であるとした上で，その制約は，企業の円滑な運営上必要かつ合理的な範囲内にとどまるとしている。また，イースタン・エアポートモータース事件（東京地判昭55・12・15労判354号46頁）では，口ひげについて，「服装，頭髪等と同様元々個人の趣味・嗜好に属する事柄であり，本来的には各人の自由である。」とした。

この点に関し，学説上も，藤原は「外見・容姿や服装は，本来個人の好みの問題であり，他人に干渉されることのない領域の事柄」[5]とし，中村は「労働者の私的生活のスタイルに関するもののうち，個人の容姿に係る服飾・髪型・ヒ

4）　福岡地判平9・12・25労判732号53頁。
5）　藤原稔弘「使用者の業務命令と労働者の人格権—外見・服装の自由に対する規制を中心として」労旬1421号（1997年）13頁。

ワークショップV②

ゲ・化粧等は，それらが身体と一体となって発現する性格のものであり，個人
の人格そのものを表象する「個人としてゆずれない」スタイルとして，人格的
利益の保護の対象とされるべき」と述べる。[6] また，憲法の学説上，服装や外見
の自由は，ライフ・スタイルの自己決定権の1つとして，憲法13条に基づく自
己決定権に含まれ，憲法上の保護を受けると解する説が有力である。[7] そして，
服装や外見の自由の制約は，私法上は，私的領域にかかわる人格権の侵害と評
価され，不法行為が成立しうる。[8]

3　トランスジェンダーの外見・服装規制をめぐる理論

　すると，S社事件のようなトランスジェンダーの服装等の場合も，制約され
ると多大な精神的苦痛を被る，という理由ではなく，東谷山家事件やイースタ
ン・エアポートモータース事件と同様に，人格権の基礎をなす幸福追求権を前
提とした，服装等の自由の観点からの判断をすべきではなかったか。

　また，そもそも性別は男女の二元ではなくグラデーションであることから，
服装等の問題は，性同一性障害者やトランスジェンダーといった性的マイノリ
ティだけの問題にとどまらない。生物学的性別，性自認，性的指向，性表現
（服装，しぐさ，言葉遣い）といった，性の多様性を考える場合，男女の2つの
性別を前提とした法規範や企業慣行についてどのような理論で対応していくべ
きか，改めて議論が必要である。

（ないとう　しの）

6）　中村和夫「企業における服装等規制と労働者の人格権」山田省三＝石井保雄編『労働者
　　人格権の研究―角田邦重先生古稀記念　上巻』（信山社出版，2011年）399頁。
7）　芦部信喜『憲法学Ⅱ　人権総論』（有斐閣，1994年）402頁。
8）　渡寛基「企業における労働者の人格権侵害の法的救済―侵害の類型化を手がかりに」日
　　本労働法学会誌78号（1991年）82頁。

《ワークショップⅤ》　LGBT と労働法の理論的課題

LGBT に対する合理的配慮を中心に

濱 畑 芳 和

（立正大学）

Ⅰ　職場で直面するトランスジェンダーの困難

　本報告では LGBT に対する職場における配慮について，特にトランスジェンダーに焦点を当てて話題提供し，議論を行った。

　議論の前提として 2 つの事例について紹介したが[1]（以下「事例」という），これらに共通する問題として，トランスジェンダーである当事者が希望するトイレおよび更衣室の使用の許可を得られにくいこと，希望する呼称（通名）を使用することが認められにくいこと，またこれらの前提として上司および他の従業員の理解の欠如，等があげられる。これらの課題に対し，現行法制においてどのような対応がとり得るのか，論点を提示しつつ検討を深めた。

Ⅱ　検討の視角

1　各法における「障害者」の定義・障害の捉え方の違い

　現行法の下での職場におけるトランスジェンダーに対する配慮はどのように

---

1)　愛知ヤクルト工場事件（岩井羊一「カミングアウトを強制─愛知ヤクルト工場事件の概要と意義」労旬1875号（2016年）28頁参照），経産省事件（永野靖「合理的理由のない処遇─経産省事件の概要」労旬1875号（2016年）30頁参照）。これらの事例は労旬掲載時点で係争中の事案であり，またいずれも原告である当事者側の主張に基づくものであり，被告側の主張・反論等は考慮していない。だがこれら当事者の主張を見ると，トランスジェンダーに共通する職場における課題や当事者の思いなどが鮮明に浮き彫りになっている点において，参照するのに適当であると判断し，報告において紹介したものである。

ワークショップⅤ③

なされるべきか。第1に，検討の前提として，現行法における障害概念にトランスジェンダーも含むと解してよいのか，また当事者の意向として適当なのか。

障害者差別解消法における「障害者」の定義は，「障害及び社会的障壁により継続的に日常生活又は社会生活に相当な制限を受けるものであること」と規定し，障害の社会モデルを採用する。一方，障害者雇用促進法（以下「促進法」という。）では「心身の機能の障害があるため，長期にわたり，職業生活に相当の制限を受け，又は職業生活を営むことが著しく困難な者」と定めている。これら定義の文言の違いについて，2013年，両法案に関する国会審議において政府から両法案共に心身の機能の障害がある者であって継続的に社会生活等において相当な制限を受ける者を対象としており，同じ概念であるとの認識が示されており，促進法においても障害の社会モデルを採用した改正であるということができる。とすれば，促進法には「社会的障壁」という文言が明記されていないにせよ，トランスジェンダーに対し，事業主には促進法上の合理的配慮をなす義務が生じると考えられる。

一方，性同一性障害について，障害と認定するものと，否認するものとの相反する方向性が示されていることにも留意することが必要である。性同一性障害者の性別の取扱いの特例に関する法律（2003年）では，トランスジェンダーのうち法の要件を充足する者を性同一性障害者と認定・区別し，性同一性障害者のみに性別の取扱いの変更を認めてきた。また，精神医学における代表的な診断ガイドラインであるWHO国際疾病分類ICD-10では性同一性障害を障害とみなす。だが，米国精神医学会のガイドラインであるDSM-5では「性別違和」と表現し，ICD-10の改訂版となるICD-11においては「性別不一致」として精神疾患から除外するなど，性同一性障害について障害という理解を否認する。

このほか，一般にトランスジェンダーは「障害」であると理解するにしても，

2）　山口大輔「障害者雇用における差別の禁止及び合理的配慮の提供，精神障害者の雇用義務の法制化─障害者の雇用の促進等に関する法律の一部改正」立調344号（2013年）36頁以下。
3）　東京弁護士会LGBT法務研究部編著『LGBT法律相談対応ガイド』（第一法規，2017年）7頁。

個々の当事者がそれを受容するのか否かについても考慮が必要である。自らが障害を有するがゆえに配慮を求めるという構成は，一見わかりやすく，法的支援の対象と認定させやすくする。しかし，当事者が自らのアイデンティティを「障害」という他者とは異質なものと自認し受容することが不適当であると考える場合，「障害」であるとの構成をとることは困難となる。

2 合理的配慮義務構成か，安全配慮義務構成か

第2に，当事者がトランスジェンダーであることを理由に職場内での配慮を申し出た場合，使用者がこれに応ずる義務が生じるかについて，障害者差別解消法（36条）および促進法（36条の2〜36条の4）に基づく措置を求めるのか（合理的配慮義務構成），安全配慮義務（労契法3条）・職場環境配慮義務（労安衛法3条）に基づく措置を求めるのか（安全配慮義務構成）。

合理的配慮構成では，当事者による合理的配慮の提供の申出に基づき，使用者に「過重な負担」（促進法36条の2但書，同36条の3但書）とならない限度において，合理的配慮を講じる義務を課している。この場合，当事者がトランスジェンダーであることを事業主に対して申告することを要するが，事業主との間で対話を行うプロセスが重視されており，個別に具体的な配慮の内容を，当事者の意向を踏まえながら決定していくことになる。

合理的配慮構成では，当事者がトランスジェンダーを障害であると自認する必要があり，かつ事業主のトランスジェンダーに対する正確な理解を有することが前提となるが，事業主が当事者の意向を丁寧に聴くプロセスを経ることによって，個別性の高い個々のニーズを正確に把握でき，多数決ではないより適切な措置を講じる契機になるだろう。

安全配慮義務構成では，当事者がトランスジェンダーであることを申告するか否かにかかわらず，使用者・事業主が，労働者の中にトランスジェンダーが一定数存在することを前提として，いわゆる「だれでもトイレ」を設置する，当事者の利用しやすい更衣室等の施設利用を認める，当事者に無配慮・差別的な言動を規制する等の適切な措置を講ずることが求められる。これらの措置を講ずる義務を負うのは使用者・事業主であるが，当事者たる労働者からの具体

的な措置を講ずる求めに対し，適切に対応する義務も含まれる。

　この点，事例では上司や管理者，同僚のいずれもが，トランスジェンダーに関して無知・無理解・差別的な言動や態度が窺える。当事者に対するカミングアウトの強制や暴言，当事者に無配慮な発言により，当事者が強いストレスを受け，抑うつ状態や適応障害の発症に至らしめることは，労働者の安全な職場環境の確保の点において大きな問題である。事例では，これら同僚や管理者の発言やこれを根拠になされた処遇について，安全配慮義務違反，および人格権を侵害するものとして損害賠償請求をしている。

　なお，労安衛法ではトイレを男女別に設けることが求められるなど（労安衛則628条1項1号），男女という二つの性のみが存在することを前提とした職場環境の整備が求められてきたが，LGBTに配慮した設備とはいかなるものか今後検討する必要がある。

3　従業員に関する指導や研修等の実施

　第3に，従業員に関する指導や研修等の実施をどう位置づけるのかも実務上重要である。当事者たる労働者が法的根拠に基づいた配慮を求め，直属の上司や管理者等に対して配慮の申出を行うことが法的に可能であるとしても，これらの者が無知・無理解であれば，現実に協議を進めることや適切な配慮の検討を行うことができず，むしろ当事者を傷つける言動を行いかねない。

　現状では，職場内におけるLGBTに対する対応について，従業員に対する研修を定期的に行う企業もある[4]一方，いまだ大半の企業がなんらの対策も講じていないことが窺える[5]。事業主が積極的にLGBTの理解促進にかなう研修を行うことが，当事者の保護と適切な職場環境の維持，また無用の紛争を生じさせないためにも重要であろう。

（はまばた　よしかず）

4）　渋谷区「渋谷区パートナーシップ証明実態調査報告書」（2017年11月5日）。
5）　電通ダイバーシティ・ラボが行った調査によると，LGBTに関する「職場にサポート制度がない」と答えたLGBT層が54.5%に達している。電通ダイバーシティ・ラボ「電通LGBT調査2018」（http://www.dentsu.co.jp/news/release/2019/0110-009728.html）2019年1月15日確認。

《ワークショップⅥ》　山梨県民信組事件最高裁判決の意義と射程範囲

議論の概要について

司会：水　口　洋　介（弁護士）

　　　石　井　妙　子（弁護士）

Ⅰ　労使の報告者の報告

　山梨県民信組事件（最二小判平28・2・19民集70巻2号123頁）は，退職金の不利益変更の同意に関する判例であるが，実務における影響は大きく，その射程距離は賃金・退職金の変更の問題に留まらない可能性がある。そこで，労働側・使用者側の弁護士を報告者として，それぞれの立場から意見を述べてもらい，参加者を交え自由闊達な意見交換をすることを企画した。

　そのような次第で，報告者からの問題提起について，冒頭からの鋭い労使対立を期待されていた向きもあるかと思うが，使用者側も，退職金という重要な労働条件の変更については，合意書に署名捺印を取り付けて済ませようとした使用者の行為にそもそも問題ありとし，判例の評価については，労使の意見の隔たりは少なかった。今後の実務の留意点として，同意に際して，利害得失の判断が十分できるように，きちんと説明すべきであるという点も，労使の意見は一致するところと見られた。

　しかし，本件最判の射程距離について，不利益変更の対象が賃金・退職金である場合に限られるのか，そもそも労契法9条に限らず8条でも判断枠組みは同じではないのか，定年後再雇用で処遇低下を受け入れる合意についても，射程距離に入るのか，さらには退職合意といったものにも及ぶのか等は，労使の意見には大きな隔たりがあった。

Ⅱ　参加者による意見交換

1　判決の射程距離について

労契法8条，9条，10条の関係，また，そもそも本件判例は，8条の判例ではないのかという点について，複数の参加者から意見の提示があり，9条説（木下会員），8条説（鴨田会員）の対立が鮮明となった。

また，適用範囲について，従属性や労使の情報格差という労働関係における根本的問題が根底にある以上，本件判例の考え方は，賃金・退職金の不利益変更の場面に限定されるものではなく，労使が対等でない様々な場面に当てはまるはずであるという意見や，実務の感覚として，労使が対等でないから，こんなことが起きるというすべての場面で適用されるだろうという意見が出された一方，木下会員より，射程距離をむやみと広げるのは，本判決の価値を下げるものであるといった反論がなされ，鴨田会員からは，近年，退職等様々な場面で，意思表示の認定について本件同様の文言を用いる裁判例もあるが，労働側としては安心してはいけない，事案に見合った判断をするよう裁判所に強く求める必要があるとの意見があった。

木下会員からは，かつては，労働法の世界では，弱者としての労働者は労働組合の集団的労使関係の力で守られ，労使交渉による集団的な同意があったので，個別の労働者による合意の正確性や熟度，確定的合意か否か等を問題とするまでもなかったが，現状，労働組合の力が低下し，労働者は個別に企業と一対一の取引をする関係に立ってしまっているので，裁判所が個別合意の問題に慎重に対処する必要を生じているとの指摘もあった。

適用範囲の議論の方向性としては，最判の文言としては，明らかに賃金・退職金という限定を付しているのであるが，今後の方向として，労働条件全般に及ぶべきものであり，なぜならば，本件判例が指摘する情報格差と従属性は労働契約における基本的なものだからであるというのが主流であった。最近の，本件同様の文言を用いる裁判例については，裁判所としては，最高裁が賃金・退職金に限定している以上，ただちに適用することはできないが，賃金・退職

金と同価値だという認定をしたうえで射程を広げるという方法をとっていると考えられるとの意見があった。

具体的に、「自由な意思による合意」の適用場面としては、古くはシンガーソーイングメシーン事件（最二小判昭48・1・19民集27巻1号27頁）、日新製鋼事件（最二小判平2・11・26民集44巻8号1085頁）といった労基法24条の関係の判例があり、今回、労働契約法の就業規則による不利益変更の場面に至ったのであるが、そのほかに広島マタハラ事件（最一小判平26・10・23労判1100号5頁）、A福祉施設事件（京都地判平29・3・30労判1160号44頁）、有期契約の更新時の不更新条項などがあげられた。適用範囲は今後の裁判例の積み重ねを待つことになるという点は、参加者の共通認識だったと思われる。

2 「自由な意思によると認められる」ことの位置づけ

「自由な意思によると認められる」というのは、意思表示の新たな効力要件なのか、要件ではなく、事実認定のルールとして、労働関係において一定の場面では慎重な認定をすべき場合があるということなのか、仮に、効力要件だとして、民法の意思表示の瑕疵との関係はどうなるのかという問題提起もなされた。

意思が自由であるということは、当然の効力発生要件であるが、民法では、意思表示が成立した場合には、自由な意思によるものと推定していたところ、労働契約の場合には、自由な意思によるということを積極的に使用者に主張立証させるものであるとの意見、自由な意思によると認められる客観的合理的理由は、労働契約において、意思表示が有効であるための特別の効力発生要件であるとの意見があったが、事実認定説に立った意見もあった。

消費者契約では、民法の意思表示の瑕疵の規定による救済以外に、消費者契約法による取消事由が用意されているが、労働契約においてもそのような立法があっておかしくないのではないか、民法改正においてそのような議論があったが、最終的には採用されなかった中で、最高裁が同意の有無という事実認定の判断枠組みとして本件判決を出したことには意義があるとの意見もあった。

ワークショップⅥ①

3 自由な意思によると認められる「客観的に合理的な理由」とは

最後に，本件最判の言う自由な意思によると認められる「客観的に合理的な理由」というのは，民法の意思表示の欠缺のような主観的な要素ではなく，通常人を基準として判断する趣旨かという質問に対し，木下会員からは，労働条件変更に関する経済的合理性であるとの意見，鴨田会員からは，労働関係に特別なものではなく，意思表示全般の認定方法として，社会における力関係の実際をきちんと見て判断すべきものという考え方を，たまたまこのケースで最高裁が指摘したにすぎないとの意見が，それぞれ述べられた。

(みなぐち　ようすけ／いしい　たえこ)

《ワークショップⅥ》　山梨県民信組事件最高裁判決の意義と射程範囲

労側弁護士からの報告

鴨　田　哲　郎

(弁護士)

Ⅰ　最判の評価

　最判の結論が妥当であると，少数派とはいえ使用者側からも見解が示されたので，この点について異論はない。最判の評価については射程のところで触れたいと思う。

　テーマとは少しズレるかもしれないが，私が指摘したいのは地裁，高裁の判決とこれを書いた裁判官である。これほど一方的に使用者の考えを押しつけた事案（救ってもらうのだから，四の五の言うなと言って判を取り，その後さらに意図していたか否かはともかく内容を切下げている）であるにも拘らず，赤いハンコを甲1号証として，有効な合意の成立を認定してしまう。経緯や使用者側の真摯，誠実な説明の有無などを検討して合意の成否を認定する裁判例が多少目立つようになったとはいえ，今も，本件下級審のような裁判官が多数派であることは厳然たる事実である。実務家，特に労側はこの点を常に忘れてはならず，十分な主張が必要である。

　このように安易に合意を認定してしまう背景として，労働契約の特性や就業規則論があると思われる。労働契約が非対等の当事者間の契約であり，従属労働の裏返しとして使用者に広い命令（指揮）権が認められ，それが合理的でありさえすれば（限定解釈をする裁判例はあっても，非合理と断ずるものはないであろう），合意したものとみなしてしまう就業規則法理（労契法7条，10条）の下では，労契法がタテマエとしての合意原則をいくら叫ぼうが，現実には労働条件は一方的に決定されるものと裁判官が考える素地が十分にある。近代法の基盤

ワークショップⅥ②

である対等平等の関係にはなく，非対等であると現実を直視したものの，その効果が反転しているのではないか？

Ⅱ　9条合意

　この点は判決文からすれば，認めたものと読まざるをえない，即ち，合意が認定できれば，10条の合理性審査は不要との立場を最高裁はとったと実務家は考えるべきであろう。ことに，裁判官による本件の評釈（例えば，清水知恵子（前・調査官）ジュリスト1508号90頁，高世三郎（元労働部部長）「裁判官の視点」299頁，石田明彦（東京地裁36部）「労働事件事実認定重要判決50選」56頁など）はいずれも9条合意を認めたものと解している。

　但し，次の点は留意すべきであろう。荒木尚志＝菅野和夫＝山川隆一『詳説労働契約法〔2版〕』（弘文堂，2014年）では9条合意の類型として，個別の（その都度の）合意の他に，事前の包括的な合意もある（いわば，“あなたの言うことには何でも従います”でいい）としているが（129頁），本件判旨，ことに，情報提供や説明内容を合意成否の判断要素としていることに鑑みれば，後者の合意類型は否定されるものと考える。

Ⅲ　射　　程

1　対象項目は賃金・退職金に限定されるか

　判決文の字面通りに読めば，これに限定した判決とも読めなくはないが，限定されるものとは考えられない。そもそも限定する理由が説明できないと思う。確かに，本件判旨や就業規則変更について「高度の」必要性を求める判例理論からすると，基幹的な労働条件についてはことに慎重にというのは，既に，いわば慣用句であり，耳障りがよくすんなり受入れられる面がある。しかし，これは裏返すと周縁的な労働条件については安易な認定でよいと言っているのと変わらない。このような考えをあからさまにはしないであろうが，実質はそういうことである。

現に，本件前後から，賃金・退職金に限らず（裁判官がどこまで真剣に考えたのかは判らないが），真に自由な意思，合理的理由の客観的存在を検討した裁判例が続出している（均等法９条３項関係（広島マタハラ最判），寮費の控除（プレナス事件・大分地判平29・3・30労判1158号32頁），期間の定（Ａ福祉施設事件・京都地判平29・3・30労判1164号44頁），非正規への転換（ジャパンビジネスラボ事件・東京地判平30・9・11 LEX/DB 文献番号25561201）など。この外，やや古いセクハラ事件としてＭ社事件・東京高判平24・8・29労判1060号22頁）。

2　就業規則の変更の場合に限定されるか

事案は就業規則変更を伴うもの（９条）であったが，これに限定される根拠はなく，個別合意（８条）にも適用される。

本件の各評釈が本判決の基底にあるものとして指摘するのは，労働契約（関係）の「特有性」とか「特殊性」，実定法上の根拠としては３条（対等），４条１項である。この点は，９条合意であろうが８条合意であろうが，変わりはない。

では，その両者は違うのか。判旨では「その合意に際して就業規則の変更が必要とされることを除き，異なるものではない」と判示されている。私見も異なるものではないと考える。本件の射程が８条には及ばないと解するとすれば，８条の合意の要件なり，考慮要素としていかなる内容を想定するのであろうか。

Ⅳ　実務への影響

労働側としては，従来からの合理性の有無の主張に加え，１つは，労契法４条１項も援用しての説明，情報開示（個々の労働者にとって，具体的にいかなる不利益が生じるのか）の主張が大事である。２つに，周知の点についても現場の実情，実態を踏まえた主張が必要である。労契法10条の周知は，実質的周知でよい，即ち，労働者が知りうる状態を作出していればよいというのが略通説であるが，効果として合意を擬制するのであるから，それに見合った周知が必要である。

ワークショップVI②

　なお，周知という点では，中部カラー事件（東京高判平19・10・30労判964号72頁）が想起されるところ，判決は周知という概念で判断しているが，具体的な理解（に達する周知）と言うべきではないか。

　いずれにしても，合理性の有無だけにとらわれない取組みが必要と思う。

（かもた　てつお）

《ワークショップⅥ》 山梨県民信組事件最高裁判決の意義と射程範囲

使用者側代理人としてみる本判決の意義と射程

木 下 潮 音

(弁護士)

Ⅰ　使用者代理人の立場から，本判決の評価

　本件では，退職金という重要な労働者の権利であり，退職時に1回だけ適用される労働条件の変更を実施するにあたり，就業規則変更に対する個別の労働者からの「合意書」の署名捺印取り付けで実施しようとした使用者の行為に問題があると考える。退職金の特徴として，就業規則変更の「合意書」作成時と変更後の退職金支給時に時間的な「ずれ」があり，本件ではその間に再度の変更があったことからすると，形式的には「合意書」が作成されたが，何に「同意」したのかを認定することはそもそも困難な事例であったと考える。したがって，本件で合意の効力として退職金に関する不利益変更の効力を認めなかったことについて違和感はない。

Ⅱ　労働契約法9条の反対解釈に関する議論（合理性基準説・合意基準説）

　労働契約法9条は，「使用者は，労働者と合意することなく，就業規則を変更することにより，労働者の不利益に労働契約の内容である労働条件を変更することはできない。」としていることから，就業規則の不利益変更を行う場合には労働者がその内容を理解して合意することは重要である。そもそも，合意がある就業規則変更であれば，その後の紛争を惹起することは防止できるのであり，使用者としては労働条件変更の行為規範として労働者の「合意」を得る努力を行うべきである。

しかし，就業規則が集団的に労働条件を決定・変更する方法であることを考えると，就業規則変更による労働条件の変更については，労働者の間にも利害対立が起こりやすく，個人からの「合意」の集積で有効に変更するという考え方は危険であると考える。

最終的に同意しなかった労働者がいる場合に，就業規則を統一的画一的に変更して適用するためには，労契法10条に定める「変更の合理性」が必要であることは明らかであり，そのため，後述の通り，労働者の合意を得る過程においても就業規則変更の合理性を基礎づけることになる事項の説明や協議を尽くすことが重要である。

Ⅲ　本判決の射程距離

1　「退職金・賃金」以外の労働条件の変更，例えば労働時間

就業規則の変更後直ちに新たな労働条件が適用される場合には，各労働者の「合意」が真意に基づくものであることを労働者の行為から認定できる場合があると考えられる。例えば，始業終業時刻の変更について，異議なく従って就労した場合には，その変更に合意していると認めるのが相当である。このように労働条件には多様な様相があり，退職金に関する本件判決の射程は狭いものと考える。

2　就業規則の変更以外，例えば，定年後再雇用時の処遇低下を受け入れる同意

そもそも，労働契約法9条は就業規則変更による労働条件変更に関する規定であり，本件判決もその限度で解釈されるべきである。定年退職後再雇用時に個別に提示された労働条件は，個別の契約にもとづいて個別同意で決定される労働条件であり，労働者がその契約締結に同意していることで当然に有効と判断されるものである。

Ⅳ　今後の実務対応の留意点

　「労働条件の変更を受け入れる行為」が，「労働者の自由な意思に基づいてされたとものと認めるに足りる合理的な理由が客観的に存在する」とは具体的に，どのような場合か。変更提案をする側の使用者としては何をすべきか。

　労働者に変更後の労働条件の内容について明確な理解を得て合意を得るべきと考える。そのためには，労働条件変更内容の説明，変更の必要性，不利益の程度，変更後の労働条件の妥当性を説明して，労働契約の変更の交渉と評価される説明協議がなされるべきであり，結局，これは労契法10条の「変更の合理性」の要件に極めて近いと考える。

　　　　　　　　　　　　　　　　　　　　　　　（きのした　しおね）

個 別 報 告

公務員の法的地位に関する日独比較法研究　　　　　　　　早津　裕貴

フランスの企業再構築にかかる法システムの現代的展開　　細川　　良

アメリカにおける労働組合の「市民団体的」プレッシャー活動　　藤木　貴史
　　——その憲法的保護の歴史的変遷——

《個別報告》

公務員の法的地位に関する日独比較法研究

早 津 裕 貴

（金沢大学）

Ⅰ　はじめに

　かつて日本の公務員制度においては，天皇の官吏として特権的身分に応じた保障を享受する公法上の官吏と，当時労働法の十分な展開がない中で官吏に劣る保障が前提とされた私法上の雇員，傭人等の区別がなされ，ドイツの制度と同様，特殊身分的な「複線型」が存在していた[1]。その後，日本の公務員制度は，戦後の民主化・近代化の流れの中で，「一元的」制度に移行したが，そこでは，労働基本権制約を契機として民間労働者との差別化が進行し，「公務員」には，終身任用の一般職公務員（「正規」公務員）を典型形態として，画一的・硬直的で特殊な規律がなされているとの理解の下，一般労働法の適用下にある者を公務労働従事者の一類型として想定する他国の制度との違いが強調されてきた[2]。

　しかし，公務部門の現実には，大きな変化がみられる。

　近時，公務部門では，能率性・効率性が重視される傾向にあり，公務の多様化や財政悪化に対応し，また，業務の内容・性質に着目する形で，公務部門内での「非正規化」や，アウトソーシングによる「民間化」が進行している[3]。そして，「非正規」公務員は，法定主義や立法・行政裁量の観点，また，「任用」

1）　たとえば，塩野宏『行政法Ⅲ　行政組織法〔第4版〕』（有斐閣，2012年）257-258頁，268-269頁参照。

2）　同260-261頁，268-269頁参照。

3）　たとえば，分権型社会における地方公務員の任用制度のあり方等に関する検討会「分権型社会にふさわしい地方公務員の多様な任用制度の実現へ向けて」（平成14年9月）参照。

個別報告①

関係と「契約」関係の峻別が強調される中で，労働界において原則的な保障を提供する労働法と，それに対する特殊例外的な法体系としての公務員法，いずれによる十全な保障からも排斥され，「法の狭間」に陥った彼らには，雇用の不安定や労働条件決定における不利な地位など，多くの雇用問題が生じている。[4][5]

以上の背景の下，現在では，公務労働従事者の多様化・複層化という法状況の変化を適切に踏まえた，新たな公務労働関係法理論の確立が求められている。

公務労働関係法に関する旧来からの議論として，勤務関係の法的性質論がある。[6]本稿も，以下で論ずるように，労働法による保障が原則である，と捉える意味においては，労働契約説に立脚しているといえる。もっとも，従来の議論においては，一般労働関係との異同の分析に重点が置かれ，公務員法体系独自の保障的意義や個別具体的な問題状況に応じた分析の精緻化を可能とする枠組の検討には十分でない面があった。また，近時の公務労働関係法研究との関係でも，憲法を頂点とした公務員法体系の基本理念の措定や，その法体系の理解への反映，また，集団法・個別法双方を念頭においた公務員法と労働法の法領域の関係性に関する基礎的研究の更なる深化が，なお課題として残されている。[7]

本稿は，これら背景に鑑み，「一元的」制度を建前としつつも，その内実では，多様化・複層化という法状況の大きな変化が生じている日本の公務員制度について，現在でも「複線型」公務員制度を維持しているドイツ公務員制度の

4） 公務員法体系の例外に位置付けられる期限付任用を広範に許容するとともに，民間部門で形成された雇止め法理の公務部門への転用を否定した判例として，大阪大学（図書館事務補佐員）事件・最一小判平6・7・14労判655号14頁。

5） 「非正規」公務員には，「公務員」として，「正規」公務員と同様の労働基本権制約が課される一方，人事院勧告等の「代償機能」が十全には果たされておらず，また，民間労働者には適用される「正規」・「非正規」間の処遇格差是正のための規律等も，「公務員」であるがゆえに，適用除外とされている（以上の点につき，たとえば，鎌田一「国の非常勤職員の雇用と労働条件の抜本改善を」KOKKO 13号（2016年）5頁，改正パートタイム・有期雇用労働法29条参照）。

6） 代表的論考として，室井力『特別権力関係論』（勁草書房，1968年）。

7） たとえば，下井康史『公務員制度の法理論—日仏比較公務員法研究』（弘文堂，2017年），川田琢之「公務員制度における非典型労働力の活用に関する法律問題—非正規職員に関する問題を中心としたアメリカ・ドイツとの比較研究（一）～（三・完）」法協116巻9号1頁，10号69頁，11号62頁（1999年）。

現代的展開との比較研究を通じ，特に，近時，重要な問題を提起している雇用保障と労働条件決定の問題を念頭に，基本的分析枠組の提示を試みるものである[8]。

Ⅱ　ドイツ公務員制度の現代的意義

1　「複線型」公務員制度の現代的意義

　ドイツでは，現在でも，公法上の官吏（Beamte）と私法上の公務被用者（Arbeitnehmer im öffentlichen Dienst）の身分的区分を背景とする「複線型」公務員制度が維持されている。このドイツ公務員制度において重要な役割を果たしているのが憲法規定であり，基本法33条４項が「高権的権能の行使は，恒常的任務として，原則としては，公法上の勤務関係および忠誠関係にある公勤務の構成員に委ねられなければならない」として，官吏と公務被用者の区分ないしその正当化の根拠を，基本法33条５項が「公勤務の法は，職業官吏制度の伝統的諸原則の考慮の下で規律し，かつ，継続的に発展させなければならない」として，官吏の法的地位の特殊性の根拠を提供している。

　これに応じて，現在，官吏制度には，国家任務を法に従って公正に遂行するための制度としての位置付けが明確にされており，旧来のような，君主等に対する人格的結合・服従を背景とした特殊身分的な観点とは，決別がなされている。この位置付けを背景に，忠誠義務や扶養原理，終身原理，成績原理といった形で示される「伝統的諸原則」と称されるものも，一定の専門的能力の保有を前提として，安定的・中立的行政の確保のために官吏の独立性・中立性を保障する，という基本理念の下に，相互に密接に関連して存在している。

　このような官吏制度の現代的理解は，基本法33条４項と関連した，官吏と公務被用者の区分ないしその正当化の議論との関係にも表れている。

　旧来の議論においては，「公法」理論との関係に重点が置かれるなどして，

8）　以下個々に引用するもののほか，ドイツ公務員制度については，早津裕貴「ドイツ公勤務者の法的地位に関する研究（1）〜（4・完）」名法271号１頁，273号37頁，274号191頁，275号349頁（2017年）を参照している。

個別報告①

文字通りの「公法」関係にあることが，官吏，という特殊な法的地位の要請される射程の理解において重視される傾向も存在した。しかし，行政部門の役割が変化する中で（給付行政の展開），その射程に関する議論は，官吏制度の現代的理解・基本理念に応じる形で展開するようになっており，近時では，行政組織全体ではなく，個々の官吏の担うべき職務の内容・性質（「高権的権能」）に着目する基本法33条4項の意義に忠実な形で，職務の内容・性質と，その市民の基本権に与える影響との関連性に着目する議論も多く存在している[10]。

ドイツでは，現代国家・行政の理解と密接に関連した官吏制度の再定位を背景に，何のための官吏制度か，そのために必要となる特殊な規律は何か，また，その範囲・射程はいかなるものか，という問題が常に意識されてきた。「複線型」公務員制度という形での官吏・非官吏の身分的区分についても，かつてのような君主等に対する人格的結合・服従を背景とした特権・非特権の境界画定の問題などではなく，その現代的意義においては，現行基本法下における官吏制度の基本理念を踏まえ，公務労働従事者の担うべき職務の内容・性質に着目しながら，いかなる場合に特殊な法的地位が要請され，いかなる場合に一般的な労働関係で足りるのか，という問題を吟味することに力点が置かれている。

このような法制度の基本理念に応じた，担うべき職務の内容・性質と法的地位の相関的な理解が，公務労働従事者の雇用保障および労働条件決定との関係で，現在では，いかに表れているのか。この点を次に検討していく。

2 公務部門における雇用保障の現代的展開

ドイツ官吏の雇用保障は，終身任用を原則とし，それと法定の身分保障が密接不可分に観念されることによって実現されており，それは，特権的身分に応じた保障の一環として観念される傾向にあった旧来とは対照的に，安定的・中立的行政の確保のために官吏の独立性・中立性を保障する，という官吏制度の

9） Dazu vgl. z. B. Werner Thieme, Rechtsgutachten, in: Ernst Forsthoff et al., Verfassungsrechtliche Grenzen einer Reform des öffentlichen Dienstrechts, 1973, S. 348 ff.

10） 以上につき，ドイツにおける議論の経緯や対立も含め，早津・前掲注8）論文(1) 22頁以下，同(2) 39頁以下参照。

基本理念から導かれることが明確にされている[11]。このことは，「非正規」類型
の位置付けにも表れており，地位の不安定ゆえに官吏の独立性・中立性を脅か
す危険がある有期類型については，上記基本理念を背景とした無期・有期の原
則・例外関係の理解に忠実な形で，その許容性自体が，法律上特段の定めがあ
り，かつ，職務の特殊性等に応じた正当化を要するということを前提に，政治
職や研究職等，非常に例外的な場合に限定されており，一定の幹部職員の有期
任用には，違憲判断も下されている[12]。

　他方，公務被用者との関係で決定的な意義を有しているのが，基本法12条１
項の職業の自由に淵源を有する存続保護の理念を背景とした，解雇制限関連法
制の展開である。かつて，労働者一般に対する十分な雇用保障が展開していな
かった時代においては，身分的な観念を背景として，労働協約・法令を通じた
官吏関係との「同化」が，その雇用保障において重要な意義を有していた[13]。し
かし，民間労働者と基礎を共にする解雇制限関連法制の展開は，公務被用者の
雇用保障の官吏のそれへの接近をもたらし[14]，現在では，一般労働法もまた，公
務部門における雇用保障を有効に形成する法体系であると理解されている。そ
して，このことは同時に，官吏関係との「同化」の意義の後退も意味し，かつ
ては身分的な観念を背景として民間労働者との差別化の役割を果たしていた労
働協約による規律も，現在では，一般労働法に対する雇用保障の一定の上乗せ
として機能しているに過ぎず，公務労働従事者としての特殊性の考慮も，一般
労働法を基礎とする枠組の中で実現されるものと考えられている[15]。

　以上のような関係性は，「非正規」類型との関係にも表れている。一般労働
法における有期規制については，上記の雇用保障の展開に応じ，判例法理を通
じて，有期労働契約の締結には，原則として客観的理由を要するという形で展

---

11)　以下も含め，たとえば，連邦憲法裁判所2008年５月28日決定（BVerfGE 121, 205）参照。
12)　早津・前掲注８）論文(2) 67頁以下のほか，近時の連邦憲法裁判所2018年４月24日決定
　　（NVwZ 2018, 1044）も参照。
13)　早津・前掲注８）論文(1) 17頁以下参照。
14)　Vgl. z. B. Winfried Benz, Beamtenverhältnis und Arbeitsverhältnis, 1969, S. 52; Carl
　　Hermann Ule, Entwicklungstendenzen im öffentlichen Dienst, DVBl. 1970, S. 641.
15)　早津・前掲注８）論文(3) 200頁以下参照。

個別報告①

開し，それに対する違反には無期転換という法効果が結び付けられてきた。この有期規制が判例法理において展開した時代においては，公務部門における労働協約が，公務部門での有期規制の具体的内容を明確化するうえで重要な役割を担っていたが，現在では，労働者一般に適用されるパートタイム有期労働契約法（Gesetz über Teilzeitarbeit und befristete Arbeitsverträge: TzBfG）が一般的な規律を展開したことによって，労働協約による規律は，その独自の意義を大きく後退させている。[17]

　以上にみた官吏と公務被用者の有期規制を比較した場合，有期類型の許容性については，法の基本理念に即した規制強度の違いゆえに，官吏よりも公務被用者の方が相対的に緩やかに画されており，それゆえにドイツ公務部門の典型的な「非正規」類型は，公務被用者を中心に展開することになってはいる。しかし，厳格な官吏法体系の規律に服させる必要がないことは，日本における期限付任用にみられるような形での雇用保障の欠落[18]を意味せず，現在では，労働法の展開・発展によって過度に不利なものではなくなっている一般労働法による規律を基礎として，その雇用保障の下限が画されていることに留意が必要である。このことは，予算との関係に鑑みた公務部門に特殊な有期類型の利用可能性（パートタイム有期労働契約法14条1項2文7号）について，連邦労働裁判所が，基本法を背景とする存続保護の観点やEU指令による要請の観点も踏まえたうえで，限定的な解釈を提示していることにも表れている。[19]

　ドイツ公務部門の雇用保障においては，一方では，「公法」関係における形式的側面のみに拘泥することなく，現行基本法下における官吏法体系の基本理念を適切に踏まえた雇用保障が徹底されると同時に，他方では，その射程外に

---

16)　連邦労働裁判所1960年10月12日大法廷決定（BAGE 10, 65）など。

17)　同法においては，客観的理由がない場合にも，2年間まで有期労働契約の締結が許容されるとする例外等があり，全体として官吏法体系における有期規制よりも緩やかな規制となっているが，これらの位置付けも含め，以上については，早津・前掲注8)論文(3) 205頁以下参照。

18)　前掲注4)参照。

19)　連邦労働裁判所2006年10月18日判決（BAGE 120, 42）。同判決およびそれに至る経緯については，早津・前掲注8)論文(3) 211頁以下参照。

おいても，現代的な展開・発展を経た労働法を基礎とした規律が，公務労働従事者に対する雇用保障の下限を形成する形で有効に機能しており，日本の「非正規」公務員のような形での「法の狭間」は生じていない。

3　公務部門における労働条件決定の現代的展開

官吏については，官吏制度の基本理念を背景とする扶養原理に基づき，その経済的独立性を保障すべく，特殊な法的地位に応じた給与保障が観念される一方，労働条件の法定や忠誠義務の要請といった観点から，団結の自由（基本法9条3項）に基づく協約自治や争議権は制約される，と観念されてきた。[20]

他方，公務被用者については，民間労働者と共通する協約自治・争議権の保障が重要な位置付けを占めるとともに，現在では，「非正規」類型に対する不合理な不利益取扱いの禁止も定められている（パートタイム有期労働契約法4条）。このため，ドイツ公務部門における典型的な「非正規」類型については，労働条件決定の領域においても，一般労働法による規律が基礎とされている。

本稿との関係で指摘すべきは，日本と同様，基本的に，一律の協約自治・争議権の制約に服している官吏の議論についても，変化が生じている点である。

公務部門の労働条件決定については，特権的保障を享受する官吏の労働条件が非官吏にも協約自治等を通じて模倣されるという形で労働条件の「同化」がなされた旧来とは対照的に，協約自治・争議権の保障を享受する公務被用者の協約締結が先行し，それが官吏立法に承継される，という関係にあることが指摘されてきた。[21]もっとも，このような関係性は，従来は事実上のものであり，近年では，財政悪化等を背景に，法律による労働条件の一方的決定という官吏に対する法構造を利用することで，官吏を公務被用者よりも不利に扱おうとする実務が生じた。これに対し，ドイツでは，二つの新たな動向が生じている。

第一に，官吏の特殊な法的地位に鑑みた給与保障の実効化の流れである。旧来から，官吏に対する給与保障は，官吏制度の基本理念を実現するに足る，職

---

20)　連邦憲法裁判所1954年11月18日判決（BVerfGE 4, 96），同1958年6月11日決定（BVerfGE 8, 1），同2007年9月19日決定（BVerfGE 119, 247）など参照。

21)　Vgl. z. B. Otto Rudolf Kissel, Arbeitskampfrecht, 2002, §45 Rn. 8.

個別報告①

責に応じた処遇を要請する扶養原理を媒介に，協約自治・争議権制約の「代償」としても理解されてきたが，司法審査に際しては立法裁量が強調される傾向にあり，その実効性には疑問も呈されていた[22]。ところが，近年，連邦憲法裁判所は，具体的判断基準を明確化することで司法審査を実効化し，違憲判断を積極的に行うに至った[23]。そこでは，民間の動向を反映する公務被用者の協約内容との均衡が，法的にも重要な位置付けを占めることが確認されている[24]。

第二に，争議権論の再燃である。ドイツでは，公務被用者の協約自治との均衡を実現すべく，官吏（特に，州の運用等のために官吏と公務被用者が混在している教師）の争議参加もなされ，それに対する懲戒処分の当否が改めて問題となっている。この争議に勢いを与えたのは，集会・結社の自由と団結権を保障する欧州人権条約11条に基づき，公務部門を含めて団交権・争議権を原則的に承認し，職務の内容・性質等に応じた限定的な例外の余地のみを許容するに至った欧州人権裁判所の判例の展開であり[25]，ドイツでは，「身分」に応じて官吏に一律の争議禁止を課す国内法体系と，「職務」等に応じた例外的禁止の余地のみを許容する欧州人権条約との関係，また，双方の調和に向けた立法・解釈の在り方が問題となった。

この問題に関し，近時，連邦憲法裁判所は，官吏任用された教師の争議禁止は合憲である，との判断を示した[26]。ただし，その判断は，従来のものとは異なり，その正当化の論証において，官吏関係の法定や忠誠義務一般といった観点

---

22) このことは，以下にみる近時の動向につき，「『牙のない』扶養原理に『牙を与えた』」という表現が用いられていることにも表れている（Vgl. z. B. Ulrich Battis, Streikverbot für Beamte, ZBR 2018, S. 290）。

23) 連邦憲法裁判所2015年11月17日決定（BVerfGE 140, 240）。同決定の詳細については，早津裕貴「国家公務員の給与決定制度に関する検討─ドイツにおける近時の動向を踏まえて」人事院月報832号（2018年）14頁を参照。

24) このほか，連邦憲法裁判所は，一部の者のみを対象とする，財政状況と関連した時限的な給与減額につき，扶養原理（基本法33条5項）のほか，平等原則（基本法3条1項）にも言及のうえ，立法理由の不備に着目した違憲判断を行っている（連邦憲法裁判所2018年10月16日決定（NVwZ 2019, 152）参照）。

25) 欧州人権裁判所2008年11月12日大法廷判決（App. 34503/97, Demir and Baykara v. Turkey），同2009年4月21日判決（App. 68959/01, Enerji Yapi-Yol Sen v. Turkey）。

26) 連邦憲法裁判所2018年6月12日判決（ZBR 2018, 238）。

のみに拘泥するのではなく，終身任用や給与保障など，十全な保障的側面も表裏一体として形成される官吏の特殊な法的地位の実質的側面を強調するとともに，教育に関連した制度や権利との関係を踏まえ，教師の担うべき職責の特殊性を繰り返し強調しており，変化の兆しを見せている点が注目に値する[27]。

これは，国際法秩序における労働者の権利擁護の展開にも相応して，特殊例外的な法秩序には一定の変化ないし正当化が迫られていることを示している[28]。

ドイツ公務部門における労働条件決定においては，一方では，民間労働者と同様の規律を基礎とする労働条件決定が展開されると同時に，他方では，「公法」関係における形式的側面のみに拘泥することなく，特殊な官吏法体系の基本理念，また，協約自治・争議権制約の「代償」としての側面を適切に踏まえた給与保障の実効化が，民間の動向を反映した公務被用者の協約自治との均衡を重視する形でなされており，日本の「非正規」公務員のような形での「法の狭間」は生じていない。

4　小　　括

ドイツ公務員制度における官吏と公務被用者の身分的区分においては，確かに，法制度上，公法－私法ないしは任用－契約といった相違が前提とされている。しかし，先にみた具体的制度の分析によれば，現実には，それら観点の形式的側面のみには拘泥されておらず，現行基本法下における官吏法体系の現代的な基本理念を踏まえたうえ，担うべき職務の内容・性質に着目した区分を前提としつつ，官吏制度の基本理念を反映した特殊な法体系と，現代的な展開・発展を経た労働法体系，それぞれの規制理念に鑑みた保障体系が形成されていることが分かる。そして，それらは，雇用保障の領域においては，公務被用者に対する労働法による規律を基礎とした保障を下限としながら，特殊な法体系の基本理念に鑑みた，より強度の官吏に対する保障が存在するという形で，

---

27)　同判決は，近時の給与保障の実効化の流れを踏まえたものであるとの指摘も含め，vgl. auch z. B. Battis, a. a. O.（Anm. 22），S. 289 ff.

28)　Dazu vgl. auch z. B. Ulrich Battis, in: ders.（Hrsg.），Bundesbeamtengesetz Kommentar, 5. Aufl., 2017, Einl. Rn. 31, §4 Rn. 5, §5 Rn. 10.

個別報告①

　また，労働条件決定の領域においては，公務被用者の協約自治・争議権の行使を交えた労働条件決定を基礎としながら，それが制約される官吏については，特殊な法体系の基本理念，また，権利制約の「代償」としての側面に適切に鑑みた給与保障の実効化が，公務被用者の協約自治との均衡を踏まえつつなされるという形で展開しており，双方の法体系は，いずれかが過度に不利となることなく，相互に補完し合って機能している。

Ⅲ　日本法への示唆

　ドイツ法の検討からは，以下の三点において，日本法への示唆が得られる。
　第一に，公務労働従事者の担うべき「職務の内容・性質」への着目という観点である。日本でも，旧来から制定法においては，「非現業」と「現業」の区別がなされ，近時では明文がない場合にも，「正規」・「非正規」との関係で，「本格的業務」と「補助的業務」という区別が念頭に置かれている。[29] もっとも，ドイツとは対照的に，日本における職務の内容・性質への着目は，「非正規」公務員の現状に顕著に表れるように，権利・義務と一体となった法的地位の把握には十分結実せず，権利を制約する方向で作用する傾向にある。しかし，このような観点は，以下の二点とも密接に関連する形で，ドイツ法の区分を参考に，「特殊例外的規律・公務員法」と「原則的規律・労働法」の役割分担を吟味するうえでのメルクマールとして捉え直されるべきである。
　第二に，公務員法の基本理念の理解と，その法体系・法解釈への反映の在り方である。従来から公務員法は，「行政法」体系への包摂との関係で議論されてきたが，特に行政実務や司法判断においては，公務員関係における法定主義や立法・行政裁量，任用形式といった観点が重視される傾向にあり，公務員法体系の趣旨・目的や基本理念との関係が十分に考慮されてきたとはいい難いのが現状である。[30] しかし，憲法15条を頂点とする公務員法体系の全体構造の観察からは，成績主義を前提として，安定的・中立的な行政の実現のために公務員

---

29)　たとえば，前掲注４）掲記の判例のほか，総務省「地方公務員の短時間勤務の在り方に関する研究会報告書」（平成21年１月23日）を参照。

の独立性・中立性を保障する，という基本理念を読み取ることができる[31]。このドイツ法とも共通する基本理念の理解を基に，日本でも，「特殊例外的規律・公務員法」と「原則的規律・労働法」の役割分担に関する議論の精緻化，また，法の基本理念を適切に踏まえた，公務員法体系独自の雇用・給与保障に関する，より実質的な解釈論の確立ないし司法統制の実効化がなされる必要がある[32]。

　第三に，公務労働関係における労働法の位置付けである。ドイツでは，本来，官吏と労働者の法的地位は憲法規定ゆえに二分され，それゆえに法領域も排他的であることが前提とされているが，現実には，双方の法領域は補完的に機能し，一般労働法が公務労働従事者の法的地位の向上につき，重要な役割を果たしている[33]。他方，日本では，本来，ドイツよりも柔軟な形で，憲法構造上，「公務員」もまた「労働者」であって，それに応じた保障を享受するのが原則であり（憲法27条，28条），その地位の特殊性に応じ，一定の特殊例外的な規律がなされる（憲法15条）と観念されてきた[34]。このような原則・例外関係を規定する憲法構造を改めて踏まえれば，日本の公務労働関係における労働法の位置付けに関しては，公法－私法ないし任用－契約のような形での峻別論に拘泥するのではなく，双方の法領域が必ずしも排他的なものではないとの前提に立ったうえで[35]，公務員法体系における諸規律の趣旨・目的や，その公務労働従事者の担うべき職務の内容・性質との関係性等を適切に勘案し，労働界において

---

30)　たとえば，前掲注4）掲記の判例のほか，国（国家公務員・給与減額）事件・東京高判平28・12・5労判1169号74頁（最二小決平29・10・20判例集未登載で上告棄却・不受理，確定）参照。

31)　早津・前掲注8）論文(4) 366頁以下参照。

32)　最二小判平24・12・7刑集66巻12号1337頁，同1722頁の千葉勝美裁判官補足意見においても，憲法の趣旨や公務員制度の体系的な理念等を踏まえた公務員法の解釈が説かれている。日独比較を踏まえた期限付任用との関係における雇用保障の実効化については，早津・前掲注8）論文(4) 377頁以下，および，早津裕貴「公務部門における『非常勤職員』の有期規制に関する検討」労旬1927=28号（2019年）68頁を，一般的な給与保障の実効化については，早津・前掲注23）論文を参照。

33)　Dazu vgl. auch z. B. Battis, a. a. O. (Anm. 28), §5 Rn. 9 ff.

34)　判例として，全農林警職法事件・最大判昭48・4・25刑集27巻4号547頁。

35)　同様の見地を示すものとして，たとえば，西谷敏『労働法〔第2版〕』（日本評論社，2013年）28-29頁参照。

個別報告①

原則的な保障を提供する一般労働法における個々の規律を排斥するに足る実質的な正当化根拠の有無や，双方の規律の併存可能性，ないし，公務員法上の規律を，一般労働法による規律を基礎とした，一定の上乗せ的な規律と捉える余地について，再検証を行うことが必要である[36]。

[附記]　本稿は，科学研究費若手研究「非典型公務労働従事者の法的地位に関する日独比較法研究」（課題番号18K12649）に基づく研究成果の一部である。

（はやつ　ひろたか）

---

36)　雇止め法理や均衡処遇等につき，早津・前掲注 8 ）論文(4) 382頁以下，また，「公務員」性自体を問う方向性につき，下井・前掲注 7 ）書296頁以下参照。

フランスの企業再構築にかかる
法システムの現代的展開

細　川　　　良

(青山学院大学)

I　は じ め に[1]

1　フランスにおける企業再構築にかかる法制の展開

　フランスにおいて企業が経営上の理由から企業組織および人員の再構築（い
わゆるリストラクチャリング〔restructuration〕）を行う場合の法規制については，
従来は経済的事由による解雇に関する規制[2]が中心であったのに対し，近年では
労働契約の（不利益）変更にかかる立法がなされるようになってきている[3]。

　すなわち，2000年代までにおけるフランスにおける企業再構築にかかる法制
を見ると，第一のメルクマールとして，経済的事由による解雇に関する1975年
1月3日の法律[4]により，経済的解雇にかかる制度が確立された[5]。具体的には，

---

1)　本稿の執筆にあたっては，本文および脚注で明記するもののほか，主として Jean-
　Emmanuel Ray, La mobilité du salarié, Wolters Kluwer, 2014; Frédéric Géa, Un
　nouveau droit du licenciement économique ?, RDT 2017. p. 636; Le plan de suavegarde
　de l'emploi sous l'empire de la loi relative à la sécurisation de l'emploi, RDT 2014. p.
　549; Le droit du licenciement économique à l'épreuve de la sécurisation de l'emploi, Dr.
　soc. 2013. p. 210; Frédéric Dieu, Plan de sauvegarde de l'emploi: les critères d'ordre des
　licenciements peuvent être fixés par un accord collectif d'entreprise, RDT 2017. p. 701;
　Arnaud Mias, Quelles négociations collectives dans les entreprises ?, RDT 2017. p. 317
　等を参照したほか，筆者がフランスにおいて実施した労働組合および使用者（団体）からの
　聞き取り調査の内容によっている。なお，紙幅の都合上，脚注は必要最小限のものにとどめ
　ていることをお断りしておきたい。
2)　以下，単に「経済的解雇」と記す。
3)　以下，本稿では，こうした経済的解雇に関する法制と（経営上の理由に基づく）労働契
　約の（不利益）変更に関する法制をあわせて，企業再構築にかかる法制と称する。

個別報告②

経済的解雇について，企業委員会に代表される従業員代表者への意見聴取が制度化されるとともに，経済的解雇に関する行政許可制が創設された[6]。第二のメルクマールは1989年8月2日の法律による改正である。同改正では，経営難の企業において，「社会計画（plan social）」制度を創設することで，経済的解雇に対する手続的規制を確立した。同制度は，その後のいくつかの改正を経て，2002年1月17日のいわゆる労使関係現代化法[7]によって，「雇用保護計画（plan sauvegarde de l'emploi）」[8]として確立し，フランスにおける現在の集団的経済的解雇にかかる手続の中核をなしている。

このようにして経済的解雇に関する法制として確立されたフランスの企業再構築にかかる法制は，2002年法以降，細かい改正はなされたもののしばらくは大きな改正が見られなかった[9]が，2010年代に入るとふたたび大きな改正が立て続けに行われている。すなわち，2013年6月14日のいわゆる雇用安定化法，2016年8月8日のいわゆる El Khomri 法，さらには2017年に誕生した Emmanuel Macron 政権による改正（2017年9月22日の Ordonnance Macron）[10]がなされ

---

4) 解雇についての一般的な法規制を定めた1973年7月13日の法律が，経済的解雇については独自の法制度に服することとしたことを受けての立法であり，社会的にはオイルショック等による対応として立法された側面がある。同法律については，Jean Pélissier, Les licenciements pour motif économique, D. 1975 Chron. 135 等を参照。また，フランスにおける解雇法制一般およびその歴史的変遷については，野田進『労働契約の変更と解雇』（信山社，1997年）においてきわめて詳細な検討がなされている。

5) なお，経済的解雇について普通解雇とは異なる独自の概念であることについては，1973年法以前から判例によって示されていた（Gilles Auzero, Dirk Baugard et Emmanuel Dockès, Droit du travail, Dalloz, 31ᵉ édition, 2017, p. 579）。

6) ただし，この行政許可制は，多くの問題を引き起こすこととなり，1986年7月3日の法律および1986年12月30日の法律によって廃止された。

7) 以下，単に「2002年法」とする。

8) この時期におけるフランスの経済的解雇法制の展開については，川口美貴「フランスにおける経済的解雇法制の新展開」季刊労働者の権利245号（2002年）55頁以下，同「経営上の理由による解雇規制法理の再構成」日本労働法学会誌98号（2001年）29頁以下等に詳しい。

9) ただし，この時期の改正については漸進的ではあるものの，経済的解雇に関する手続的規制を緩和する内容を含んでいた点には留意する必要がある（G. Auzero, D. Baugard, et E. Dockès, op. cit., p. 580.）。

10) 以下それぞれ単に「2013年法」，「2016年法」，「2017年法」とする。

ている。[11]

　この2013年以降の立法を見ると，第一に，経済的解雇に関する法規制について，労働組合の手続に対する関与が強調されるようになったこと，第二に，企業の経営上の理由を背景とした，労働条件変更についての新たな手法が導入されたことが大きな特徴として挙げられる。そこで，本稿ではこれらの2010年代に入っての企業再構築にかかる法制度の展開について，上記２つの特徴を踏まえてその内容を整理したうえで，2000年代までの状況と比較しつつ，なぜこれらの改革が実現するに至ったのか，特にこの間の集団的労使関係システムおよびその実態の展開，またフランスの企業における人事管理の変容にも着目しつつ検討する。

２　構　　成

　本稿はフランスにおける企業再構築にかかる法システムについて検討するものである。それは，大きく分けて経済的解雇に関する法システムと，経営上の理由による労働条件の変更に関する法システムに整理される。以下，Ⅱにおいては，フランスにおける経済的解雇（1），経営上の理由による労働条件の変更（2）のそれぞれについて，従来からの基本的なシステムを確認したうえで，2010年代における改革の内容とその特徴を整理する。そして，Ⅲにおいては，2010年代におけるフランスの企業再構築にかかる法システムの変容が実現された背景について，とりわけ，集団的労使関係にかかるシステムの変化（1），フランスの企業における人事管理のあり方の変化（2）の視点から検討する。

11）　これら，2010年代に入っての労働法改革については，すでに個別の立法についてこれを紹介・検討する論稿が示されている。たとえば，2013年法については柴田洋二郎「フランスにおける2013年雇用安定化法─フランス型フレキシセキュリティ」季労247号（2014年）47頁以下，細川良『フランスにおける解雇にかかる法システムの現状（労働政策研究報告書No. 173）』（労働政策研究・研修機構，2015年）94頁以下，2016年法については野田進＝渋田美羽＝阿部理香「フランス「労働改革法」の成立─労働法の「再構築」始まる」季労256号（2017年）126頁以下，2017年法については，野田進「マクロン・オルドナンスによる労働契約法の改革─不当解雇の金銭補償，工事・作業契約，集団的約定解約」季労260号（2018年）127頁以下，古賀修平「2017年労働法改革と労働契約終了法制」労旬1908号（2018年）19頁以下などがある。

個別報告②

Ⅱ　フランスにおける企業再構築にかかる法システムの変容

1　経済的解雇法制

（1）従来からの制度[12]　　まず，フランスにおける経済的解雇法制の基本構造を簡単に確認する。経済的解雇法制は，実体的規制と手続的規制から成り，実体的規制については，普通解雇と同様，「現実かつ重大な事由」の存在が解雇の正当化要件である。ただし，不当解雇とされた場合でも，フランスにおいては原則として不当解雇補償金等の金銭補償によって解決される（＝解雇無効とはならない）点に留意する必要がある。手続的規制については，解雇の規模等に応じてそれぞれに手続が定められ，とりわけ集団的な経済的解雇については，「雇用保護計画」の策定等の手続が義務付けられている。労働者時間の削減等の雇用削減の回避措置，企業内再配置による解雇回避措置等の雇用を維持する措置に加え，職業教育，求職支援等の企業外再配置（再就職）支援措置が組み合わされ，退職による不利益の緩和が図られている。そして，重要な点として，これらの手続に瑕疵があるとされた場合，経済的解雇の手続きそのものが無効となり，結果として解雇が無効となるという強力な効果が生じることが挙げられる。実際上は，手続を再度履行することが必要になるのであり，解雇の実施が先送りされるにとどまる。しかし，労働者にとってはこれにより解雇による不利益に備えることが可能になる一方，使用者としては手続の長期化を招くリスクを負うこととなる。

（2）2010年代における展開　　経済的解雇にかかる法システムの2010年代における改正としては，2013年法による改正[13]が重要である。同改正においては，「雇用保護計画」を基礎とした手続的規制の構造そのものは維持したものの，その作成手続について新たな方式を導入した。すなわち，第一に，「雇用保護計画」は，従来は企業委員会等の従業員代表者の意見聴取をしたうえで，使用

---

12)　フランスにおける経済的解雇法制の概要については，細川・前掲注11)書50頁以下に整理されている。

13)　同改正の詳細な内容は，柴田・前掲注11)論文，細川・前掲注11)書94頁以下等を参照。

者が定めるとしていたのに対し，従業員の過半数の支持を有する1または複数の代表的労働組合との協定を締結する方式を採用することが可能となった。第二に，作成された「雇用保護計画」について，行政による「認可」ないしは「認証」の手続が導入された。第三に，手続に要する期間，不服申立に関する期間が明記されることとなった。

その後，2017年法においては，2016年法に続き，「経済的解雇」の定義の明確化が図られるとともに，主として多国籍企業を念頭に，国際的企業内再配置義務の範囲を限定する改正がなされた。それと同時に，2017年法により導入された重要な制度として，「集団的合意解約」制度が挙げられる。これは，企業別協定によって集団的な労働契約の合意解約が締結された場合，これに応募した退職者との労働契約の解約については，解雇には当たらないとされ，経済的解雇にかかる手続的規制が不要となるというものである。

2　経営上の理由にもとづく労働条件の変更

(1)　従来からの制度　　フランスにおいては，伝統的に契約の相対効の原則（民法典1165条）が重視され，労働者と使用者との集団的な合意は，個別の労働契約を書き換えることはできないとされてきた。すなわち，フランスでは日本と異なりそもそも就業規則（règlement intérieur）によって賃金，労働時間等の労働条件について定めることができない。そして，労働協約と個別の労働契約との関係については，伝統的には有利原則（principe de faveur）が適用され，労働協約の変更により，個別の労働契約の内容を不利益に変更することはできないとされてきた。さらに，使用者から提案された労働契約の変更を拒否したことは，直ちには正当な解雇理由にならないとされてきた。[15]

(2)　2010年代における展開　　(1)で述べた伝統的な法理について，その修正の端緒となったのは，2013年法で導入された雇用維持協定（accords de main-tien de l'emploi）である。同協定は，雇用を維持することと引き換えにして，

---

14)　同改正の詳細な内容は，野田・前掲注11)論文，古賀・前掲注11)論文等を参照。

15)　労働契約の変更を契機とした解雇をめぐる問題についての理論展開は，野田・前掲注4)書に詳しい。

個別報告②

労働条件の不利益な変更を行うことを内容とする企業別協定であり，同協定にもとづく労働契約の変更の拒否は，経済的解雇事由となるとされている。もっとも，同協定の締結は，第一に，景気の悪化による重大な経営難の場合に限られること，第二に，時限的措置として期間の上限が定められ，当該期間中，協定に反する労働契約の内容が一時的に停止するに過ぎないとされること，第三に，変更の拒否は経済的解雇事由になるものの，それが「現実かつ重大な事由」に該当するか否かについての実体的要件の審査があることなど，その射程は限定的なものであった。[16]

これに対し，2016年法で導入された雇用保護発展協定（les accords de préservation ou de développement de l'emploi）は，集団的合意による個別契約の不利益な変更の可能性について，これを大きく推し進めることとなった。すなわち，第一に，その締結が経営難の場合に限らず，雇用の保護ないし発展に資する場合であれば可能であるとされ，経営戦略的な視点から協定の利用が可能となった。第二に，有効期間についての制限がなく，協定の効果としてこれに反する労働契約は協定の内容に置き換えられることとされている。[17]第三に，同協定にもとづく労働契約の変更の拒否は，解雇の「現実かつ重大な事由」を構成するとされ，協定にもとづく労働契約の変更を提示された労働者は，事実上，労働条件の不利益な変更を受け入れるか，解雇されるかの二択を迫られることとなる。同協定は，解雇を背景として集団的合意にもとづく個別の労働契約の変更を強いることができる制度と言えよう。

そして，2017年法は，従来から存在した雇用維持協定，雇用保護発展協定，企業内異動協定（accord de mobilité interne）について，労働契約の集団協定に対する優越の例外をなす「集団的成果協定」（accord de performance collective）として再定義される[18]とともに，その利用事由について，企業運営に関する必要

16) この意味で，労働者は協定で定められた労働条件変更についてこれを拒否する余地があり，集団的決定による個別の労働契約の不利益な変更を当然に強いるものではない。
17) この点に関連して，野田進「フランス「雇用維持発展協定」のインパクト―労働改革法の実験場」法政研究84巻3号（2017年）は，雇用維持協定が「雇用の保護」の章におかれていたのに対し，雇用維持発展協定は「労働協約・労使協定と労働契約の関係」を規律する章におかれていることを重要な理論的特徴として指摘する。

性への対応という幅広い状況において締結することが可能とされている。

3 小 括

　以上，2010年代における企業再構築にかかる法システムの展開について概観したが，その特徴として，いくつかの点を挙げることができる。

　第一に，従来，経済的解雇法制を中心に，企業委員会等の従業員代表者に対する意見聴取を経たうえでの，使用者による雇用保護計画等の一方的決定を中心とした従来のシステム[19]から，企業別の集団協定，すなわち，企業における労使合意を手続の中心とする方向にシフトしていることが指摘できる。このことは，2013年法によって導入された，集団協定により作成された雇用保護計画については，従業員代表者に対する意見聴取を経た上での使用者による決定の場合と比べ，行政による審査が緩く形式面での審査にとどまるとされる点[20]に典型的に表れている。このように，集団協定による方式について労使による決定を尊重し，雇用保護計画にかかる手続の正当性にかかる予測可能性を高めることで，労使に対し，労使交渉による決定を促していると考えられる。また，2016年法および2017年法による雇用保護発展協定および集団的成果協定についても，それが使用者による一方的決定，あるいは個々の労働者との個別契約による逸脱（オプトアウト）ではなく，原則として使用者と労働組合との集団協定[21]によらなければならないとしている点には留意する必要がある。

　第二に，企業再構築にかかる法システムの中でも，とりわけ2016年法および2017年法において，経済的解雇によらない手法の創設がその中心となっている点が挙げられる。雇用保護発展協定や集団的成果協定は，労働契約の変更を受

---

18) 同協定の詳細は野田進「マクロン・オルドナンスによる団体交渉システムの改革（2・完）―集団的成果協定，企業交渉を支える制度枠組み」法政研究85巻2号（2018年）776頁以下に詳しい。

19) これに対し，たとえば経済的解雇については，1986年までは行政による審査，行政による許可制が廃止されてからは裁判所による審査を通じて正当性が判断されてきた。

20) G. Auzero, D. Baugard, et E. Dockès, op. cit., 653.

21) ただし，2017年法で導入されたレフェランダムによる協定の締結については，労働組合との協定ではなく労働者に直接働きかけるという点で問題をはらんでいる。この点については後述。

個別報告②

け入れなければ解雇が正当化されるとはいえ，一義的には解雇を回避するための労働条件の変更とも評価できないわけではない。また，2017年法によって導入された集団的合意解約の制度も，解雇とは異なる方法により企業の再構築を図る手段の1つと評価することができるだろう。

　この一連の改正は，それまでに積み重ねられてきたフランスにおける企業再構築にかかる法規制について，とりわけ使用者にとって手続の正当性にかかる予測可能性を高めることを意図していることも指摘できる。現に，2013年法の以前に，制度の複雑さに起因する手続の正当性にかかる予測可能性の問題は，使用者団体などからたびたび指摘されていたし，現に2013年法，2016年法，2017年法のいずれにおいても，立法過程で予測可能性の実現についてはたびたび言及されている。たとえば，2013年法による経済的解雇の改革について，手続を履行する期間が設定され，また雇用保護計画に対する不服申立について，その申立期間を1年間に限定したことなどはその典型といえる。このことは，むろん企業再構築にかかる法規制について，これを緩和する性質も有していた[22]といえる。

Ⅲ　法システムの変容の背景

　フランスにおける2013年法以降の企業再構築にかかる法システムの変容は，上記のとおり，手続の正当性にかかる予測可能性を高め，ひいては規制を緩和する性質を有していたことは明らかであり，その限りで，一連の改正は使用者側の要請を背景としたもの，あるいは経済政策の一環として行われたものとの評価も可能であろう。

　他方で，一連の改正の内容を見ると，それが実現された背景には，とりわけ2000年代から2010年代にかけての企業内の労使関係の変化（1），およびフランスにおける人材管理のあり方の変化（2）があると考えている。以下，これらの点について検討する。

---

22) Alexendre Fabre, Le licenciement économique et l'objectif de sécurisation, RDT 2013. p. 184.

1　企業内における労使関係の変容

　フランスにおける伝統的な労使関係・労働協約システムにおいては，産業レベルの労使・団体交渉がこれを担っており，企業内には原則として企業委員会等の従業員代表者が置かれるにとどまる（二元的労使関係システム[24]）。そして，経済的解雇の局面においては，使用者が一方的に解雇の実施（1989年以降は社会計画）を決定し，従業員代表者に対して提示される。したがって，そこに「交渉」の余地が入ることはなく，紛争が複雑化，長期化する傾向にあると考えられてきた。

　この状況に変化をもたらすきっかけとなったのは，1980年代のいわゆるオルー改革を嚆矢とする企業レベルの団体交渉の促進政策である。特に，2000年代に入ると，いわゆる「有利原則」の修正が始まり，企業レベルの集団協定による産業別協約や法律の規定の適用除外の余地が拡大していった。同時に，義務的の交渉事項がさらに拡大し，多くの事項について企業レベルでの団体交渉がおこなわれるようになる。とりわけ，大企業における雇用能力予測管理（GPEC[25]）協定の義務化は，企業の将来を含めた状況についての労使の情報共有，および企業の再構築にかかる事前協議や，予防措置等についての交渉が労働組合と企業との間でおこなわれるようになる。ルノーでは近年，「競争力協定（accord compétitivité）」と呼ばれる雇用の確保発展のための労働条件変更を伴う協定が締結されているが，その締結過程においては，企業委員会に対する意見聴取手続はごく形式的になされ，実際には労働組合とルノーとの間でその内容について交渉されるようになっている。

　さらに指摘しておくべき点として，2008年における労働組合の代表性をめぐ

---

23)　フランスの労使関係・労働協約システムとその変容については，細川良『現代先進諸国の労働協約システム―ドイツ・フランスの産業別協約（第 2 巻　フランス編労働政策研究報告書 No. 157-2)』（労働政策研究・研修機構，2013年），桑村裕美子『労働者保護法の基礎と構造』（有斐閣，2017年）参照。

24)　フランスの二元的労使関係に関する最近の論稿として，野田進「フランス労使関係法の展開過程―二元的代表システムの確立とその後の変容」季労257号（2017年）19頁以下。

25)　当該企業における経営および人材に関する戦略，およびそれに対応するための職業教育，再配置等についての協定。

個別報告②

る改革が挙げられる。すなわち，フランスにおいては団体交渉に参加し，労働協約を締結できるのは「代表的労働組合」に限られる。そして，従来は規模や財政などの指標から「代表性」が決定されるとしていたものの，実質的にはCGT，CFDT，FO，CFE-CGC，CFTCのいわゆる五大労組が無条件で「代表的労働組合」と認められ，これらの組合が実質的に労使関係をリードしてきた。しかし，2008年の改正により，企業委員会等の従業員代表を選出する，いわゆる職場選挙（élection professionnel）の結果にもとづき，一定の支持率を確保した労働組合のみが，「代表的労働組合」として認められることとなった。この結果，労働組合としては，団体交渉・労働協約の締結に参加し，組合として活動していくためには，企業内における従業員の支持を得ることが不可欠となったのである。すなわち，フランスの労働組合はこの点においても企業内における活動に重心を置くことが必要となったのである。

このようにして，フランスの労働組合は，企業レベルの交渉，協定の締結その他の企業レベルでの活動に積極的に関与するようになった（関与せざるを得なくなった）といえよう。

2　フランスにおける人事管理の変化[27]

2010年代のフランスにおける企業再構築にかかる法システムの変化にかかる特徴として，前述のとおり，経済的解雇とは異なり，労働条件変更等を実施する制度が創設されてきていることが挙げられる。その背景には，むろん解雇を実施することによる紛争の惹起を回避し，より容易な方法で企業再構築を実施

---

26)　労働組合の代表性をめぐる問題，および2008年法による改革については，小山敬晴「フランスにおける労働組合の代表性の機能とその正統性」日本労働法学会誌124号（2014年）181頁以下を参照。

27)　本節における記述は，筆者が2013年から2018年にかけて実施したフランスの使用者（使用者団体）および労働組合に対する聞き取り調査の内容に示唆を受けている。その内容の一部は，細川良「フランス―労働協約システムの歴史的形成と現代的展開」労働政策研究・研修機構編『現代先進諸国の労使関係システム』（2017年）81頁以下，西村純＝山本陽大＝細川良『現代先進諸国の労働協約システム―まとめと論点』（労働政策研究・研修機構，2016年），細川良『現代先進諸国の労働協約システム―フランスの企業別協約』（労働政策研究・研修機構，2015年）に収録されている。

することを求める使用者側の要求が存在することは無論指摘できよう。そのことに加え，フランスにおいてとりわけ2010年代に入ってからの人事管理のあり方の変化も，これらの制度の創設が要請された背景として存在する可能性が考えられる。

すなわち，フランスにおいては，従来，職種が現業労働者たる ouvrier，一般のホワイトカラー労働者たる employé，一般技術者たる technicien に加え職長クラスの agent-maître と呼ばれる非管理職層と，cadre および ingénieur と呼ばれる管理職および上級技術者層とに区分されてきた[28]。そして，非管理職層については産業別労働協約で定められた職業資格の等級表に，métier と呼ばれる職の単位を当てはめることで，労働者の職務および労働条件が決定される仕組みが採用されてきた。近年，しばしば用いられる表現を使うなら，「ジョブ型」の人事管理がなされてきたとも評価できよう。これに対し管理書・上級技術者層については，いわゆる幹部候補生としてゼネラリスト型の人材育成がなされてきた。

ところが，こうした人事管理のあり方は，2010年代に入ると，大企業を中心に変化を見せることとなる。すなわち，第一に，ouvrier の職務については，その多くがアウトソーシングの対象となり，直接雇用する労働者には ouvrier が存在しない企業が増加した[29]。これにより，employé および cadre 層の労働者に占める比重が大きくなっている[30]。第二に，cadre のみならず，employé 層についても，複数の職務をこなすことができる人材育成，人材確保が拡大しており，これに対応する形で，単なる職務内容による等級評価だけでなく，職務遂行による企業への貢献を等級評価の基準とする賃金等級表の導入が多くの産

---

28) 実際に労働協約で定められる賃金表を見ると，①ouvrier の賃金表，②employé, technicien, agent-maître（ETAM）の賃金表，③cadre および ingénieur の賃金表の3つ，あるいは①②（OETAM）に適用される賃金表と③に適用される賃金表の2つに分けられているものが多い。この典型が金属産業であり，金属産業の産業別労働協約では，従来から，管理職の協約と非管理職の協約が異なっている。

29) 筆者による調査の範囲ではあるが，たとえばSFR社に代表される通信業，AXA社に代表される保険業にこうした傾向が顕著に見られる。

30) なお，cadre が増加しているのは，みなし労働時間制度を適用することを目的としているケースも少なくないことは付言しておく。

個別報告②

業・企業で進められている[31]。こうした動きの背景には，人手不足を背景とした
人材確保の必要性，および経済状況の変化が一層加速している中で，企業内労
働市場における流動性を確保する必要があることが考えられる。2010年代にお
ける企業再構築法制の変容にあたって，労働契約の変更の仕組みが積極的に創
設されることとなった背景として，こうした人事管理のあり方の変化が存在す
る可能性もありえよう[32]。

Ⅳ　お わ り に

　2013年法にはじまるフランスの企業再構築にかかる法システムの変容は，経
済的解雇などの企業再構築にかかる手続きを明確化，簡略化し，規制を緩和す
る側面があることはすでに指摘されているとおりである。

　このことに加え，筆者なりにその特徴と背景を捉えるとするならば，まず，
企業レベルの労働組合との集団協定が中心を占めていることが指摘できよう。
そして，その背景には，1980年代以降続けられてきた，フランスの企業レベル
における労使対話の促進，とりわけ，2000年代の諸改革により，労働組合が企
業レベルでの使用者との交渉等に積極的に関与できるようになった一方，企業
レベルの交渉や協定の締結に取り組まざるを得ない状況となったことが，結果
として2010年代における企業レベルの集団協定を中心とした企業再構築にかか

---

31)　たとえば，金属産業においては，従来は分かれていた管理職の協約と非管理職の協約を
　統一し，下位職制を salarié，上位職制を manager としたうえで，等級の評価に職務遂行に
　よる企業への貢献（具体的には，職務の複雑さ（複数の職務をこなせること等），知識，自
　律性（上司の指揮監督を逐一受けることなく職務を遂行できること等），職務遂行を通じた
　企業への貢献，協調性，コミュニケーション能力という6つの指標を用いるとしている）を
　盛り込んだ形での賃金表の導入を進めている（筆者が実施した UIMM フランス金属産業連
　盟での調査に基づく。なお，2018年11月23日に UIMM が公表した声明 'Nouvelle classificat-
　ion des emplois: une opportunité pour tous' において，この新たな仕組みの趣旨が簡単に
　ではあるが説明されている）。
32)　もっとも，このような可能性は，筆者が実施した調査の範囲から推測できる段階に過ぎ
　ない。フランスにおける賃金制度・人事管理のあり方は産業の違いおよび企業規模の違いに
　より多様であることも踏まえ，ここで指摘した可能性がどこまで一般性をもちうるのかにつ
　いての検証は今後の課題としたい。

るシステムにつながっていったとも評価できよう。2016年法による企業別協定が優先する旨の集団的労使関係規範の階層の修正は，こうした流れの帰結としておこなわれたものとも評価できようし，そのことは一連の企業再構築にかかる集団協定を中心としたシステムの構築と不可避的に結びついているといえよう。

　このようなシステムは，企業における労働組合が使用者に対して十分な交渉力を有する場合には，むしろ積極的に評価することも可能であろう。但し，以下の二点が課題として挙げられる。すなわち，第一に，同一産業内における企業間格差のさらなる拡大の恐れがある点である。すでに，80年代から2000年代にかけての企業別交渉の促進の結果，現状においても，大企業は産業別労働協約より高い，独自の賃金システムを確立するに至っており，その限りで産業別労働協約はもはや最低基準としての機能しか有していないのが実情である。加えて，今後，積極的な経営戦略としての企業再構築，その他の協定が積極的に交渉され，締結される企業と，そのようなことがおこなわれないままにある企業との格差がさらに拡大する恐れがあるといえよう。第二に，2016年法によって導入されたレフェランダムの問題が指摘できる。すなわち，労働組合が協定について交渉する場合については，一定の交渉力を期待することができようが，レフェランダムによる方式は，使用者と個別の労働者が，直接的に接触関係に入ることとなり，とりわけその利用が想定されている小規模企業においては，労働者が協定案の賛否について自律した判断をするのは困難が生じることが多く考えられよう。

　最後に今後の注目しておくべき点として，集団的競争力協定などの経営上の理由による労働契約の変更の仕組みがどのように活用されていくか，という点を挙げておきたい。私見によれば，こうした制度がこの間に大きく進められたのは，フランスにおける人事管理の変容とも深く関係していると考えられるためである。であるとするならば，これらの制度がいかように用いられ，あるいはさらなる拡大が図られる可能性についても注目していく必要があるように思われる。

（ほそかわ　りょう）

アメリカにおける労働組合の「市民団体的」プレッシャー活動
——その憲法的保護の歴史的変遷——

藤 木 貴 史

（帝京大学）

I　はじめに

1　本稿の問題関心

　本稿が焦点を当てるのは，特定企業の枠を超えてなされる，組合の「市民団体的」プレッシャー活動である[1]。労働組合も，市民団体と同様の手法——例えば公道上でのデモ活動，ビラ配布，ボイコットの呼びかけ等——を通じ，企業にプレッシャーをかけることがある。これらの活動は，直接には通行人や地域社会に向けられているが，企業にも間接的に影響を与えようとする点に特徴がある。差別是正や雇用確保等の「企業の社会的責任（CSR）」を果たすよう，企業の行動を市民が随時監視・モニタリングしていくうえで[2]，労働組合の「市民団体的」プレッシャー活動が果たす役割は大きいと思われる。

　通説的理解によれば，組合によるプレッシャー活動に対する法的保護は，「言論の自由（憲法21条）による保護を受けるにすぎない一般の街宣活動よりも広くなる[3]」はずである。しかしながら，労働組合の「市民団体的」プレッシャー活動に対し，日本の裁判所は必ずしも十分な保護を与えているようには思われない。例えば，破産手続が開始された会社の従業員が組合に加盟し，資本

1）　「プレッシャー活動」の概念は，道幸哲也『労働組合法の基礎と活用』（日本評論社，2018年）179頁等を参考にした。

2）　毛塚勝利「企業統治と労使関係システム」石田眞＝大塚直編著『労働と環境』（日本評論社，2008年）62頁。

3）　名古道功「労働組合による街宣活動の正当性」労旬1778号（2012年）8頁。

関係のある関連会社に対し，関連会社前の公道や最寄駅において，解雇された従業員を雇うよう求める横断幕の掲示や演説を行い，また関連会社の取引先へ事実経過を記した文書を送布した事案につき，東京高裁の判決は当該組合活動の正当性を否定し，使用者による損害賠償請求を認容した。同判決は，当該組合活動の信用毀損性を容易に肯定したうえで，「直接には労使関係に立たない者」に対する「団体行動については，〔中略〕団体行動を受ける者の有する権利，利益を侵害することは許されないものと解するのが相当である」と判示している。憲法上の権利の行使が，相手方の権利・利益を侵害する限り認められないのだとすれば，憲法上の権利を保障した意味がないのではないだろうか。この例は，憲法条項を視野に入れながら，組合の「市民団体的」プレッシャー活動に対する法的保護を理論的に検討する必要があることを示している。

2　本稿の目的──アメリカにおける「市民団体」的プレッシャー活動の研究

この点を考えるうえで有益と思われるのは，アメリカ労働法の動向，特に労働法学者らの研究動向である。アメリカ労働法は，日本以上に，労働組合のプレッシャー活動を大きく制約している。しかしアメリカの労働法学者らは，かかる制約を批判し，組合によるプレッシャー活動を保護するための理論を構築しようとしているからである。

アメリカにおいて《ピケッティング》とは，「ある法主体の活動や方針に抗議し，かつ当該法主体に対し要求を実現するよう圧力をかける目的で，一人以上の人により事業や組織の外部でなされる，デモンストレーション」とされ，争議時の職場封鎖のみならず，公道上でのデモ活動やボイコットの呼びかけ等の「市民団体的」プレッシャー活動を広く含んでいる。しかしアメリカ法は，「組合による不当労働行為」を禁止し，一定の類型の組合活動を法律によって

4）　フジビグループ分会組合員ら（富士美術印刷）事件・東京高判平28・7・4労判1149号16頁〔上告棄却・上告受理申立不受理〕。

5）　*See,* BLACK'S LAW DICTIONARY, 1332 (10th ed. 2014). 但し，ビラ配布は，労働組合が主体となる場合も市民団体が主体となる場合と同程度の保護を受けており，本稿の対象外である。*See,* Edward J. DeBartolo Corp. v. Fla. Gulf Coast Bldg. & Const. Trades Council, 485 U. S. 568 (1988).

個別報告③

制限してきた。なかでも、特定の場合に組合による《ピケッティング》を禁じる不当労働行為の条項は、使用者が組合の「市民団体的」プレッシャー活動を法的に攻撃する際にしばしば用いられている。

それにもかかわらず、アメリカの労働組合は、「市民団体的」プレッシャー活動を用いて企業に積極的に働きかけ、ときには企業から譲歩を勝ち取ることに成功している。学説も、組合の当該活動に対して——市民団体のプレッシャー活動との比較の視点から——連邦憲法第1修正による保護が及ぶ可能性を探っている。したがって、アメリカにおいて《ピケッティング》を制約する立法・判例法理がいかなる経緯で登場したのかを歴史的に明らかにしたうえで、アメリカ労働法学説が、歴史的に形成された当該制約を打破するためにどのような理論を模索しているのかを考察することは、日本にとっても参考になると思われる。

以下では、アメリカにおける労働組合および市民団体による《ピケッティング》に対する法的規律を、特に連邦憲法第1修正が与える「言論の自由」の保護に着目して、比較・分析する。あらかじめ結論を述べるならば、労働組合が主体となる《ピケッティング》は、市民団体が主体となるそれよりも、連邦憲

---

6) 29 U. S. C. §158(b)(4) & (7) (2017).

7) *See, e.g.*, Ealison & Knuth of Ariz. Inc., 355 N. L. R. B. 797 (2010); Sheet Metal Workers Int'l Ass'n, Local 15 v. NLRB, 491 F. 3d 429 (D. C. Cir. 2007); Kentov v. Sheet Metal Workers Int'l Ass'n, Local 15, 418 F. 3d 1259 (11th Cir. 2005).

8) *See, e.g.*, Catherine Fisk & Jessica Rutter, *Labor Protest Under the New First Amendment*, 36 BERKLEY J. EMP. & LAB. L. 277, 279-280 (2015).

9) アメリカ連邦憲法は、日本国憲法28条に相当する規定を持たない。しかし、このことは、アメリカ法を検討する意義を減じるものではない。組合の「市民団体的」プレッシャー活動が、「表現の自由」によりどのように保護されるのかを検討することは、将来的な日本法の検討にとって重要となるからである。

10) 一般にアメリカ連邦憲法第1修正の保護は、純粋言論（pure speech）のみならず、表現的行為（expressive conduct）にも及ぶと理解されている。連邦最高裁は、ある行為が「言論」の形態を取るというだけで第1修正による保護をただちに認めているわけではない（*See, e.g.*, U. S. v. O'Brien, 391 U. S. 367 (1968)）。しかし、連邦最高裁は1960年代以降、市民団体による《ピケッティング》を表現的行為とみなし、第1修正による保護が及ぶことを認める傾向にある。樋口範雄『アメリカ憲法』（弘文堂、2011年）325-326頁。

法第 1 修正により保護される程度が弱い。その理由と（Ⅲ），それを克服する
学説の試み（Ⅳ）を紹介することが，本稿の目的である。

Ⅱ　法的保護の論理についての概念整理

《ピケッティング》に対する法的保護の歴史的分析に先立ち，労働立法や，
連邦憲法第 1 修正に関する連邦最高裁判例を分析するための概念を整理しよう。
およそプレッシャー活動が法的に保護されるのは，当該活動が公共の利益に資
するからであろう。筆者の見るところ，公共の利益の理解の仕方には，2 つの
類型がある。①利益集団多元主義型の理解と，②共和主義型の理解である[12]。
　利益集団多元主義型の理解によれば[13]，公共の利益とは，私的利益の算術的総
和である。市民社会には多様な私的利害が存在している。市民社会の統治とは，
これらの私的利害を「集積」し，「調整」することにほかならない。この理解
の下でも，労働組合のプレッシャー活動を肯定的に評価することは不可能では
ない。しかし，Ⅲで述べる通り，アメリカ法の歴史においてこの考え方は，労
働組合の利益もまた他の私益と調整されるべきであるとの理解につながり，プ
レッシャー活動を否定的に評価するための論理として機能した。
　これに対し，②共和主義型の理解によれば[14]，公的関心事についての討論を通
じ，他人が理性的に受容できる結論を得られて初めて，公共の利益は実現する。

---

11)　連邦憲法第 1 修正は「言論の自由」・「結社の自由」を基本的権利として保障している。
　　これを侵害する立法は無効となり，民・刑事免責も認められる。

12)　この整理は，阪口正二郎「リベラリズムと討議民主政」公法研究65号（2003年）117-
　　118頁等を参考としている。

13)　利益集団多元主義については，早川誠『政治の隘路―多元主義論の20世紀』（創文社，
　　2001年）第 2 章および第 3 章参照。また，加茂利男＝大西仁ほか『現代政治学〔第 4 版〕』
　　（有斐閣，2012年）247頁。

14)　共和主義については，成澤孝人「立憲民主主義と共和主義」樋口陽一＝中島徹＝長谷部
　　恭男編『憲法の尊厳―奥平憲法学の継承と展開』（日本評論社，2017年）55頁。また，井上
　　彰「共和主義とリベラルな平等」佐伯啓思＝松原隆一郎編著『共和主義ルネッサンス』
　　（NTT出版，2007年）67頁，大森秀臣『共和主義の法理論―公私分離から審議的デモクラ
　　シーへ』（勁草書房，2006年）。

個別報告③

私的利益の集積・調整により公共の利益を保つことはできない。市民社会の統治に市民が積極的に関与し，市民の自由（＝支配の不存在）[15]を達成することが，公共の利益の実現には不可欠である。この共和主義型の理解は，「言論の自由」保障の文脈においては，しばしば「自己統治」という言葉で論じられている。この理解は，アメリカ労働法の歴史において部分的に見られるにとどまる。しかしⅣで述べるように，アメリカ労働法の有力な論者らは，この理解が組合のプレッシャー活動を保護するうえで重要であることを指摘している。

Ⅲ　歴史的変遷

1　第 1 期（1935年‒1947年）

1935年に制定されたオリジナルの NLRA（以下，ワグナー法）[16]は，第 7 条において，相互保護・相互扶助を目的とする「協同行動（concerted activities）」の権利を，アメリカ法上初めて被用者に保障した。しかし，ワグナー法が協同行動の権利を保障した理由は，必ずしも明らかではない。政治学におけるニューディール研究は，ワグナー法が明確な思想的根拠に基づいたものというより，民衆の経済的利益の向上というプラグマティックな目標を実現するためのものであったこと，したがって同法の制定は，利益集団多元主義型の理解に基づくアドホックな政策の一環と考えられることを指摘している[17]。もっとも，同法制定を主導した人々は，職場における民主的自己統治の促進という理想をもっていた[18]。しかし，ワグナー法の立法趣旨は，立法指導者らの共和主義的理想を全面的に反映した明確なものではなく，多様な解釈を許す曖昧なものであっ

---

15) Philp Pettit, Republicanism: A Theory of Freedom and Government, 51 (Oxford University Press, New York: U.S., 1997).

16) National Labor Relations Act, Pub. L. No. 79‒198, 49 Stat. 449 (1935). 同法には，組合による不当労働行為を禁じる規定は存在しなかった。

17) 紀平英作『ニューディール政治秩序の形成過程の研究』（京都大学学術出版会，1993年），砂田一郎「『理念の民主政』と『利益の民主政』」武蔵野法学 3 号（2015年）49頁等。

18) See, e.g., James A. Gross, Rights, Not Interest: Resolving Values Clashes Under the National Labor Relations Act, 16 (Cornell University Press, Ithaca: U.S., 2017).

た。そのため，利益集団多元主義型の理解が基調となったことは否定しえず，
組合の《ピケッティング》を保護する論理も不明瞭だった。

　組合の《ピケッティング》を明確な法的論理によって保護する道を開いたの
は，立法府ではなく司法府であった。例えば1940年の判決において，連邦最高
裁は，《ピケッティング》が言論であることを理由に，連邦憲法第1修正の保
護を受けると判断し，当該行為に従事した労働者に対する有罪判決を破棄した。
注目されるのは，連邦最高裁が，《ピケッティング》の保護が重要である理由
を「自己統治」の論理に求めた点である。連邦最高裁によれば，言論の自由は，
「公的関心事（matters of public concern）」全てに及ぶ。公的関心事についての
討論を通じてアメリカ社会は強くなってきたのであり，労働条件に関する問題
は，現代の「産業社会」をどう形成するかをめぐる公的関心事である，とされ
た。経済的領域は，市民社会の一部たる「産業社会」であり，理性的言論によ
り統治されねばならない，という連邦最高裁の考え方を40年判決から読み取る
ことができよう。この時期の連邦最高裁は，公共の利益についての共和主義型
理解に基づき，《ピケッティング》に憲法的保護を与えたのだった。[21]

2　第2期（1947年 - 1959年）

（1）労働組合の《ピケッティング》　　しかし1947年以降，立法府および司
法府は，組合の《ピケッティング》への保護を否定する方向に舵を切った。連
邦議会は，1947年のタフト・ハートレー法により NLRA を改正し，一定の組
合活動（例えば組合が二次的使用者に対し行う《ピケッティング》等）を，組合によ
る不当労働行為として禁止するようになった。同法は，反組合的姿勢において，

---

19)　Karl E. Klare, *Judicial Deradicalization of the Wagner Act and the Origins of Modern Legal Consciousness, 1937-1941,* 62 MINN. L. REV. 265, 290 (1977).

20)　Thornhill v. Alabama, 310 U. S. 88 (1940).

21)　*See, also,* Bakery & Pastry Drivers & Helpers Local 802 v. Wohl, 315 U. S. 769 (1942)；Cafeteria Employees Union, Local 302 v. Angelos, 320 U. S. 293 (1943). 但し暴力が伴う場合，憲法的保護は否定された。*See, e.g.,* Milk Wagon Drivers Union of Chicago, Local 753 v. Meadowmoor Dairies, Inc., 312 U. S. 287 (1941).

22)　Labor-Management Relations Act, 1947, Pub. L. No. 80-101, 61 Stat. 136 (1947).

個別報告③

ワグナー法と明確に断絶している。この法政策変化の背景には，戦後直後の経済的混乱や，使用者団体による事実とはかけ離れたプロパガンダによる，反組合的世論の盛り上がりが存在した[23]。

ただし，公共の利益に関する理解については，タフト・ハートレー法とワグナー法との間に連続性があったことも否定できない。タフト・ハートレー法の立法過程において支配的であった理解は，労働組合の私的利益追求を適度に抑制することが，未組織被用者や消費者，中立の第三者なども含めた公共の利益に資する，という利益集団多元主義型の理解だったからである[24]。

司法府も，組合による不当労働行為を禁じたタフト・ハートレー法の条項を簡単に合憲と判断した[25]。また連邦最高裁は，1948年の判決において，労働組合の《ピケッティング》に対する憲法的保護を否定するに至った[26]。すなわち，連邦最高裁は，組合の《ピケッティング》は，言論ではなく私的利益追求のための経済的圧力にすぎず，州が州法によりこれを広く規制したとしても，当該州法は連邦憲法第1修正に反しない，と判断した。市民社会の一部たる「産業社会の自己統治」が，公共の利益を達成するために重要だとする共和主義型の理解は，連邦最高裁判決から消失した。

(2) 市民団体の《ピケッティング》　この時期においては，市民団体による《ピケッティング》の場合にも，憲法上の保護は否定された。例えば1950年の判決において[27]，連邦最高裁は，人種差別に反対する市民団体（黒人団体）が，一定数の黒人店員を雇用するよう求め，小売店の前でプラカードを掲げて巡回したことは，言論に該当しないとして，連邦憲法第1修正により保護されないと判断した。この時期の連邦最高裁は，《ピケッティング》が言論ではなく行

---

23) HARRY A. MILLIS & EMILY CLARK BROWN, FROM THE WAGNER ACT TO TAFT-HARTLEY: A STUDY OF NATIONAL LABOR POLICY AND LABOR RELATIONS (University of Chicago Press, Chicago: U. S., 1950); ALTON LEE, TRUMAN AND TAFT-HARTLEY: A QUESITON OF MANDATE (University of Kentucky Press, Lexington: U. S., 1966).

24) *See, e.g.,* H. R. Rep. No. 80-245, at 3 (1947).

25) Int'l Bhd. of Elec. Workers v. NLRB, 341 U. S. 694 (1951).

26) Giboney v. Empire Storage & Ice Co., 336 U. S. 490 (1949).

27) Hughes v. Super. Ct. of Cal. for Contra Costa Cty, 339 U. S. 460 (1950).

為である，と考えていた。

3 第3期[28]（1959年以降）

（**1**）労働組合の《ピケッティング》　1959年に連邦議会は，ランドラム・グリフィン法を制定し，NLRAを再改正した[29]。これにより，組合による二次的な《ピケッティング》禁止規定の欠陥が修正されるとともに，排他的代表としての承認を求める《ピケッティング》が追加的に禁止された。同法が制定されたのは，公共の利益を達成するためには組合の過度な私的利益の追求を防止する必要がある，と連邦議会が考えたからであった[30]。このことは，連邦議会において支配的であったのは，利益集団多元主義型の公共の利益理解であったことを意味している。同法の下において，組合の《ピケッティング》は，言論としてではなく，経済的威圧の手段として把握された。

　もっとも司法府は，限定的な場面で，《ピケッティング》を言論として認めたこともあった。例えば連邦最高裁は，1964年の判決において[31]，一次的使用者（果物業者）の商品を購入しないよう，二次的使用者（小売業）の顧客に対しプラカード等を用いて店舗前で呼びかけることが，不当労働行為に該当しないと判断している。同判決は，憲法問題を直接には論じていないものの，《ピケッティング》の中には理性に働きかける言論もありうるとの見解を示している。また，1969年には，ショッピングモールにおける《ピケッティング》に憲法上の保護を認めた判決も登場した[32]。

　しかし，上記諸判決はあくまで例外であった。例えば1980年の連邦最高裁判

28）　中窪裕也「アメリカの労使関係法制における1950年と現在」季労257号（2017年）66頁の指摘する通り，ランドラム・グリフィン法は，タフト・ハートレー法を本質的に変更した法律ではない。しかし労働組合に関する裁判例と市民団体に関する裁判例を比較する便宜上，本稿では同法制定を一つの時代区分として扱う。

29）　Labor-Management Reporting and Disclosure Act of 1959, Pub. L. No. 86-257, 73 Stat. 519 (1959).

30）　*See, e.g.,* H. R. REP. No. 86-741, at 6-7 (1959).

31）　NLRB v. Fruit & Vegetable Packers & Warehousemen, Local 760, 377 U. S. 58 (1964).

32）　Food Emps. Union Local 590 v. Logan Valley Plaza Inc., 391 U. S. 308 (1968).

個別報告③

決は，一次的使用者（保険会社）の商品を購入しないよう，二次的使用者（販売代理店）の顧客に呼びかける《ピケッティング》が——64年判決と類似の活動であるにもかかわらず——不当労働行為に当たると判断した。同判決は《ピケッティング》を経済的威圧と位置づけ，言論とみなさなかった。また連邦最高裁は，69年判決の後，ショッピングモールでの《ピケッティング》に対する憲法上の保護を否定する判決を立て続けに下している。更に，複数の連邦控訴裁判所が，承認要求ピケッティング規制は，言論規制ではなく，連邦憲法第1修正に違反しないとの判決を下している。全体として観察すれば，司法府もまた，ピケッティングを容易には言論として認めない姿勢を維持し続けたといえよう。

(2) 市民団体の《ピケッティング》　労働組合の《ピケッティング》の場合と対照的に，市民団体の《ピケッティング》は「言論」とみなされ，憲法上の手厚い保護を受けた。この背景には，いわゆる「ウォーレン・コート」以降，連邦最高裁が第1修正法理を深化させていったという事情があった。

文面審査のレベルにおいて，市民団体の《ピケッティング》を禁じる立法は，厳格審査基準によりその違憲性を判断された。小中学校から50 m 近辺での《ピケッティング》を禁じた州法や，市長の公邸近辺での《ピケッティング》を禁じた州法は，いずれも違憲・無効と判断されている。

適用審査のレベルにおいても，市民団体の《ピケッティング》は，憲法上最高の価値をもつとして保護される傾向にあった。公民権団体が，差別的慣行の

---

33)　NLRB v. Retail Store Emps. Union, Local 1001, 447 U. S. 607 (1980).

34)　Central Hardware Co. v. NLRB, 407 U. S. 539 (1972)；Hudgens v. NLRB, 424 U. S. 507 (1976).

35)　Local Jt B'd, Hotel & Restaurant Emps. & Bartenders Int'l Union v. Sperry, 323 F. 2d 75, 79 (8th Cir. 1963)；NLRB v. Local 3, IBEW, 339 F. 2d 600 (2d Cir. 1964).

36)　刑務所等特殊な場所でのピケッティングに対し，結論的に保護を否定した判決もある。*See*, *e.g.*, Adderley v. Florida, 385 U. S. 39 (1966)；Cameron v. Johnson, 390 U. S. 611 (1968). ただしその場合でも，連邦最高裁は，「重要な政府利益」のために「必要な規制手段」といえるかを問う，中間審査基準による違憲審査を行っている。樋口・前掲注10)書400頁。

37)　Police Dep't of Chicago v. Mosley, 408 U. S. 92 (1972).

38)　Carye v. Brown, 447 U. S. 455 (1980).

残るレストランに対し経済的要求を掲げ座り込みを呼びかけた事案や，白人経営店舗への経済的ボイコットを呼びかけた事案等において，連邦最高裁は，連邦憲法第1修正上の保護を認めた。注目すべきは，判決のなかで連邦最高裁が，市民団体による《ピケッティング》は「公的関心事」についての言論だと強調したことである。「公的関心事」についての討議を重視する，公共の利益に関する共和主義型の論理が，第1修正法理の射程を市民団体の《ピケッティング》にまで拡大させた要因だった。[41]

また興味深いことに，連邦最高裁は，労働組合による《ピケッティング》を市民団体によるそれと比較し，前者に対する規制は，労使間の経済的バランスを維持するための規制ゆえ違憲とはならない，と明確に述べた。[42]市民団体による《ピケッティング》は，「公的関心事」に関する「言論」として最高の価値を持つため，第1修正による保護を受ける。しかし，労働組合による《ピケッティング》は，「公的関心事」性が認められず，「言論」でもない，というのが連邦最高裁の立場であった。これら判決により，労働組合に対する憲法的保護が，市民団体に対するそれに劣後するという関係が確立した，と評価できよう。[43]

IV　労働法学説による批判

以上の，《ピケッティング》に対する法的保護の歴史的分析からすれば，立法府および司法府が，利益集団多元主義型の理解に基づき，組合のプレッシャー活動をもっぱら私的利益の追求として把握したこと，および，市民社会の

---

39)　Cox v. Lousiana, 379 U. S. 536 (1965)；379 U. S. 559 (1965).

40)　NAACP v. Claiborne Hardware Co., 458 U. S. 886 (1982).

41)　*Cynthia Estlund, Speech on Matters of Public Concern: The Perils of an Emerging First Amendment Category,* 59 Geo. Wash L. Rev. 1, 19 (1990).

42)　*Claiborne Hardware Co.,* 458 U. S. 912-913.

43)　本稿が検討した連邦最高裁の諸判決において，市民団体はいずれも公民権団体であった。しかし，これらの連邦最高裁判決は，右派も含めた市民団体一般の《ピケッティング》についても参照される先例として確立している。*See. e.g.,* Madsen v. Women's Health Center, Inc., 512 U. S. 753 (1994)（妊娠中絶に反対する市民団体を保護）；Snyder v. Phelps, 562 U. S. 443 (2011)（同性愛を批判する市民団体を保護）.

個別報告③

一部分たる「産業社会」において組合のプレッシャー活動が果たすべき公共的役割を明確にできなかったことが，労働組合による《ピケッティング》に対する保護を弱めた原因と考えられる。《ピケッティング》法理の歴史的形成においては，経済的領域は私的領域にすぎない，ゆえに私的領域で活動する労働組合が公的関心を体現することはない，という一面的理解が存在したのではないだろうか。

　この一面的な理解を打破するべく，アメリカの労働法学者は様々な理論的模索を始めている。代表的な批判はこうである。連邦最高裁は，市民団体が経済的要求を掲げて行った《ピケッティング》にも公的関心事性を認め，規制の違憲性を厳格に審査している。論理的整合性を保つためには，組合の《ピケッティング》を禁じる不当労働行為規制に対しても厳格審査基準を適用し，この規制を違憲とするか，少なくともこの規制の合憲限定解釈をすべきである。[44]

　さらに，判決間の整合性という形式的論拠を超えて，組合の《ピケッティング》を積極的に保護すべき実質的な理由づけを模索する説もある。例えば，①利益集団多元主義型の論理は，労働者の「利益」なるものが団体行動を通じて「形成」されることを見落とす点で問題があるとの主張や，[45]②労働組合は，市民間のコミュニケーションを促進し，労使間および組合員相互の討議を自由かつ透明にする機能を果たすとの主張，[46]③労働組合の《ピケッティング》は，アメリカ社会における富の公正な再分配という公的関心事についての言論であるとの主張，[47]などである。

　これらの学説はいずれも，公共の利益に関する共和主義型の理解に基づき，労働組合のプレッシャー活動を，市民社会の自己統治の一環として把握しよう

---

44) See, e.g., Cynthia Estlund, *Are Unions a Constitutional Anomaly?*, 114 MICH L. REV. 169, 225 (2015).

45) Brishen Rogers, *Passion and Reasons in Labor Law*, 47 HARV. C.R.-C.L. L. REV. 313, 341 (2012).

46) Charlotte Garden, *Labor Values Are First Amendment Values: Why Union Comprehensive Campaigns Are Protected Speech*, 79 FORDHAM L. REV. 2617, 2647-58 (2011).

47) Catherine L. Fisk, *A Progressive Labor Vision of the First Amendment: Past as Prologue*, 118 COLUM. L. REV. 2057, 2076-84 (2018).

とする点で共通しているように思われる。これらの見解は，富の再分配や企業経営上の意思決定といった事項が経済社会の公共的事項であることを重視し，労働組合のプレッシャー活動を保護する根拠を，これら公的関心事についての理性的討議が促進されることに求めているからである。

本稿で紹介した学説は，有力とはいえあくまでアメリカ労働法学の一潮流にすぎない。しかし，組合のプレッシャー活動を私的利益追求の手段としてのみ位置づけることを批判し，当該活動が市民社会の自己統治に貢献することを理論的に基礎づけようとしている点で，これらの学説は参照に値しよう。

V 結 び に

以上，アメリカ法における組合活動の法的保護の歴史とこれを批判する学説の状況を検討した。市民団体のプレッシャー活動と比較したとき，労働組合の《ピケッティング》は，①「公的関心事」についての②「言論」とみなされなかったがゆえに，弱い憲法的保護しか得られなかった。それゆえ学説は，労働組合の「市民団体的」プレッシャー活動が，経済社会の自己統治にかかわる公的関心事であることを強調し，連邦憲法第1修正による保護を及ぼそうと努めている。このアメリカ法の動向から，次のような教訓を得ることができる。すなわち，組合のプレッシャー活動が市民社会において果たす役割を適切に把握し，法解釈において考慮するという視座をもつことが重要だ，という教訓である。労働組合の「市民団体的」プレッシャー活動を，私的な自己利益追求活動とのみ位置づけることは，組合の当該活動に対する法的保護を弱めることになりかねない。労働組合の「市民団体的」プレッシャー活動に対する法的保護が必ずしも十分とはいえない日本法の現状に鑑みたとき，当該活動が市民社会の自己統治にかかわる公共的性格をもつことを十分に認識し，「表現の自由」（憲法21条）の観点から当該活動に対する保護の可能性を探ることが重要となるのではないだろうか。[48]

もっとも本稿は，アメリカを対象とした外国法研究にすぎず，日本法解釈に直接の示唆を与えるものではない。アメリカ法の検討から得られた教訓を，日

個別報告③

本における問題状況にどう活かすか，という点については，日本法に則した更なる検討が必要となる。とりわけ，日本国憲法は，集団的なプレッシャー活動について，憲法21条により市民団体および労働組合の双方に等しく保護を与えるのみならず——アメリカ連邦憲法とは異なって——憲法28条により労働組合にのみ（市民団体の享受しない）保護を与えている。憲法21条による「表現の自由」の保護の問題と，憲法28条およびその具体化である労働法的な保護の問題の異同を，日本法の具体的解釈に際しどのように考慮するかも含めて，今後の課題としたい。

（ふじき　たかし）

---

48) 憲法学においては，憲法21条が表現の自由を保障する根拠の一つとして「自己統治の価値」があることが挙げられており，「経済社会の自己統治」という規範的価値を根拠づける条文の候補の一つとなりうると思われる。

回顧と展望

働き方改革における労働時間規制　　　　　　　　　　　　　　　紺屋　博昭
　　　——労働時間の上限規制と高度プロフェッショナル制度を中心に——

パートタイム・有期雇用労働法の成立とその意義　　　　　　　　稲谷　信行

高年法の継続雇用制度の下で定年前より低い労働条件を
　　提示することの適法性　　　　　　　　　　　　　　　　　　植田　　達
　　　——九州惣菜事件・福岡高判平29・9・7労判1167号49頁——

《回顧と展望》

働き方改革における労働時間規制
——労働時間の上限規制と高度プロフェッショナル制度を中心に——

紺　屋　博　昭

(熊本大学)

Ⅰ　はじめに

　〈働き方改革関連法案〉なる労働関係パッケージ立法案が第196通常国会に上程され，平成30年（2018年）6月末に可決成立，同年7月に公布された[1]。法案が示す働き方改革は「働く人の視点に立って，労働制度の抜本改革を行い，労働生産性を改善する」とか「労働者がそれぞれの事情に応じた多様な働き方を選択できる社会を実現する」内容と説明され[2]，長時間労働の是正，多様で柔軟な働き方の実現，雇用形態にかかわらない公正な待遇の確保等の諸策が盛り込まれた。改革を具体化する関連諸法は平成31年（2019年）4月以降順次施行される。本稿では働き方改革関連法のうち特に重要となる，罰則付き労働時間上限規制と，労働時間規制エグゼンプションとなる高度プロフェッショナル制度を中心に検討し，今後の働き方／働かせ方を展望する[3]。

1）　働き方改革を推進するための関係法律の整備に関する法律（平成30年法律第71号）。
2）　前者は首相官邸「働き方改革実行計画」（平成29年3月28日決定）https://www.kantei.go.jp/jp/headline/pdf/20170328/01.pdf，後者は厚生労働省「『働き方改革を推進するための関係法律の整備に関する法律』が成立しました（平成30年7月6日公布）」」https://www.mhlw.go.jp/content/000332869.pdf による。

回顧と展望①

II 罰則付き労働時間上限規制

1 労働時間規制原則と改正法の内容

これまでの労働時間規制は，特例対象事業所を除いて原則週40時間労働，一日8時間労働を超過しないことを最低基準＝法定労働時間とし（労基法32条各項），行政官庁に36協定を届け出ることで基準を超える労働者の使用を許容し（同36条1項），基準を超えた労働時間や労働日に対して割増賃金の支払を義務付け（同37条1項），つまり使用者に手続的かつ大きな経済的な制約を与えて基準を超える労働時間の増加を抑制する仕組みだった。

ただし労基法36条自体には超過上限の定めはなく（同条3項），大臣告示による週月毎の限度時間を超えない36協定の作成提出を使用者に求めるにとどまり（例えばひと月の限度時間は45時間以内，一年のそれは360時間以内とされていた[4]），一部の事業・業務を除き「特別条項」を加えることで臨時的な特別事情による限度時間を超えた労働時間の設定も可能であった[5]。労基法は使用者を名宛人として規制する法律であり，労働者による残業代狙いの時間外労働や労働者自身による健康確保を直接統制できないのも問題であった。

〈働き方改革関連法案〉では労基法36条2項以下の内容を改め，1か月45時間，1年について360時間の限度時間を法定した（限度時間に休日労働は含まない，改正労基法36条4項）。ただ予見不可能な臨時の特別事情がある場合，年720時間，複数月平均80時間（前者に休日労働は含まない）の上限緩和（＝特別条項）も規定された（同条5項及び6項）。使用者はこれら時間外労働の法定上限時間を勘案

---

3) 働き方改革関連法案を分析するものとして和田肇「労働時間規制改革の法的分析」日本労働研究雑誌702号（2019年）6頁，同法案の前身〈労働基準法の一部改正案〉の検討として，同「労働基準法の労働時間規定の改正案」日本労働法学会誌126号（2015年）210頁，日本労働法学会における労働時間規制の議論については，「労働時間規制に関する学際的処遇」同110号（2007年）57頁以下，「ホワイトカラー労働とこれからの労働時間法制」同106号（2005年）105頁以下を参照のこと。

4) 時間外労働の限度に関する基準（平成10年労働省告示第154号）別表第1。

5) 同基準3条1項。

遵守しつつ，時間外労働の必要に応じて36協定を作成し監督官庁に届け出るのは従前と同様であるが，協定内容にかかわらず1か月について100時間（休日労働を含む），直前2～6か月で平均80時間（休日労働を含む）を超える実時間外労働をさせてはならず（同条6項），違反すると刑事罰の対象となる（同法119条1号，附則3条1項により中小企業は2020年4月より適用）。研究開発業務は法定限度時間や罰則対象の適用除外となる（同法36条11項）。これら上限時間は，長期間の過重業務による脳・心臓疾患の発症を労災認定する際のいわゆる〈過労死ライン〉数値と整合する[6]。

　さらに改正法は月60時間を越える時間外労働の割増賃金率（50％以上）について，中小企業事業主への適用猶予（労基法37条1項但書）を廃止したが（同138条の廃止），施行は2023年4月となり，ほか建設事業，自動車運転業，医師の業務，特定県の製糖事業にも，限度時間や上限緩和の猶予期間や例外が設定されている（改正労基法139条から142条）。

2　労使の〈36協定自治〉と，罰則による長時間労働の是正

　使用者による36協定の作成変更の届出に職場の過半数代表者たる労働者が意見を付す手続は，近年労働行政がその代表者選出の正統性を精査し確認しており，また労働時間等設定改善法は，適格に選出された労使双方で構成された労働時間設定改善委員会による議決を通じて時間外・休日労働について労使協定を締結し，これが36協定と代替可能である旨規定する（労働時間等設定改善法第7条，改正後も同じ。協定の監督官庁への届出を免れるものではない）[7]。この労働時間設定改善委員会の作業と決議は，使用者主導の36協定内容に対する労働者代表の単なる意見表明と添付提出よりも，労使の話し合いと職場における自主的な時短取組みを意図した時間外労働の設計を求めるものだろう。

6）　厚生労働省「脳血管疾患及び虚血性心疾患等（負傷に起因するものを除く。）の認定基準について」基発第1063号（平成13年12月12日），改正基発0507第3号（平成22年5月7日）。

7）　「労働時間等の設定の改善に関する特別措置法」（平成4年法律第90号）。のちに企画業務型裁量労働制に関して規定された労使委員会による作業と決議（労基法38条の4第1項）によって36協定に代えられる制度が導入されたが，労使双方を含む委員全員の合意による決議を通じて一定の労使〈自治〉を図る同様の趣旨と一応解される。

他方，36協定に設定された時間外・休日労働の規定時間はしばしば計画倒れとなり，労使の自主的取組みや労使自治では解決しがたい時間外労働や長時間労働が発生する。労基法36条違反に関する監督行政のエンフォースメントはもっぱら協定に反した時間外労働分の割増賃金の不払事実を指摘する使用者への是正勧告や指導となり，労働者の増員や業務量の削減等を含めた労使の具体的時短取組み指示は埒外とされる。使用者による是正報告等は，労働者への割増賃金相当額の迅速支払や36協定の時間外労働部分の修正（例えば36協定様式余白への「特別条項」の記載）といった表層と形式の事実内容に尽きる[8]。

改正労基法36条を受け，36協定様式は新たに『臨時的に限度時間を超えて労働させることができる場合（＝特別条項)』を用意し，法定された限度時間を超えて労働させる場合における職場内手続と，限度時間を超えて労働させる対象労働者の健康福祉を確保する措置について記載欄を設けた[9]。法定限度時間と法定特別条項の新設を労使双方に啓発・警告し，特別条項の安易な〈活用〉による労働時間延長と労働者の過労を許容しない姿勢の現れと理解できる。

法定上限時間を超える違法な休日労働・時間外労働の発生について，限度時間や上限緩和時間の規定を根拠にした監督行政による摘発送検というエンフォースと加罰が労使や雇用社会にてすぐに歓迎されるものではなく，現実的でもない。行政による是正勧告と指導を通じた36条遵守および36協定作成届出の適正手続支援という体制が従前通り続くと思われるが，同時に施行される勤務間インターバル制度の活用（改正労働時間等設定改善法2条1項)，事業主による短納期発注や頻繁な発注変更の回避等（改正同条4項)，これら努力義務の内容取り込みを通じて，労働時間短縮，長時間労働の防止，労働者の健康確保が実現されることを期待したい。なお限度時間や特別条項の法定化は36条の強行法規性の確立とも解され，これらに反する協定や使用者の時間外労働命令はとも

8） 電通事件・東京簡判平29・10・6（判例集未掲載）では，被告人会社支店等での「法定時間外労働がより長時間可能となるように時間外労働時間及び休日労働に関する協定を改定するなどして形式的に違法状態を解消しようとするなどの対応に終始した」社内態度が，労基法32条違反に至る経緯となったと指摘されている。

9） 労働基準法第36条第1項の協定で定める労働時間の延長及び休日の労働について留意すべき事項等に関する指針第8条。

に違法無効となろう。

Ⅲ　高度プロフェッショナル制度

1　みなし労働時間制から〈高プロ労働者〉エグゼンプションへ

　昭和63年（1988年）施行の改正労基法で「事業場外労働」（労基法38条の2）と「専門業務型裁量労働制」（同38条の3）が規定され，一日の実労働時間にかかわらず所定労働時間働いたとみなす扱いが許容され，使用者は労働者の一日の所定労働時間を超えた分の労働について割増付き賃金支払義務を免れる。平成9年（1997年）と同15年（2003年）には厚生労働大臣の指定を通じて専門業務は拡張し（同条第1項第6号），現在は専門19業務がその対象である。[10]平成12年（2000年）改正法では，大企業ホワイトカラー労働者による事業運営事項に関する企画，立案，調査及び分析の業務を対象とする「企画業務型裁量労働制」（労基法38条の4）がみなし労働時間制に加わった。専門業務型では労使協定，企画業務型では労使委員会の決議で一日の労働時間を決定し書面手続を進めるが，後者型を導入する決議や対象事業所等にその後若干の要件緩和がなされた[11]とはいえ，両裁量労働制は導入に厳しい規制がおかれ（特に企画業務型では対象労働者の個別同意を要する。同38条の4第1項第6号），休憩，深夜，休日に関する労基法の各規定が対象労働者に及ぶ。

　企画業務型裁量労働制の対象業務を「課題解決型提案営業」や「裁量的にPDCAを回す業務」に拡大してみなし労働時間制を拡充し，あるいはホワイトカラーエグゼンプションを創設して一部労働者への労働時間規制を緩和する内容の労基法改正案は，平成27年（2015年）以降，国会の具体的審議に至らず，〈働き方改革関連法案〉でこれら内容が再パックされたものの，裁量労働制部分は，その労働時間実態をめぐる調査データの不備等を理由に法案から削除され，このたび立法に至ったのは「高度プロフェッショナル制度」と名を改めたエグゼンプション部分である。

---

10)　労働基準法施行規則第24条の2の2第2項。

11)　労働基準法の一部を改正する法律（平成15年法律第104号）。

この高度プロフェッショナル制度は，高度の専門的知識等を必要とし，かつ従業時間と従事して得た成果との関連性が高くないものを対象業務とする（改正労基法41条の２第１項第１号）。書面等による合意に基づき職務の範囲が明確に定められており，１年間の見込賃金額が『平均給与額』の３倍を上回る水準である労働者が対象者となる（同第２号）。対象業務と対象労働者はいずれも厚生労働省令で決定される。これら対象を労使委員会で決議し行政官庁への届出を要件として，法定労働時間や休憩，それに36協定の締結や時間外・休日・深夜の割増賃金の支払義務規定が適用除外となる（同41条の２第１項）。

ただし使用者が労働者の在社時間や事業場外労働時間等を併せた「健康管理時間」を客観的に把握しなかったり，四週４休日や年間104日以上の休日付与を怠ったり，あるいはインターバル措置，１か月または３か月の健康管理時間上限措置，年間２週間以上の継続休暇付与，健康診断実施のうちいずれかを欠いたりした場合，適用除外にならない（同但書）。ほか，対象労働者の健康管理時間の状況に応じた有給休暇付与や健康診断の実施，対象労働者の同意の撤回の手続規定，苦情処理，対象業務にあって同意しない労働者への不利益取り扱いの禁止を労使委員会で決議し書面化する必要がある（同41条の２第１項６号から９号）。なお，18歳未満の労働者に同制度の適用はない（同60条）。

2　制度導入の問題点——労働条件，労基法の保護，健康管理時間

対象業務や対象労働者に支払われる年収額によって高度プロフェッショナル労働なるものが一応特定され，本人同意を含めた職場における所定手続を得ると，労基法の労働時間や休憩に関する部分のエグゼンプション＝使用者に対する法の適用除外が可能になる。対象業務と対象労働者を含む事業所に適用される就業規則規定の労働条件全体への規律の帰趨は改正法が扱うところとなっていない。就業規則の絶対的記載事項たる始終業時刻や休憩時間，休日等（労基法89条１号，２号）の労働者向け最低基準効を使用者がいわばペンディングしてエグゼンプションを実効化するには，労使委員会を通じた適正な労働条件を運用する旨の所定の決議を周知する（改正労基法106条第１項）ほか，対象労働者に対して就業規則所定の基準を上回る労働条件を付した労働契約書の交付等に

よった，丁寧な労働条件処理と処遇管理が求められるだろう[13]。この理は賃金の決定計算や昇給についても同様である。

　対象業務に就く対象労働者がエグゼンプション停止による自身の労基法保護を求めるには，所定手続による〈同意の撤回〉（同41条の２第１項６号）を事業所内で進めるか，あるいは対象業務・所定賃金と業務実態・賃金支給実態との違背なり使用者の「健康管理時間」把握義務違反等（同項但書による第３号以下）なりを行政官庁に申告するかが想定される[14]。後者の申告に対して行政官庁の是正勧告や指導の内容は改正法41条の２の規定遵守を使用者に求めるに尽きるのみでなく，同条の適用除外を以降認めず当該労働者へのバックペイその他賃金や休日付与等の事後清算手続を求めるものであってよい。それを見越して，使用者の健康管理時間把握や休日付与設計とは別に，対象労働者の側でも裁量的労務提供に依存することなく自己の作業内容や実労働時間や休日，それに支払賃金額を明らかにできる事実の証明準備が必要とされそうだ。

　使用者に把握が課せられた「健康管理時間」は，対象労働者が事業場内にいた時間と事業場外で労働した時間に及ぶ（同41条の２第３項）が，前者は労使委員会決議で労働時間以外の在社時間を除外できる（同括弧書）。新たな健康管理時間は，必要あれば長時間労働とその弊害を防止すべく定められた使用者の各種措置の発動に直結するものだが，事業所の事情と決議の内容如何で各種措置内容は高い個別性が予想され，また具体的な把握義務内容は省令が定める手続に形骸化するおそれもあり，つまり労基法としてせっかく示された健康管理時

---

12)　改正法は対象業務につく対象労働者に対する104日以上あるいは４週４休以上の休日付与（改正法41条の２第１項第４号規定），そしてインターバル措置，１か月または３か月の健康管理時間上限措置，年間２週間以上の継続休暇付与，健康診断実施のうちいずれかの措置（同５号規定）についてのみ，決議および「就業規則その他これに準じるもの」でそれら具体的内容を定めるよう義務付けている。

13)　対象労働者向けの新たな就業規則の作成届出と周知による労働条件統制を考えられなくはない。ところで，使用者が労働時間管理の労基法エグゼンプションを受けつつ，就業規則や個別労働契約による労働時間の統制を並行させ，法定労働時間を潜脱するかのごとく始終業時刻や就業時間，休日休暇等を労働者に課す設計は不当違法の謗りを免れない。

14)　高プロ向け就業規則の導入による労働条件の不利益変更の主張が考えられなくもないが，これは労契法マターとなって裁判所での解決手続が必要となる。

回顧と展望①

間の規律の程度は明らかとは言えない。使用者が私法上負う安全配慮義務範囲¹⁵⁾（労働契約法5条等）との関連や位置づけも判然としない。

IV　おわりに

　法定労働時間を超える時間外労働について使用者が免罰を求める場合であれ，事業所にて裁量労働制や労働時間規制エグゼンプションを導入実施する場合であれ，労働者を含めた制度理解と協調協力のもと，事業所内部および監督行政に対して厳格な手続等を経る必要がある。だが労使の手続的自治を内包する厳格さと慎重さで担保され，労働者の健康に関する必要措置が用意されてなお，時間外労働，裁量労働，そして高度プロフェッショナル労働には，労働者の心身その他に対する強い負荷性は否めない。となれば労働法が相応の労働時間や健康確保維持基準を示し，監督行政が監視注意して必要な介入を採れるよう，それら労働の実態注視が今後も求められる。みなし労働時間や労働時間エグゼンプション導入が，賃金や労務管理のコストカットに迎合するように労働法規制が見直しされたと経営者らに曲解されてはならず，時間外・深夜・休日労働に対する割増賃金の不払事案に対して監督行政は厳格な是正指導によるエンフォースメントを継続する必要もある。時間外労働を前提とする届出規定や，みなし労働時間制，適用除外の法制度をすべてよしとせず，法定（法内）労働時間での業務効率化や労働過密度緩和，それに労働時間短縮に労使双方を向わせる〈ソフトロー〉的労働法の設計と展開が今後の課題となろう。¹⁶⁾

　働き方改革関連法案にはフレックスタイム制での清算期間延長（改正労基法32条の3第1項），使用者による年休時季指定（同39条7項），そして管理監督者

---

15)　長時間労働に従事した労働者に対して，医師の面接指導等を受けるよう事業主に義務付ける制度（労安法66条の8第1項以下）も，労働者の申出が手続要件となっている。今後は使用者による労働者の健康確保の基準と義務範囲をより明確にする必要があろう。

16)　例えば労基法36条の〈軟式労働時間制〉に対する再批判として，沼田雅之「憲法27条と時間外・休日労働規制」日本労働法学会編『講座労働法の再生　3　労働条件論の課題』（日本評論社，2017年）183頁，健康確保措置の構築重要性を説くものとして，柳屋孝安「多元的な労働時間規制」同174頁を参照。

を含む労働者への面接指導と労働時間状況把握（労働安全衛生法66条の8の3等）の制度規定がパックされた。柔軟な働き方働かせ方を推奨すると称された働き方関連改革法案だが，本稿で紹介した各法各規定が目指すところに何より労働者の健康確保の要請があることも忘れてはならない。

（こんや　ひろあき）

パートタイム・有期雇用労働法の成立とその意義

稲 谷 信 行

（京都大学）

I　はじめに

　2018年 6 月29日に成立した働き方改革関連法[1]により，労働契約法20条が削除されるとともに，パートタイム労働法が，パートタイム・有期雇用労働法（「短時間労働者及び有期雇用労働者の雇用管理の改善等に関する法律」，以下「改正法」という）に改められ，改正法がパートタイム労働者及び有期労働者の待遇について統一的に規制することとなった[2]。具体的には，①不合理な待遇の禁止，②通常の労働者と同視すべきパートタイム・有期労働者について差別的取扱いの禁止，③待遇の相違の内容及びその理由についての使用者の説明義務，④行政による履行確保及び行政 ADR 等について，パートタイム労働者と有期労働者に共通のルールが設けられた[3]。

　改正法は，既存のルールを整理するだけでなく，特に有期労働者の待遇に関して，新たなルールを追加するものでもあり，その実務上の影響は大きいものと考えられる。また，近時，労働契約法20条に関する紛争が増え，多くの議論が展開されている。今後，同様の紛争は改正法によって規律されることになり，この点でも改正法の重要性は高い。その際，労働契約法20条に関するハマキョウレックス事件[4]及び長澤運輸事件[5]の最高裁判決（以下，両者を合わせて「両最高

---

1 ）　「働き方改革を推進するための関係法律の整備に関する法律」（平成30年法律第71号）。

2 ）　改正法の施行日は2020年 4 月 1 日。ただし中小事業主については2021年 4 月 1 日まで一部の規定は適用されない。

3 ）　また，労働者派遣法も改正され，派遣労働者についても，パートタイム労働者及び有期労働者と同様に上記①〜④のルールが設けられた（改正派遣法30条の 3，31条の 2，47条の 4 以下）。

裁判決」という）が，改正法の解釈においても参照されるものと考えられる。
以下では，改正法の内容について，両最高裁判決にも触れつつ検討する。

Ⅱ　不合理な待遇の禁止

1　改正法の概要

改正法8条は，パートタイム労働者及び有期労働者の基本給，賞与その他の待遇について，通常の労働者の待遇との間の不合理な相違を設けることを禁止する。従前，有期労働者については労働契約法20条が，パートタイム労働者についてはパートタイム労働法8条が，同様の規制をそれぞれ別個に定めていたところ，改正法8条により一本化された。両最高裁判決によれば，労働契約法20条は「職務の内容等に均衡のとれた処遇を求める規定」であり，この点について改正法8条も実質的な変更はないと考えられる[6]。もっとも，個々の待遇ごとに当該待遇の性質・目的に対応する考慮要素で不合理性が判断されるべき旨を明確化するために，文言には修正が加えられている[7]。

なお，待遇の相違の不合理性に関して，改正法では，ガイドラインの策定根拠となる規定が整備され（15条），同条に基づき，「短時間・有期雇用労働者及び派遣労働者に対する不合理な待遇の禁止に関する指針」（平30・12・28厚労省告示第430号，以下「指針」という）が制定された。

2　本条の適用要件

労働契約法20条は，「期間の定めがあることにより」労働条件が相違する場合を規律するルールであった。そのため，ハマキョウレックス事件最高裁判決

4）　最判平30・6・1労判1179号20頁。

5）　最判平30・6・1労判1179号34頁。

6）　なお，改正法では，比較対象が「同一の事業主」に雇用される通常の労働者へと拡大された（改正法2条）。これは，近年同一事業所内に正規雇用労働者がいないケースもみられるため，同一使用者に雇用される正規雇用労働者を比較対象とすることが適切と判断されたためである（労働政策審議会報告・建議（平29・6・16労審発第923号）2⑴）。

7）　前掲注6）労働政策審議会報告・建議2⑴参照。

によれば，有期契約労働者と無期契約労働者の労働条件が相違しているだけでは同条を適用することはできず，労働条件の相違が期間の定めの有無に関連して生じたものであることが求められる。他方で，改正法8条では，文言上，待遇の相違がパートタイム労働者または有期労働者であること「により」生じていることは求められていない。

この点に関して，従前のパートタイム労働法8条にも，「理由とする」や「により」といった文言が含まれていなかったものの，行政解釈によれば，これは自明の要件であることから条文に明記されなかったものである[8]。そうだとすると，改正法8条の下でも，同様に関連性が要求されるとの解釈は可能である。これに対して，このような要件が事業主の脱法的行為を招くという懸念から，改正法の解釈としては，これを要件とすべきではないとする見解も主張されている[9]。もっとも，ハマキョウレックス事件最高裁判決でも，関連性の程度は相違の不合理性判断の中で考慮すれば足りるとされており，関連性は幅広く捉えられている。そのため，両者の見解の間の差は大きくないと考えられる。

3　個別の待遇ごとの不合理性判断

労働契約法20条に関して，ハマキョウレックス事件最高裁判決は個々の手当ごとに不合理性判断を行っており，また，長澤運輸事件最高裁判決も「当該賃金項目の趣旨を個別に考慮すべきものと解するのが相当である。」と述べていることから，両最高裁判決は，基本的に個別の待遇ごとに不合理性を判断すべきという立場を示したものといえる。その上で，長澤運輸事件最高裁判決によれば，複数の賃金項目が相互に関連している場合には，そのような事情も考慮されることになる。

改正法8条では，「待遇のそれぞれについて」，当該待遇の性質及び当該待遇を行う目的に照らして適切と認められる」事情を考慮して不合理性を判断すべき旨規定し，個別の待遇ごとに不合理性を判断すべきことを明確にしている。また，個々の待遇の性質や目的は，給付の名称ではなく，客観的な実態に基づ

8）　平26・7・24基発0724第2号等第3の3(2)。
9）　水町勇一郎『「同一労働同一賃金」のすべて』（有斐閣，2018年）64頁以下。

いて判断すべきであることから，複数の待遇が関連する場合にはそのような事情を考慮した判断が求められることになる[10]。そのため，改正法8条の下でも，両最高裁判決と同様の枠組みで不合理性判断が行われると考えられる。

4 「その他の事情」

不合理性の判断においては，職務の内容や職務の内容・配置の変更の範囲に加えて，「その他の事情」が広く考慮される。両最高裁判決では，「その他の事情」として，雇用及び人事に関する使用者の経営判断や，労使間の交渉が挙げられている。とりわけ待遇の相違の大きさの不合理性が問題となる場合には，職務内容等を数値として評価することが困難であるために，経営判断や労使交渉を尊重する必要性が大きいと考えられる。ただし，労使間交渉では，非正規労働者の声を反映できる仕組みがあることが求められるべきである[11]。また，長澤運輸事件最高裁判決では，労働者の福利厚生・生活保障の趣旨の手当に関し，労働者の生活に関する諸事情も考慮されている。

さらに，長澤運輸事件最高裁判決は，その他の事情の一つとして，労働者が定年後再雇用者であるという事情を考慮した。この判決を受けて，指針でも，基本給に関して定年後の継続雇用であることが考慮事項となりうることが明記されている。ただし，定年後の継続雇用であることのみをもって，待遇の相違の不合理性が否定されるわけではない（指針第3の1注2）。

以上の不合理性判断において考慮される事情は，あくまでも個々の待遇の性質・目的に関係するものに限られる。例えば，皆勤を奨励する趣旨の皆勤手当の相違について，将来の転勤の可能性の有無といった趣旨と関係のない事情は考慮されない。改正法8条ではその旨が文言上明確にされている。

5 待遇の性質・目的と具体的判断

不合理性判断では，個々の待遇の性質・目的に照らして適切と認められる事情が考慮されるため，待遇の性質・目的をどう認定するかが重要となる。両最

10) 水町・前掲注9)書68頁注14。
11) 水町・前掲注9)書69頁以下参照。

高裁判決は，それまでの下級審裁判例で見られた「有能人材の獲得・定着」[12]といった人事施策上の目的を認定・言及することなく，個々の手当の具体的な趣旨を認定した。抽象的な人事施策上の目的を安易に認めると，およそ全ての待遇の相違が正当化されかねないことから，そのような目的の認定は慎重であることが求められる[13]。また，待遇の性質・目的は，使用者側の主観的な意図・認識によるのではなく，支給要件やその運用実態といった客観的・具体的な実態に照らして認定される[14]。

通勤手当等，職務内容や人事異動の範囲などと関連しない性質・目的の待遇であり，その必要性や趣旨がパートタイム・有期労働者にも同様に妥当するものについては，同様に支給することが求められることになる[15]。また，作業手当など，職務内容に関連する性質・目的のものについても，職務内容等に照らしてその趣旨が妥当する場合には同様に支給することが求められる[16]。

他方で，基本給や賞与に関しては，多様な目的が併存し，また相違の大きさが問題とされることが多いと考えられるため，不合理性判断が不透明になるおそれが強い。指針では，基本給について職能給，業績給，勤続給のそれぞれの場合の基本的な考え方が示されている（第3の1）ものの，具体的な判断における基準としては限界がある。そのため，裁判所も，基本給等に関しては，諸手当等の場合と比べ，謙抑的な判断とならざるを得ないだろう。

6　違反の効果

労働契約法20条の効力に関して，ハマキョウレックス事件最高裁判決は，同条の強行的効力を認めつつも，明文の規定がないことを理由として，「同条の効力により当該有期契約労働者の労働条件が比較の対象である無期契約労働者

---

12)　ハマキョウレックス事件控訴審・大阪高判平28・7・26労判1143号5頁，メトロコマース事件・東京地判平29・3・23労判1154号5頁等。

13)　島田裕子「パートタイム・有期雇用労働法の成立と実務への影響」ジュリ1523号（2018年）76頁。

14)　前掲注6)労働政策審議会報告・建議2(1)，指針第3の1注1参照。

15)　指針第3の3(7)。

16)　指針第3の3(2)。

の労働条件と同一のものとなるものではない」と判示し，就業規則の合理的解釈による補充が可能である場合を除き，補充的効力を否定した。そのため，同条違反が認められた部分について，不法行為に基づく損害賠償請求が認められたにとどまる。この解釈は，明文規定を欠く点に変わりのない改正法8条についてもそのまま妥当するものと考えられる。

Ⅲ　差別的取扱いの禁止

改正法9条は，職務の内容及び職務内容・配置の変更が通常の労働者と同一のパートタイム・有期労働者について，パートタイム・有期労働者であることを理由とする差別的取扱いを禁止する。パートタイム労働者については，従前から，通常の労働者と同視すべき労働者に対する差別的取扱いの禁止が定められていた（パートタイム労働法9条）のに対して，有期労働者についてはそのような規定が存在しなかったが，改正法では，就業の実態が通常の労働者と同じ有期労働者についても差別的取扱いが禁止されることになる。[17]

改正法9条が禁止するのは，パートタイム・有期労働者であることを「理由とし」た差別的取扱いであり，当該労働者と通常の労働者との間の賃金差が個々の労働者の意欲や能力，経験，成果など，パートタイム・有期労働者であること以外の合理的な理由により生じている場合には，同条違反とはならない。[18]

ところで，定年後再雇用者の労働条件が問題となった長澤運輸事件では，職務内容の同一性だけでなく，職務内容・配置の変更の範囲の同一性も肯定されており，改正法の下であれば，8条ではなく9条の問題とされた事案であったと考えられる。指針では，定年後再雇用という事情について，改正法8条において考慮されうることが述べられているにとどまるため，定年後再雇用という事情を改正法9条との関係でどのように位置付けるかは課題として残されている。これは，定年後再雇用における賃金減額について，定年後再雇用に関わる事情を理由とするものであり，有期労働者であることを「理由とし」た差別的

17）　平26・7・24基発0724第2号等第3の4(1)参照。

18）　平26・7・24基発0724第2号等第3の4(9)参照。

回顧と展望②

取扱いではないと解すべきか否かの問題であるが，定年後再雇用が有期雇用として行われる以上，定年後再雇用を理由とする賃金減額も有期雇用を「理由とし」た差別的取扱いと解すべきように思われる。

Ⅳ　使用者の説明義務

　改正法では，従前のパートタイム労働者に対する労働条件に関する文書交付義務（6条）や事業主が講ずる措置の内容等についての説明義務（14条）が，有期労働者についても拡大された。それに加えて，パートタイム労働者・有期労働者の双方について，労働者が求めた場合に，通常の労働者との間の待遇の相違の内容及びその理由について説明する義務を，事業主が負うこととなった（改正法14条2項）。これは，労働者が自らの待遇をよく理解し，納得するためにも，また，当該労働者が待遇差に納得できない場合に，不合理な待遇差の是正につなげていくためにも，待遇の内容，待遇差に関する情報を適切に得られることが重要であるとの考慮に基づくものである[19]。事業主は，職務の内容，職務の内容・配置の変更の範囲等が「最も近い」と判断する通常の労働者との間の待遇の相違の内容及び理由について説明する必要があり[20]，職務等が同一の正規労働者が存在しない場合であっても，そのことを理由に説明義務を免れることはできない。なお，労働者が説明を求めたことを理由とする不利益取扱いも禁止される（同3項）。事業主が説明義務に違反した場合には，行政による指導や勧告，企業名公表の対象となる（改正法18条）が，それを超えて義務違反が待遇の不合理性自体に直接影響を及ぼすわけではないと考えられる[21]。

　説明義務の拡大を受けて，企業には，労働者に対する合理的な説明ができるように，各待遇の趣旨や支給要件を明確化し名実の伴うものにするなど，労働

---

19)　前掲注6）労働政策審議会報告・建議3。

20)　前掲注6）労働政策審議会報告・建議3(1)，「事業主が講ずべき短時間労働者及び有期雇用労働者の雇用管理の改善等に関する措置等についての指針」（平30・12・28厚労省告示第429号）第3の2参照。

21)　島田裕子「パートタイム・有期労働法の制定・改正の内容と課題」日本労働研究雑誌701号（2018年）22頁以下参照。

者の待遇を整理し直すことが期待される。

V　行政による紛争解決手続

これまでパートタイム労働法では，パートタイム労働者について，行政による履行確保措置として報告徴収・助言・指導・勧告・企業名の公表（18条）が，行政 ADR として都道府県労働局長による紛争解決援助や調停等（22条以下）が整備されていたところ，改正法では，有期労働者もこれらの措置等の対象に含まれることになる。また，従来は対象とされていなかった不合理な待遇の禁止規定についても，行政による企業名公表（改正法18条2項）を除き，上記措置等の対象とされる。これは，司法の面だけでなく行政の面からも均等・均衡待遇の実現を図ろうとするものと位置付けられる[22]。これらの対象拡大を受けて，今後，改正法に基づく行政 ADR の利用数の増加が予想される[23]。

VI　お わ り に

改正法を受けて，各企業には賃金体系・待遇を見直すことが求められることになり，その結果として非正規労働者の待遇改善がもたらされることが期待される。このような待遇格差の解消に向けた企業の自主的な取組みを促すという点で，改正法はその政策目的たる「同一労働同一賃金の実現」に資するものと評価できる[24]。他方で，企業がそのような自主的対応をしない場合を考えてみると，改正法によって，裁判規範となるルール自体が大きく変更されたわけではない。特に基本給等に関しては判断の不透明さが残されており，不合理と判断されるケースは限定的であると考えられる。この点では，「同一労働同一賃金の実現」に向けてなお課題が残されており，今後の更なる議論が必要である。

（いなたに　のぶゆき）

---

22)　水町・前掲注9)書97頁。

23)　島田・前掲注13)論文78頁。

24)　島田・前掲注21)論文27頁。

高年法の継続雇用制度の下で定年前より低い労働条件を提示することの適法性

——九州惣菜事件・福岡高判平29・9・7労判1167号49頁——

植　田　　達

(常葉大学)

I　事件の概要

　昭和48年に惣菜類を製造販売するY（被告，被控訴人）と期間の定めのない労働契約を締結したX（原告，控訴人）は，平成27年3月に60歳に達したため，同月31日付で定年退職した。Xの定年前の月額賃金は33万5500円で，定年直前は46店舗の決算業務，棚卸表入力および消耗品の送付を担当していた。

　Yは，高年齢者等の雇用の安定等に関する法律（以下「高年法」）9条1項2号に基づく継続雇用制度を導入していた。Yの定年後再雇用規程において，定年後再雇用の労働条件は，期間を原則として1年とし，就業条件その他を個別に雇用契約書にて定めること，再雇用にあたって会社が提示する労働条件は，正社員時の労働内容と異なる場合があることなどを定めていた。

　平成26年12月と平成27年1月，Yは，再雇用を希望するXに対して再雇用の労働条件を提示した。その内容は，業務内容を43店舗の決算業務，勤務日を月約16日（週4日），勤務時間を8時30分から15時30分まで（実労働6時間），時間給を900円とすることなどだった（以下「本件提案」）。しかし，Xは，フルタイムでの勤務を希望していたため，この条件での再雇用に応じなかった。

　Xは，Yに対し，Yが再雇用に向けた条件提示として著しく低廉で不合理な労働条件の提示しか行わなかったことは，Xの再雇用の機会を侵害するとして不法行為に基づく損害賠償などを求めた。第1審（福岡地小倉支判平28・10・27労判1167号58頁）は，この請求を，本件提案はXとYの他の職員との業務内容の相違に照らして労働契約法20条に違反せず，Xの定年前と同一業務

256　日本労働法学会誌132号（2019.5）

での再雇用を確保するために勤務時間数を減らして提案することも不合理ではないから公序違反もないことなどを理由に棄却したため，Ｘが控訴した。

Ⅱ　判決要旨（一部認容）

1　「高年法９条１項２号に基づく継続雇用制度の下において，事業主が提示する労働条件の決定は，原則として，事業主の合理的裁量に委ねられているものと解される。」本件提案にＹの裁量権を逸脱した違法があるかを判断する。

2　労働契約法20条は「『有期労働契約を締結している労働者』の労働契約の内容である労働条件について規定するものであるが，Ｘは，定年退職後，Ｙと再雇用契約を締結したわけではないから……少なくとも直接的には，本条を適用することはでき〔ず〕……本件提案が，〔同条〕に違反するとは認められない。」

3　①高年法は，公法上の義務としての同法９条１項に基づく高年齢者雇用確保措置を講じる義務等を課すものであり，同義務は「私法上の効力を有するものではないものの……労働契約法制に係る公序の一内容を為しているというべきであるから，同法（同措置）の趣旨に反する事業主の行為，例えば，再雇用について，極めて不合理であって，労働者である高年齢者の希望・期待に著しく反し，到底受け入れ難いような労働条件を提示する行為は，継続雇用制度の導入の趣旨に違反した違法性を有」し，上記措置の合理的運用により65歳までの安定的雇用を享受できる利益を侵害する不法行為となりうる。

②その判断基準について，継続雇用制度（同項２号）は，「65歳までの『安定した』雇用を確保するための措置の一つであり」，定年の引上げ（同１号）および定年の廃止（同３号）と「単純に並置され」，導入の条件の相違や優先順位はないところ，「後二者は，65歳未満における定年の問題そのものを解消する措置であり」，定年前後の労働条件に継続性・連続性があることが前提・原則となっており，当該定年前後で労働者の承諾なく労働条件を変更するためには別の観点からの合理的な理由が必要となることから，「継続雇用制度についても，これらに準じる程度に，当該定年の前後における労働条件の継続性・連続性が

一定程度，確保されることが前提ないし原則となると解する」。また，「労働契約法20条の趣旨に照らしても，再雇用を機に有期労働契約に転換した場合に，有期労働契約に転換したことも事実上影響して再雇用後の労働条件と定年退職前の労働条件との間に不合理な相違が生じることは許されないものと解される……。したがって，例外的に，定年退職前のものとの継続性・連続性に欠ける（あるいはそれが乏しい）労働条件の提示が継続雇用制度の下で許容されるためには，同提示を正当化する合理的な理由が存することが必要であると解する。」

③本件提案の時給900円はＸの定年前月額賃金を時給に換算した1944円の半額に満たず，「本件提案の条件による場合の月額賃金は８万6400円……となり，定年前の賃金の約25％に過ぎない。この点で，本件提案の労働条件は，定年退職前の労働条件との継続性・連続性を一定程度確保するものとは到底いえない。したがって，本件提案が継続雇用制度の趣旨に沿うものであるといえるためには，そのような大幅な賃金の減少を正当化する合理的な理由が必要である。」

④再雇用後Ｘの業務量は減少しうる状況だったため，「本件提案において，ＹがＸに対し短時間労働者への転換を提案したことには一定の理由があった」。

⑤しかし，Ｘの担当業務量が本件提案において大幅に減ったとまではいえないこと，Ｙにおいて，Ｘの継続雇用についての希望の有無などを確認した上，人員配置・業務分担の変更などの措置を講じ，予め定年後再雇用においてＸの担当する業務量をフルタイム稼働に見合う程度にしておくことも可能だったこと，Ｘは定年時賃金を基準に再雇用の条件が提示されると期待することが想定されるところ，Ｘの定年時賃金がＹの年功序列的な賃金体系によって担当業務に比して高額になっていたのであれば，Ｙにおいて，予めこれを是正するなど，Ｘに過大な期待を抱かせることのないように何らかの方策を執ることが可能かつ望ましかったことなどから，本件提案による約45パーセントの月労働時間の減少が真にやむを得ないものであったと認めることはできない。「そうすると，月収ベースの賃金の約75パーセント減少につながるような短時間労働者への転換を正当化する合理的な理由があるとは認められない。」

⑥なお，「高年齢雇用継続基本給付金等と合わせれば生計維持が可能でさえあれば，定年前の賃金からの減額率がいかに大幅であっても許されるとはいえ

ない。当該労働者が必要とする収入の額は考慮要素の一つではあるが，前記の通り，継続雇用制度において，定年の前後における労働条件の継続性・連続性が一定程度，確保されることが前提ないし原則となると解されることからすれば，考慮要素として特別重きを置くことはできない（ただし，Xの生計への影響は，……慰謝料の額の算定に際しては軽視できない。）」。

⑦「以上によれば，Yが，本件提案をしてそれに終始したことは，継続雇用制度の導入の趣旨に反し，裁量権を逸脱又は濫用したものであり，違法性があ」り，Xに対する不法行為が成立する。

4　「Yの上記不法行為と相当因果関係のある逸失利益を認めることはできない。」「諸事情を総合考慮すれば，慰謝料額は100万円とするのが相当である。」

Ⅲ　検　討（判旨に反対[1]）

1　問題の所在

高年法は，60歳を下回る定年の定めを禁止した（8条[2]）上で，65歳未満の定年を定める事業主に65歳までの高年齢者雇用確保措置（以下「雇用確保措置」）を講じる義務を課している（9条1項1号ないし3号）。本件では，継続雇用制度（同2号）を導入する事業主が，定年退職となる労働者に対し，その定年前と比べて低い労働条件を提示したことの適法性（不法行為（民法709条）の成否）が問題となった。XY間の再雇用契約の成否（本件における主位的請求だが，棄却された。）も問題となったが，主として検討された論点は不法行為の成否である。今後，本件については特にこの点の先例性が問題となると考えられ[3]，紙幅の制限もあるので，本稿ではこの点に絞って検討する。

1）　本判決の評釈として，野田進「判批」労旬1915号（2018年）36頁，幡野利通「判批」労通信2494号（2018年）28頁，後藤究「判批」労働法学研究会報2675号（2018年）32頁，原昌登「判批」ジュリ1524号（2018年）135頁，山本圭子「判批」法時1131号（2018年）246頁がある。

2）　同条は強行規定である。菅野和夫『労働法〔第11版補正版〕』（弘文堂，2017年）709頁。

回顧と展望③

　事業主が雇用確保措置を全くとらなかった場合，不法行為に基づく損害賠償責任を負いうる。[4]しかし，本件では継続雇用の申出自体はなされており，ただその内容が定年前と比較して著しく低いものだった。継続雇用における労働条件の決定は，事業主の合理的裁量に委ねられ（判旨1），行政解釈によれば，事業主は定年退職者が希望する労働条件での雇用を義務付けられるものではない[5]が，本件提案について，その裁量を逸脱するものとして不法行為が成立するのか。事業主が提示できる継続雇用の労働条件の限界という問題は，高年法にも明文で定められていない上，これまであまり議論もされていない。それだけに，本件は実務的にも企業の人事制度の設計に大きな影響を与えうる裁判例である。

2　高年法の趣旨違反による不法行為の判断枠組み

　（1）　本判決は，事業主の裁量権逸脱の判断（判旨1）の中で，まず，再雇用の条件提示の段階ではXとYは「有期労働契約を締結」するに至っていないことを理由に，労働契約法20条の適用を否定した（判旨2）。

　次に，高年法9条の私法上の効力を，従来の裁判例同様に否定しつつ，[6]公法上の義務の違反であっても，公序を媒介に，到底受け入れ難いような労働条件の提示など同法の趣旨に反する行為によって個別の高年齢者に対する不法行為が成立しうると判示した（判旨3①）。その判断基準として，継続雇用制度では定年引上げ・廃止に準じる程度に定年前後の「労働条件の継続性・連続性が一定程度，確保される」という前提・原則（以下「継続性・連続性原則」）と労働契約法20条の趣旨を根拠に，その継続性・連続性に欠ける（または乏しい）労働条件の提示が継続雇用制度の下で例外的に許容されるためには，同提示を正当化する合理的な理由（以下「正当理由」）が必要である，と述べた（判旨3②）。

3）　従来は平成24年改正前高年法9条2項および改正後の経過措置（高年法附則第3項（平成24年第78号））の下で，事業主が選定基準を充足しないことを理由に継続雇用を拒否することの適法性が主に問題になっていた。その論点の減少，消滅とともに，今後は本件のような紛争が増加することが見込まれる。

4）　荒木尚志『労働法〔第3版〕』（有斐閣，2016年）320頁。

5）　厚生労働省Web「高年齢者雇用安定法Q&A」1-9。

6）　NTT西日本（高齢者雇用・第1）事件・大阪高判平21・11・27労判1004号112頁など。

そして本件提案では，定年前の労働条件との継続性・連続性を一定程度確保したとは到底いえないと述べた（判旨3③）上，大幅な賃金減少についての正当理由を判断するために本件提案による労働時間短縮が「真にやむを得ないものであった」か否かを判断している（判旨3⑤）。これは，労働時間の短縮幅が相当に大きかったことが定年前後の労働条件の落差に繋がったことを考慮した正当理由の下位基準だろうか。その判断にあたって本判決は，事業主の提案による労働者の再雇用における担当業務量の減少，事業主による担当業務量の調整の可否，事業主による年功序列型賃金体系の是正の有無などの事情を総合考慮した（判旨3④⑤）。また，継続性・連続性原則を根拠に，高年齢者雇用継続基本給付金などの支給が見込まれたとしても，高年齢者の生計維持に必要な収入額は考慮要素ではあるが，重視すべきではないと判示した（判旨3⑥）。

(2) 本判決の最大の特徴は，高年法の継続雇用と定年の引上げ・廃止との並列関係を論拠の1つとして，継続雇用にも継続性・連続性原則が及ぶ（判旨3②）と示した点にある。しかし同時に，これが本判決最大の問題点でもある。

そもそも高年法の雇用確保措置義務は，定年によって労働契約が終了しうるにも拘わらず，雇用と年金の接続という政策的（＝契約外在的）要請に基づき，事業主に高年齢者の雇用継続を公法上の義務として課す仕組みである[7]。とすれば，事業主が定年に関する強行規定（8条）を遵守している限り，雇用創出の担い手である事業主に対して円滑な事業運営を妨げるような規律を及ぼすべきではなく，高年齢者雇用に関しては事業主の経営判断を尊重すべきである[8]。このような見地からすれば，3つの措置は，「単純に並置され」（しかも，継続雇用制度の導入が他2者の間に定められ）てはいるが，単に雇用確保措置義務を負う事業主に選択肢を提示しているに過ぎず，かつ，いずれの措置についても事業主は旧定年後または継続雇用中の労働条件において（旧）定年前の労働条件の

---

7) 荒木尚志「判批」労判1146号（2017年）17頁は，年金政策により「使用者に年金支給開始年齢までの継続雇用義務が課されている（ある意味では，年金政策の後始末を使用者に転嫁している）」と述べる。

8) 朴孝淑「判批」季労257号（2017年）196頁も参照。本判決が，Xの定年前と変わらないフルタイムでの業務需要創出のために人員配置の変更などをYに求めた（判旨3⑤）点は，この理解とは相容れない。原・前掲注1）論文138頁。

回顧と展望③

維持が強制される趣旨ではない，と理解すべきだろう[9]。同法が，特殊関係事業主（9条2項）という別法人による雇用も継続雇用として認めている点からも，継続性・連続性原則を内包しているという理解は無理があろう。

これに対して本判決は，継続性・連続性原則の帰結として，事業主が定年引上げ・廃止に伴って当該定年前後で労働者の承諾なく労働条件を変更するためには「別の観点からの合理的な理由」が必要だと述べた（判旨3②）。こうした人事制度の変更につき，本判決は労働条件の不利益変更（労働契約法10条本文など）と捉えていると思われるが，旧定年後も旧定年前と同等条件で就労できる権利はなかったことを理由に，不利益変更に該当しないと解し，就業規則不利益変更法理（労働契約法制定前）の適用を否定した高裁判決がある[10]。前記の雇用確保措置の趣旨からすれば，労働契約が継続・連続する定年引上げ・廃止においても，前記「別の観点からの合理的な理由」は不要と考えるべきであり，旧定年前の労働条件が旧定年後も継続・連続するとは限らない。よって，本判決がいう「労働条件の継続性・連続性」はもとより高年法上想定されていない。

（3）　本判決は，「安定した」雇用の確保，継続性・連続性原則および労働契約法20条の趣旨に基づき（判旨3②），いわば継続雇用における賃金水準のベースラインを定年時賃金に設定している（判旨3③⑥）。再雇用に伴って定年前より賃金が低下することが社会的に認識されているにも拘わらず[11]，定年時賃金を基準に再雇用の条件が提示されるとＸが期待するであろうことを前提としている（判旨3⑤）のもこの理解に基づくと思われる。これに対し，本件と同様の問題に関し，先行する唯一の裁判例としてトヨタ自動車ほか事件・名古屋高

9）　野田・前掲注1）論文40頁も参照。協和出版販売事件・東京高判平19・10・30労判963号54頁は，旧定年後の労働条件について，定年を強行的基準として定めた平成6年改正高年法は旧定年直前と同一とすることは定めておらず，就業規則変更の契約内容規律効が認められるには「極めて苛酷なもので，労働者に同法の定める定年まで勤務する意思を削がせ，現実には多数の者が退職する等高年齢者の雇用の確保と促進という同法の目的に反するものであってはならない」と判示した。

10）　協和出版販売事件・前掲注9）。

11）　60歳以上65歳未満の被保険者の賃金額が60歳時点に比べて75％未満に低下している場合に支給される高年齢雇用継続給付（雇用保険法61条）（判旨3⑥）も，正にこの社会的認識を前提にしている。朴・前掲注8）論文195頁。

判平28・9・28労判1146号22頁がある。同事件判決は，賃金水準に関し，「到底容認できないような低額の給与水準」の提示が高年法の趣旨に反するという判断基準を定立した点は本判決（判旨3①）と類似している。しかし，その基準の適用は本判決と大きく異なり，事業主が提示した賃金を老齢厚生年金の報酬比例部分と比較して「低額」性を判断した点が本判決と対照的である。これは，継続雇用に関する高年法の趣旨を前記(2)のように雇用と年金の接続と解釈したもので，妥当な判断手法である。本判決（判旨3⑤）と違い，同事件判決によれば，事業主が提示できる賃金水準は当該企業の賃金体系（完全な年功序列型なのか，それとも定年数年前から定年時まで賃金漸減があるのかなど）の影響を受け難い。

(4)　判旨3②は，労働契約法20条の趣旨が広く有期労働契約による継続雇用全般について定年前後における労働条件の不合理な相違の禁止を含意するかのように述べるが，これも疑問である。まず同条が問題とするのは，有期契約労働者と無期契約労働者との待遇格差であり，「有期労働契約〔への〕転換」に伴う同一労働者の定年前無期契約から定年後有期契約への待遇の引下げではない。また，同条の「使用者」の同一性は事業主単位で判断される[12]ところ，前記(2)の通り，継続雇用は別法人である特殊関係事業主による雇用がありうることから，同条の趣旨が当然に有期労働契約たる継続雇用に広く及ぶとは考え難い。

3　結　語

継続雇用における労働条件提示の問題に関しては，方向性が異なる2件の高裁判決しかないため，裁判例の蓄積が待たれるが，労働者にとって「到底受け入れ難いような労働条件を提示する事業主の行為」を高年法の趣旨違反と解した点で共通しており，この一般論自体は妥当と評価できる[13]。ただ，両判決の対比から窺える通り，また当然ながら，同法の趣旨をいかに解釈するかによっていかなる提示が趣旨違反となるかが変わる。その中で本判決は，結論に限れば

---

[12]　荒木尚志＝菅野和夫＝山川隆一『詳説労働契約法〔第2版〕』（弘文堂，2014年）230-231頁。

[13]　協和出版販売事件・前掲注9）とも整合的である。

回顧と展望③

最高裁に支持されたことになるが，先例とするには多くの理論的不備がある。[14]

（うえだ　とおる）

---

14)　最高裁は，Xの上告を棄却し，上告不受理を決定する（最一小判平30・3・1 LEX/DB 文献番号25560285）とともに，Yの上告不受理を決定した（最一小判平30・3・1 LEX/DB 文献番号25560286）。

2018年度学会奨励賞について

和　田　　肇

（名古屋大学，学会奨励賞審査委員会委員長）

2018年度の日本労働法学会奨励賞について，以下の作品を対象とすることを決定した。

　土岐将仁「法人格を越えた労働法規制の可能性と限界（一～六・完）
　　―個別的労働関係法を対象とした日独米比較法研究―」
　（法学協会雑誌134巻5号，6号，8号，9号，10号，11号，2017年）

〈推薦理由〉

　本論文は，使用者概念の拡張につき日本法の状況を幅広く検討し，個別的労働関係法の一部に限定されるとはいえ，ドイツ法およびアメリカ法における使用者概念に関する法制度および学説を詳細に分析し，3カ国を比較しながら日本法に対する示唆を導くものである。このテーマは，労働法の重要テーマでありながら，従来日本ではあまりまとまった研究がなく，その意味で本論文は日本の労働法学における未解明な重要論点に果敢に挑戦した本格的研究と評価できる。

　本論文は，使用者と第三者が「契約関係でつながる場合」と「資本関係でつながる場合」という基準を立て，それに沿いながら規制状況や根拠が異なる3カ国の比較法研究を行っている。各国の分析の部分も，多くの文献を渉猟し，それを丹念に分析し，論述も整理されており，論旨も明確に理解できる。

　ドイツ法については，日本と同様に「単一使用者モデル」が採用されており，それがどのように立法や解釈によって拡張されているか，またアメリカ法については，「共同使用者の法理」や「単一使用者の法理」の分析が非常に興味深い。

　こうした比較法研究を通じて日本法への示唆を導いているが，それまでの綿密な比較法研究の成果がここで活かされている。労働法規制のあり方を考えるにあたって，示唆に富む指摘が多々見られる。

　なお，日本法の現状の整理に批判的視点がやや欠如しており，また最後の日本法の検討においては，第3者に最低賃金および割増賃金の支払い義務を課することを検討しているが，労働法学において議論されている中心的論点は，労働契約の成立ということであり，そのことが検討されていない点については，物足りなさがある。これらは今後の

課題として残されている。

　以上のことから，本論文は，若手研究者の出発点として高く評価できるもので，学会の奨励賞に値する作品と言える。

（わだ　はじめ）

◆日本労働法学会第135回大会記事◆

　日本労働法学会第135回大会は，2018年10月27日（土）・28日（日）に早稲田大学において，開催された（以下，敬称略）。

● 1 日目　10月27日（土）
一　個別報告
〈第 1 会場〉
- テーマ：「公務員の法的地位に関する日独比較法研究」
　報告者：早津 裕貴（名古屋大学）
　司　会：和田 肇（名古屋大学）

〈第 2 会場〉
- テーマ：「フランスの企業再構築にかかる法システムの現代的展開」
　報告者：細川 良（労働政策研究・研修機構）
　司　会：島田 陽一（早稲田大学）

〈第 3 会場〉
- テーマ：「アメリカにおける労働組合活動に対する憲法的保護の歴史的変遷
　　　　　──市民団体との比較から」
　報告者：藤木 貴史（一橋大学大学院）
　司　会：相澤 美智子（一橋大学）

二　ワークショップ
〈第 1 会場〉
- テーマ：「フランスの労働法改革」
　司　会：矢野 昌浩（名古屋大学）
　報告者：小山 敬晴（大分大学）
- テーマ：「結社の自由について改めて考える──東アジア諸国における「結社の
　　　　　自由」の法制・実態を踏まえて」
　司　会：香川 孝三（神戸大学名誉教授）
　報告者：藤川 久昭（弁護士）

〈第 2 会場〉
- テーマ：「「同一労働同一賃金」の立法政策」

司　会：村中　孝史（京都大学）

報告者：島田　裕子（京都大学）

- テーマ：「「労働時間法」をどのように構想するか？——「労働時間」の法規制の
　　　　　過去と現在，そして未来を考える」

司　会：唐津　博（中央大学）

報告者：長谷川　聡（専修大学），北岡　大介（社会保険労務士）

〈第3会場〉

- テーマ：「LGBTと労働法の理論的課題——トランスジェンダーを中心に」

司　会：名古　道功（金沢大学）

報告者：内藤　忍（労働政策研究・研修機構），濵畑　芳和（立正大学）

- テーマ：「山梨県民最高裁判決の意義と射程範囲——労働契約関係における労働
　　　　　者の同意」

司　会：水口　洋介（弁護士），石井　妙子（弁護士）

報告者：鴨田　哲郎（弁護士），木下　潮音（弁護士）

● 2日目　10月28日（日）

　三　大シンポジウム

統一テーマ：「労働法と知的財産法の交錯——労働関係における知的財産の法的規
　　　　　　律の研究」

司　会：野川　忍（明治大学），土田　道夫（同志社大学）

　報　告：

1．野川　忍（明治大学）「シンポジウムの目的・テーマの俯瞰」

2．河野　尚子（（公財）世界人権問題研究センター）「営業秘密・不正競争防止法
　　　　　　　　　　　　　　　　　　　　　　　　と守秘義務」

3．石田　信平（北九州市立大学）「営業秘密保護と退職後の競業避止義務」

4．土田　道夫（同志社大学）「職務発明・職務著作と労働法の規律」

5．天野　晋介（首都大学東京）「労働法と知的財産法の交錯領域における集団的
　　　　　　　　　　　　　　　利益調整」

6．茶園　成樹（非会員，大阪大学）「労働法と知的財産法の交錯（知的財産法研
　　　　　　　　　　　　　　　　究者によるコメント）」

　四　特別講演

テーマ：「労働法「学」の立ち位置を考える」

報告者：菊池　高志（九州大学名誉教授）

五　総　　会

1　奨励賞について

　和田肇奨励賞審査委員長より，本年度の学会奨励賞の審査結果が報告された。受賞者は，土岐将仁会員「法人格を越えた労働法規制の可能性と限界（1）～（6・完）―個別的労働関係法を対象とした日独米比較法研究―」（法学協会雑誌第134巻5号，6号，8号，9号，10号，11号，2017年）である。浜村彰代表理事より，土岐会員に対して表彰状と副賞が授与された。

2　2017年10月～2018年9月の会計報告について

　2017年10月から2018年9月期の決算について，川田知子事務局長より報告がなされた。また，長谷川聡監事より，監査済みである旨が報告された。以上を受け，総会において，同決算が承認された。

3　2018年10月～2019年9月の予算について

　2018年10月から2019年9月期の予算案について，川田知子事務局長より以下の報告がなされた。

　まず，収入について，前期は会計年度の移行時期であったため，会費を徴収しなかったが，今期より年会費として1万円を徴収することが報告された。

　次に，支出について，大会開催校謝礼，研究会補助金，その他の費目などにつき報告がなされた。また，次年度への繰越金についても報告された。

　以上を受けて，総会において，2018年10月から2019年9月期における予算が承認された。

4　第136回大会およびそれ以降の大会について

　土田道夫企画委員長より，以下の報告がなされた。

◆第136回大会について◆

(1)　日時：第一候補：2019年10月12日（土）・13日（日）
　　　　　　第二候補：2019年10月19日（土）・20日（日）

(2)　会場：立命館大学

(3)　特別講演について
毛塚勝利会員（法政大学客員教授）による特別講演が予定されている。

(4)　大シンポジウムについて
統一テーマ：「労働契約における規範形成のあり方と展望（仮題)」

司　会：野田　進（九州大学）

　　　　野川　忍（明治大学）

報　告：

1．龔　敏（久留米大学）「労働契約の内容規制――イギリスの implied terms 法
　　　　　　　　　　　　理を参考に」

2．皆川　宏之（千葉大学）「ドイツ法における普通取引約款法と労働法」

3．本庄　淳志（静岡大学）「労契法7条における合理性と労働契約」

4．高橋　賢司（立正大学）「普通取引約款法原則からみた就業規則法理」

5．大澤　彩（法政大学）「民法学からみた契約の交渉力格差とその規制」

(5)　ワークショップについて（順不同）

1．提案者：石田　眞（早稲田大学名誉教授）

　　テーマ：「労働法学は労働法の歴史から何を学ぶか？」

2．提案者：浜村　彰（法政大学）

　　テーマ：「割増賃金をめぐる最近の法律問題――最近の最高裁判決を素材に」

3．提案者：沼田　雅之（法政大学）

　　テーマ：「労契法20条に関する最高裁二判決の検討」

4．提案者：荒木　尚志（東京大学）

　　テーマ：「働き方の多様化と労働法・経済法の役割」

5．提案者：土田　道夫（同志社大学）

　　テーマ：「解雇の金銭解決制度」

6．提案者：古川　景一（弁護士），川口　美貴（関西大学）

　　テーマ：「職場におけるハラスメントと使用者の防止対策義務
　　　　　　　――顧客・利用者等の行為を中心として」

7．提案者：水口　洋介（弁護士）

　　テーマ：「ギグエコノミー下の就労者に対する法的保護について」

(6)　個別報告について（順不同）

1．稲谷　信行（京都大学）「ドイツにおける管理職労働者に関する法的規律」

2．根岸　忠（高知県立大学）「家事使用人の労働条件保護はどのようになされる
　　　　　　　　　　　　　　べきか――日台の家事使用人への労働法適用をめ
　　　　　　　　　　　　　　ぐる議論の検討をとおして」

3．藤井　直子（大妻女子大学）「イギリス最低賃金法の研究――全国一律額方式
　　　　　　　　　　　　　　　はどのように実現したのか（仮)」

◆第137回大会について◆

(1) 期日：未定

(2) 会場：明治大学

(3) 大シンポジウムについて

ⅰ) 統一テーマ案：「労働関係の変容と集団的労使関係法理の再構築（仮）」

企画グループ（50音順）

植村 新（京都女子大学），川口 美貴（関西大学），榊原 嘉明（名古屋経済大学），地神 亮佑（大阪大学），山本 陽大（労働政策研究・研修機構）

ⅱ) 統一テーマ案：「プラットフォームエコノミーと労働法の課題（仮）」

企画責任者：米津 孝司（中央大学），沼田 雅之（法政大学）

(4) ワークショップ・個別報告

• ワークショップについては現在企画案を募集中。

• 個別報告については，現在のところ，下記の1本が確定している。

土岐 将仁（岡山大学）「法人格を超えた労働法規制の可能性と限界（仮）」

5 学会誌について

水島郁子編集委員長より，学会誌について，以下の報告がなされた。

学会誌131号は，本年5月に発行された。執筆・編集・査読に関わった会員に対し御礼申し上げる。

学会誌132号については，第135回大会における内容を中心とし，2019年5月下旬に刊行予定である。

なお，次号より，二つの変更点がある。一つは，「学会誌原稿作成フォーマット」であり，これを使用し執筆者はお書きいただきたい。もう一つは，「抜き刷りのPDF化」であり，従来のような紙媒体での抜き刷りが必要な場合は，お申出いただきたい。

6 理事選挙の結果について

野川忍選挙管理委員長より，2018年夏の理事選挙の結果について，以下の報告がなされた。

2018年7月28日（土）に選挙管理委員会により，理事選挙の開票作業が行われた。その結果は以下の通りである。

(1) 投票総数　665票

(2) 無効票数　66票

(3) 有効票数　599票（うち，白票25票）

(4) 当選者（50音順）

荒木 尚志，小畑 史子，緒方 桂子，鴨田 哲郎，中窪 裕也，沼田 雅之，水島 郁子，本久 洋一，矢野 昌浩，和田 肇

なお，中封筒関係の無効票が多かったことから，注意喚起が行われた。

次に，長谷川聡監事より135回大会２日目理事会において行われた推薦理事選挙の結果について以下の報告がなされた。

当選者（50音順）

奥田 香子，鎌田 耕一，木下 潮音，武井 寛，村中 孝史

7　日本学術会議について

和田肇理事より，日本学術会議の現在の状況，および今期の構成あるいは体制等について報告がなされた。また，第５期の科学技術基本計画がCSTI（総合科学技術・イノベーション会議）において策定が進められているところ，その中で，大きな一つのテーマが大学改革となっており，活発な議論がなされていることが報告された。さらに，人文社会科学系学協会男女共同参画推進連絡会（Gender Equality Association for Humanities and Social Sciences, GEAHSS）によるアンケート調査が現在なされているので，会員には，そのアンケートに協力していただきたい。

8　国際労働法社会保障法学会について

荒木尚志理事より，以下の報告がなされた。

(1) 第22回世界会議2018年９月４日〜７日（イタリア・トリノ）

本国際学会の第22回世界会議が上記日程でイタリアのトリノで，60カ国，600名以上の登録者を得て開催された。詳細は http://www.islssltorino2018.org/ 参照。

初日に理事会が開催され，本世界会議終了後からティチアーノ・トレウ会長（イタリア）に代わってペンシルベニア大学のジャニス・ベラーチェ会長（アメリカ）が就任した。また，事務局長はILOのジュゼッペ・カサーレ氏が引き続き務めることとなった。副会長の改選があり，アジア地域からは，荒木尚志理事が再度担当することとなった。

トリノ世界会議には，日本から約10名が参加し，土岐将仁会員が Young Scholars' Section Meeting において "How are third parties regulated by labor law?" について，石田眞会員が Parallel Session において "Crowdwork from an Historical Perspective. Does Crowdwork Mean the Return of Working under the Putting-out System?" について報告し，荒木尚志会員が Plenary Session "Organization, Productivity and Well-Being at Work" において General Report を報告し

た。また，菅野和夫会員が，Plenary Session "The Role of the State and Industrial Relations" の Chairperson を務めた。

(2) 本国際学会の今後の会議

本国際学会の今後予定されている会議は以下の通りである。

- 第11回アメリカ地域会議2019年9月4日～6日（アルゼンチン・コルドバ）
- 第2回アフリカ地域会議2020年3月27日～28日（ジンバブエ）
- 第13回欧州地域会議2020年9月2日～4日（ポルトガル・リスボン）
- 第23回世界会議2021年9月7日～10日（ペルー・リマ）

なお，アジア地域会議については，開催を主張していたインドからはその後連絡がなく，別の開催国ないし代替セミナーを検討することとなった。

(3) 本国際学会以外の労働法関係の国際会議について

労働法学会が後援団体に名を連ねた第20回比較法国際アカデミー世界会議が，2018年7月22日～27日に，福岡・九州大学にて開催された。労働法・社会保障法関係では，7月23日14:30-16:00に "The role of collective bargaining in labour law regimes"（General reporter: Ulla Liukkunen, Helsinki）が，また，7月27日14:15-15:45には "Solidarity across generations"（General Reporter: 笠木 映里, Bordeaux）が報告された。

ILERA（International Labour and Employment Relations Association［旧IIRA]）世界会議が2018年7月23日～27日に韓国のソウルにて開催された。

また，LLRN（Labor Law Research Network）の第4回会議は，2019年6月23日～25日にチリのバルパライソ Valparaiso にて開催の予定である。

(4) 国際労働法社会保障法学会日本支部問い合わせ先

本国際学会日本支部では，会員の外国語書籍・論文リストの作成・提供，各種国際学会・国際セミナー情報の随時の提供等も行っている。加入等の問い合わせについては下記まで。

（問い合わせ先）

113-0033　東京都文京区本郷7-3-1　東京大学法学部荒木研究室内
　　　　　国際労働法社会保障法学会日本支部

Tel & Fax：03-5841-3224，E-mail：laborlaw@j.u-tokyo.ac.jp

9　入退会について

川田知子事務局長より，退会者3名及び以下の9名から入会の申込みがあり，理事会で承認されたことが報告された（50音順）。また，物故者1名が報告された。

上田 貴子（弁護士），遠藤 恵（社会保険労務士），小畑 明（全日本運輸産業

労働組合連合会），片岡 邦弘（弁護士），十左近 三生（社会保険労務士），庄子 浩平（弁護士），傳田 雄二（連合東京），西田 玲子（東京大学），渡辺 輝人（弁護士）

その後，浜村代表理事より，物故者の伊藤博義（宮城教育大学名誉教授）氏について追悼の言葉が述べられた。

10　その他

(1)　一時保育について

有田謙司理事より，135回大会でも一時保育を実施中であることが報告された。

(2)　事務局の移転と事務局長の交代について

浜村代表理事より，事務局が中央大学から九州大学に移転すること，及び，事務局長が川田事務局長から山下昇理事に交代となることが報告された。

◆日本労働法学会第136回大会案内◆

1　日　時：2019年10月19日（土）・20日（日）（予定）
2　会　場：立命館大学
3　大シンポジウム
　統一テーマ：「労働契約における規範形成のあり方と展望（仮題）」
　司　会：野田　進（九州大学），野川　忍（明治大学）
　報　告：
　1．龔　敏（久留米大学）
　　「労働契約の内容規制——イギリスの implied terms 法理を参考に」
　2．皆川　宏之（千葉大学）
　　「ドイツ法における普通取引約款法と労働法」
　3．本庄　淳志（静岡大学）
　　「労契法7条における合理性と労働契約」
　4．高橋　賢司（立正大学）
　　「普通取引約款法原則からみた就業規則法理」
　5．大澤　彩（法政大学）
　　「民法学からみた契約の交渉力格差とその規制」
4　ワークショップ（順不同）
　1．提案者：石田　眞（早稲田大学名誉教授）
　　「労働法学は労働法の歴史から何を学ぶか？」
　2．提案者：浜村　彰（法政大学）
　　「割増賃金をめぐる最近の法律問題——最近の最高裁判決を素材に」
　3．提案者：沼田　雅之（法政大学）
　　「労契法20条に関する最高裁二判決の検討」
　4．提案者：荒木　尚志（東京大学）
　　「働き方の多様化と労働法・経済法の役割」
　5．提案者：土田　道夫（同志社大学）
　　「解雇の金銭解決制度」
　6．提案者：古川　景一（弁護士），川口　美貴（関西大学）
　　「職場におけるハラスメントと使用者の防止対策義務
　　——顧客・利用者等の行為を中心として」

7．提案者：水口 洋介（弁護士）

「ギグエコノミー下の就労者に対する法的保護について」

5 個別報告（順不同）

1．稲谷 信行（京都大学）

「ドイツにおける管理職労働者に関する法的規律」

2．根岸 忠（高知県立大学）

「家事使用人の労働条件保護はどのようになされるべきか

——日台の家事使用人への労働法適用をめぐる議論の検討をとおして」

3．藤井 直子（大妻女子大学）

「イギリス最低賃金法の研究

——全国一律額方式はどのように実現したのか（仮）」

6 特別講演

毛塚 勝利（法政大学客員教授）

「テーマ未定」

(以上，敬称略)

日本労働法学会規約

第1章　総　　則

第1条　本会は日本労働法学会と称する。

第2条　本会の事務所は理事会の定める所に置く。（改正，昭和39・4・10第28回総会）

第2章　目的及び事業

第3条　本会は労働法の研究を目的とし，あわせて研究者相互の協力を促進し，内外の学会との連絡及び協力を図ることを目的とする。

第4条　本会は前条の目的を達成するため，左の事業を行なう。

　1．研究報告会の開催

　2．機関誌その他刊行物の発行

　3．内外の学会との連絡及び協力

　4．公開講演会の開催，その他本会の目的を達成するために必要な事業

第3章　会　　員

第5条　労働法を研究する者は本会の会員となることができる。

　本会に名誉会員を置くことができる。名誉会員は理事会の推薦にもとづき総会で決定する。

　（改正，昭和47・10・9第44回総会）

第6条　会員になろうとする者は会員2名の紹介により理事会の承諾を得なければならない。

第7条　会員は総会の定めるところにより会費を納めなければならない。会費を滞納した者は理事会において退会したものとみなすことができる。

第8条　会員は機関誌及び刊行物の実費配布をうけることができる。

　（改正，昭和40・10・12第30回総会，昭和47・10・9第44回総会）

第4章　機　　関

第9条　本会に左の役員を置く。

　1．選挙により選出された理事（選挙理事）20名及び理事会の推薦による理事（推薦理事）若干名

２，監事　２名

（改正，昭和30・5・3第10回総会，昭和34・10・12第19回総会，昭和47・10・9第44回総会）

第10条　選挙理事及び監事は左の方法により選任する。

1，理事及び監事の選挙を実施するために選挙管理委員会をおく。選挙管理委員会は理事会の指名する若干名の委員によって構成され，互選で委員長を選ぶ。

2，理事は任期残存の理事をのぞく本項第5号所定の資格を有する会員の中から10名を無記名5名連記の投票により選挙する。

3，監事は無記名2名連記の投票により選挙する。

4，第2号及び第3号の選挙は選挙管理委員会発行の所定の用紙により郵送の方法による。

5，選挙が実施される総会に対応する前年期までに入会し同期までの会費を既に納めている者は，第2号及び第3号の選挙につき選挙権及び被選挙権を有する。

6，選挙において同点者が生じた場合は抽せんによって当選者をきめる。

推薦理事は全理事の同意を得て理事会が推薦し総会の追認を受ける。

代表理事は理事会において互選し，その任期は2年とする。

（改正，昭和30・5・3第10回総会，昭和34・10・12第19回総会，昭和44・10・7第38回総会，昭和47・10・9第44回総会，昭和51・10・14第52回総会，平成22・10・17第120回総会）

第11条　理事の任期は4年とし，理事の半数は2年ごとに改選する。但し再選を妨げない。

監事の任期は4年とし，再選は1回限りとする。

補欠の理事及び監事の任期は前任者の残任期間とする。

（改正，昭和30・5・3第10回総会，平成17・10・16第110回総会，平成22・10・17第120回総会）

第12条　代表理事は本会を代表する。代表理事に故障がある場合にはその指名した他の理事が職務を代行する。

第13条　理事は理事会を組織し，会務を執行する。

第14条　監事は会計及び会務執行の状況を監査する。

第15条　理事会は委員を委嘱し会務の執行を補助させることができる。

第16条　代表理事は毎年少くとも1回会員の通常総会を招集しなければならない。

代表理事は必要があると認めるときは何時でも臨時総会を招集することができる。総会員の5分の1以上の者が会議の目的たる事項を示して請求した時は，代表理事は臨時総会を招集しなければならない。

第17条　総会の議事は出席会員の過半数をもって決する。総会に出席しない会員は書面により他の出席会員にその議決権を委任することができる。

第5章　規約の変更

第18条　本規約の変更は総会員の5分の1以上又は理事の過半数の提案により総会出席会員の3分の2以上の賛成を得なければならない。

平成22年10月17日第120回総会による規約改正附則
第1条　本改正は，平成22年10月1日より施行する。
第2条　平成22年10月に在任する理事の任期については，次の通りとする。
　　一　平成21年5月に就任した理事の任期は，平成24年9月までとする。
　　二　平成22年10月に就任した理事の任期は，平成26年9月までとする。
第3条　平成21年5月に在任する監事の任期は，平成24年9月までとする。

学会事務局所在地
　　〒819-0395　福岡県福岡市西区元岡744　イースト2号館E‐D‐413
　　　　　九州大学大学院法学研究院
　　　　　山下昇研究室
　　　　　e-mail：rougaku@gmail.com

SUMMARY

《Symposium》

An Overview of the Purpose and Theme of the Symposium

Shinobu NOGAWA

1　Introduction
   • Legal discipline of intellectual property in labor relations
   • Labor law issues in intellectual property law
                              ↓
   Despite the theoretical and practical importance of these themes, consideration based on the idea and approach of intellectual property law is inadequate

2　Relationship between Intellectual Property Law and Labor Law —Significance of Consideration from Labor Law
   ①　Common discipline subjects between labor law and intellectual property law
   ②　Discipline specific to intellectual property law
   ③　Position of Labor Law in Intellectual Property Law-Relative Viewpoint
   ④　Labor law position in intellectual property laws-emphasis on specific discipline
   ⑤　Concept of collective profit adjustment
   ⑥　View point of consideration

3　An Overview of the Theme ⑴ Unfair Competition Prevention Law and Confidentiality Obligation

① Difference between requirement/effect of trade secret and requirement/confidentiality obligation
② Recent change
③ Usefulness of comparative study with German law

4　An Overview of the Theme ⑵ Unfair Competition Prevention Law and Obligation to Avoid Competition
① Structure of obligation to avoid competition
② Relationship between unfair competition prevention law and obligation to avoid competition
③ Comparative study with American law focusing on rationality criteria, German law focusing on price compensation

5　An Overview of the Theme ⑶ Employee Invention/Work for Hire
① Employee invention ─ System of employee invention and rights and obligations under labor contract
② Work on hire

6　Overall View of the Theme ⑷ Collective Profit Adjustment in the Intersection Area of Labor Law and Intellectual Property Law
① Function of article 35 of Patent Law
② Possibility of collective profit adjustment concerning confidentiality obligation/obligation to avoid competition

7　Evaluation from a View Point of Intellectual Property Law

SUMMARY

Schutz von Betriebs- und Geschäftsgeheimnis: Gesetz gegen den unlauteren Wettbewerb und vertragliche Verschwiegenheitspflicht

Naoko KONO

Ⅰ Einleitung

Ⅱ Gesetz gegen den unlauteren Wettbewerb (UWG) und vertragliche Verschwiegenheitspflicht

  1 Unterschied zwischen UWG und vertragliche Verschwiegenheitspflicht

  2 Begriff des Betriebs- und Geschäftsgeheimnisses

  3 Einschränkung der Berufsfreiheit

Ⅲ Schluß

The Protection of Trade Secrets and Regulating Employee's Competition with Former Employers

Shinpei ISHIDA

Ⅰ Introduction

Ⅱ Regulating Employee's Competition with Former Employers Through Unfair Competition Prevention Act and Tort Law

  1 The Protection of Trade Secrets in Unfair Competition Prevention Act

2　The Inevitable Disclosure Doctrine

3　Regulating Employee's Competition Through Tort Law

Ⅲ　The Legitimate Business Interests in Covenants Not-to-Compete and the Compensation Test for Enforceable Covenants Not-to-Compete

1　The Rule of Reason

2　The Rule of Reason in the United of State of America

3　Similarities Between the Rule of Reason and the Regulations Against Unfair Employee's Competition in Unfair Competition Prevention Act and Tort Law

4　The Compensation Test for Enforceable Covenants Not-to-Compete

Ⅳ　Conclusion

Patent Rights of Employee Inventions/Copyright on Works made by Employees and Labor Law

Michio TSUCHIDA

Ⅰ　Introduction

Ⅱ　Employee Inventions

1　Amendment of Japanese Patent Act 2015

2　Belonging of the Right to obtain Patents

3　The Right to receive reasonable Benefits

4　Application of Labor Law Rules

Ⅲ　Copyright on Works made by Employees in the Course of their Duty

1　Interpretation from a Perspective of Intellectual Property Law

SUMMARY

Study

2 Consideration from a Standpoint of Labor Law Study

The Possibility of Adjusting Employee's Interests by Labor Union in the Crossing Area of Labor Law and Intellectual Property Law

Shinsuke AMANO

I Introduction

II Court Cases of "Duty not to Compete" and "Duty to Keep Secret"

III The Role of Labor Union in "Employee Invention System"
  1 The Function of Labor Union in Intellectual Property Law
  2 An Overview of Japanese "Employee Invention System"
  3 Role of Labor Union in "Employee Invention System"
  4 "Employee Invention System" in other countries

IV The Possibility of Labor Union in the Crossing Area of Labor Law and Intellectual Property Law

V Conclusion

Some Problems concerning Intersection of Labor Law and Intellectual Property Law

Shigeki CHAEN

Ⅰ Introduction

Ⅱ Trade Secret Protection and Confidentiality Obligation
   1 Comparison between Trade Secret Protection and Confidentiality Obligation
   2 Subject Matter
    (1) Broad Subject Matter of Confidentiality Obligation
    (2) Recent Case Law
    (3) Protection of Information that is not Trade Secret
   3 Regulated Act

Ⅲ Trade Secret Protection and Non-Competition Obligation
   1 Injunction against Doing Business based on Trade Secret Infringement
   2 Non-Competition Obligation

Ⅳ Employed Invention, Work made for Hire and Labor Law
   1 Employed Invention and Labor Law
   2 Creator of Employed Invention, Work made for Hire
    (1) Inventor of Employed Invention
    (2) Author of Work made for Hire

SUMMARY

《Workshop I》

La Réforme du Droit du Travail en France

Takaharu KOYAMA

L'objet de cet article est de rechercher les finalités de la réforme du droit du travail en France, qui est réalisée par la loi travail du 8 août 2016 et les ordonnances Macron du 22 septembre 2017. Dans les élaborations des ordonnances, le gouvernement a exprimé qu'il fallait adapter le droit du travail à la mondialisation de l'économie, à la révolution des nouvelles technologies de l'information et de la communication et à leurs nouvelles atteintes aux travailleurs, et qu'on devait, à cet effet, envisager de 《renforcer le dialogue social》 dans la mesure où il assure les salariés et les employeurs de ses libertés et de ses sécurités.

Certainement, cette réforme a renforcé le dialogue social par l'intermédiaire de l'inversion de la norme hiérarchique du droit du travail, la consécration de l'accord majoritaire, etc. Cependant, elle a porté, dans le même temps, le retrait des règles protectrices pour les salariés, notamment en matière de droit du licenciement et d'accord de performance collective. Surtout, cette réforme a dégradé les prérogatives juridiques du syndicat représentatif dans l'accord 《référendaire》 et celles du représentant du personnel dans la suppression du délégué du personnel et du CHSCT à travers la fusion des instances représentatives du personnel, alors qu'elle a fait primer le dialogue social dans l'entreprise en insistant sur la démocratie sociale.

Dans cette réforme, il paraît que la rationalité économique et la compétitivité de l'entreprise sont considérées comme des éléments essentiels du droit du travail, et que la démocratie par vote l'emporte sur le véritable dialogue. Quel est le caractère du droit du travail qui est venu à la suite de cette réforme ? Nous devions saisir cette réforme dans le prolongement de la politique sociale pour la sécurisation du parcours professionnel, qui est entamée notamment par la loi du 14 juin 2013. Cette politique affaiblit la responsabilité des employeurs de conserver l'emploi dans leurs entreprises respectives, et promeut l'employabilité des salariés dans le marché fluide du travail. Ainsi, on peut qualifier ce droit du travail 《droit du travail concurrentiel》 ou 《droit du travail de la compétitivité》.

《Workshop II》

Freedom of Association in Asian Countries

Kozo KAGAWA

In Asian countries there are many problems how to keep freedom of association provided under ILO Convention No. 87 and 98 because they have a comparatively low rate of their ratifications. And ITUC Global Index 2018 revealed that trade union rights to organize, collective bargaining and strike have been violated and threatened in different forms and to different degrees.

In socialism market economies countries (China, Vietnam and Laos), only one trade union is permitted to organize workers under the control of Communists Party. Workers do not have freedom to select their own trade unions. Trade unions are granted financial assistance by the government and employers. Above all, trade unions are positioned as quasi-administrative agency to maintain Communist Party system. Therefore they cannot ratify ILO Conventions on freedom of association.

In capitalism developing countries, authoritarian regimes have been introduced to achieve economic growth through industrialization policy after the independence from suzerian states. For the purpose trade unions shall be compelled to be registered at the office of Ministry of Labour. Registration shall be cancelled if the trade unions would violate the conditions for registration, for example, resort to illegal activities. Development dictatorship has a policy to control fighting trade unions because they have possibility to slow down economic development. So freedom of association has been often curtailed because of anti-government activities.

But recently democratization movement have prevailed just after some Asian countries can get economic growth in some degree. Middle class people appealed to keep not only freedom of association but also human rights. On the other hand, development authoritarian continues to survive in Cambodia on the assumption that economic growth can be achieved without democratization.

New problem is discussed how to organize workers engaged in informal sector although till now freedom of association has been provided to workers in formal sector.

《Workshop III》

Debate on the Legal Policy of "Equal Pay for Equal Work"

Takashi MURANAKA
Yuko SHIMADA

In July 2018, the Work Style Reform Act was enacted, aimed at a society where each worker can select a work style in line with his or her individual circumstances. By this Act, the Part-Time Workers Act was renamed to Part-Time and Fixed-Term Workers Act. The latter provides that an employer must consider the rationality of each item of working conditions taking into account the nature and purpose of such items including base salary and bonus as well as other allowances (Article 8). In addition, the prohibition of discrimination against part-time workers who can be deemed equivalent to ordinary workers was extended to fixed-term workers (Article 9).

In this workshop was discussed, how the disparity in treatment between regular and part-time or fixed-term workers within the same enterprise should be coped with, and what kind of problems can be expected in the operation of the revised law, based on discussions and legislation to date, precedents on Article 20 of the Labor Contract Act and the draft guidelines for a system of "equal pay for equal work".

《Workshop IV》

How to Arrange the Legal System of Working Time ?: Purpose of the Workshop

Hiroshi KARATSU

The Labor Standards Act (LSA) stipulates the 40-hour workweek and 8-hour workday system. But this legal regulating system of working hours is invalidated due to an Article 36 of LSA agreement between employees' representative and employer. Therefore, the correction of extraordinarily long working hours including often unpaid overtime at workplace is a long-standing issue in Japan.

This Workshop aims at reviewing recent trends of discussion about legal regulation of working hours, and proposing some points at issue by two speakers for the debate among participants.

One speaker, Professor Hasegawa who is a labor law scholar proposes some arguing points from the view point of theoretical analysis about the

SUMMARY

legal system of working time, that is to say, diverse policy objectives of legal regulation of working hours, measures and means to achieve their objectives, and so on.

And the other speaker, Mr. Kitaoka who is a labor management practitioner proposes some suggestious from the standpoint of working time management to comply with the LSA, that is, the practical method to clarify the contents of employers' legal duty of LSA, the preparing a working time management manual at workplace, and so on.

《Workshop V》

Theoretical Theme on LGBT and Labor Law

Michitaka NAKO

The percentage of the sexual minority in a workplace (lesbian, gay, bisexual and transgender 〈LGBT〉) is about 8%. The persons who officially announced it are often suffered from various harassments and unfair handlings. Because of lack of the special law on LGBT you need to solve the various legal problems on general labor law theory, but don't always result in an appropriate solution.

A first speaker HAMABATA reported the followings:

1. Can Reasonable accommodation which is provided in Act on Employment Promotion etc. of Persons with Disabilities and Act for Eliminating Discrimination Against People with Disabilities be applied to a transgender?

2. Necessity of seminar on transgender.

A second speaker NAITO reported the regulation of clothes for a transgender etc. Many participants actively expressed the various opinions and discussed from diverse standpoints.

When I deliberate in the diversity management, the construct of the good working environments is inevitable, and it is necessary to consider the importance of the right based on Art. 13 of the constitution and the legislation on LGBT.

《Workshop VI》

Meaning and Scope of Supreme Court Decision in *Yamanashikenmin Shinyoukumiai* Case: Consent from Employee under Employment Relationship

Yosuke MINAGUCHI
Taeko ISHII

In *Yamanashikenmin Shinyoukumiai* Case (Japan Supreme Court, decision made on February 19, 2016, Minshu Vol. 70, No. 2), Supreme Court judged whether an employee has consented to disadvantageously change his/her working conditinos concerning retirement benefits. This judgement has significant impacts on Japanese employment law practice. Also, case law discovered in this case might also apply for any consent on working conditions other than wages and retirement benefits. Therefore, we chose two attorenys (one from employee-side and the other from management-side as a reportor) and let them make reports with regard to the evaluation of the judgement, such as the scope of its application, and its application for future cases. Then, we discussed such matters with participents of the conference.

The reporter from employee-side was an attorney, Mr. Tetsuo Kamota. The reporter from management-side was an attorney, Ms. Shione Kinoshita. Both attorneys explained that the conculsion and rationalizations of

SUMMARY

the holding are reasonable. However, various discussions were held with regard to the scope of the application of this holdings.

Thereafter, we discussed such matters with participents of the conference. During the discussion, we argued that we should pay attention the developement of case law. In addition, someone raised some questions, such as whether "recognition of true consent" is a new condition for effectuation of "manifestation of intention"; and how we should analyze the relationship with the validity of defective manifestation of intention set forth under the Japanese Civil Code.

《Article》

Vergleichende Forschung der Rechtsstellung der öffentlichen Bediensteten in Japan und Deutschland

Hirotaka HAYATSU

Ⅰ Einleitung

Ⅱ Bedeutung des öffentlichen Dienstrechts in Deutschland heute
  1 Bedeutung der „Zweispurigkeit" des öffentlichen Dienstrechts
  2 Entwicklung der Beschäftigungssicherheit im öffentlichen Dienst
  3 Entwicklung des Rechtsschutzes zur Wahrung und Förderung der Arbeitsbedingungen im öffentlichen Dienst
  4 Zwischenfazit

Ⅲ Hinweis für das japanische Rechtssystem

Le Déroulement du Système Législative et Pratique de la 'Restructuration' en France

Ryo HOSOKAWA

Ⅰ Introduction

  1 Histoire de la legislation sur la restructuration de l'entreprise en France

  2 Construction

Ⅱ Changement du système législative sur la restructuration de l'entreprise

  1 Legislation sur licenciement économique

    (1) Système traditionnelle

    (2) Le changement aux réformes dans les années 2010

  2 Modification de la condition du travail par la cause économique

    (1) Système traditionnelle

    (2) Le changement aux réformes dans les années 2010

  3 Petit sommaire

Ⅲ Contexte du changement

  1 Changement de la relation professionnelle en entreprise

  2 Changement du management des ressources humaines

Ⅳ Conclusion

SUMMARY

A Historical Examination of First Amendment Protection of Picketing by Labor Organizations and Civil Organizations in the U.S.

Takashi FUJIKI

I Introduction

II Two Concepts of "Public Interest": Interest-group Pluralism and Republicanism

III A Historical Examination: Labor Legislations and First Amendment Jurisprudence on Picketing
1 1935-1947
2 1947-1959
3 1959-Present

IV Criticisms by Scholars

V Conclusion

編 集 後 記

◇　本号は，2018年10月27日（土）・28日（日）に早稲田大学で開催された第135回大会における個別報告，ワークショップ及び大シンポジウムの報告論文を中心に構成されている。今大会から大会は年1回・2日連続での開催となり，ミニシンポジウムに代わってワークショップ形式での検討が新たに実施されている。新方式下での初めての大会にふさわしい充実した報告と自由で活発な議論とが展開された。

◇　大シンポジウムでは「労働法と知的財産法の交錯——労働関係における知的財産の法的規律の研究——」を統一テーマとする報告が行われた。ワークショップでは，フランスの労働法改革，東アジア諸国での状況を踏まえた結社の自由をめぐる問題，いわゆる同一労働同一賃金の法政策，労働時間の法規制と将来構想，LGBTをめぐる労働法の理論的課題，労働契約における労働者の同意に関する最高裁判決の意義と射程といった多彩なテーマが取り上げられ，司会・報告者による進行の下でフロア一体となった検討がなされた。個別報告では，公務員の法的地位，企業再構築にかかる法システム，労働組合活動に対する憲法的保護を研究課題として，それぞれドイツ法，フランス法，アメリカ法を対象とする考察が報告された。回顧と展望には判例評釈を含め近年重要なテーマに関する3本の論考が収められている。

◇　執筆者の方々，有田謙司査読委員長および各査読委員の先生方には厳格な締切りや字数制限等の制約にも拘わらず多大なるご理解とご協力を賜った。水島郁子編集委員長からは，新方式での学会開催に対応して多くの事柄を手探りで進めていかなければならない中で，編集作業にあたって大変温かく力強いご助力をいただいた。編集実務については，今回も法律文化社の小西英央氏，瀧本佳代氏にお世話になった。皆様方のご協力によって本誌を刊行できる運びとなったことに，この場をお借りして心より厚く御礼申し上げる。　　　　　　　　　　　　（植村 新／記）

《学会誌編集委員会》

水島郁子（委員長），井川志郎，岩永昌晃，植村新，烏蘭格日楽，川口美貴，河野奈月，國武英生，榊原嘉明，土岐将仁，早川智津子，原昌登，細川良（2019年3月現在）

労働法と知的財産法の交錯
　　　——労働関係における知的財産の法的規律の研究

日本労働法学会誌132号

| 2019年5月10日　　印　刷 |
| 2019年5月20日　　発　行 |

編 集 者　　日本労働法学会
発 行 者

印刷所　株式会社　共同印刷工業　〒615-0052 京都市右京区西院清水町156-1
　　　　　　　　　　　　　　　　　　電　　話　(075)313-1010

発売元　株式会社　法律文化社　〒603-8053 京都市北区上賀茂岩ヶ垣内町71
　　　　　　　　　　　　　　　　　電　　話　(075)791-7131
　　　　　　　　　　　　　　　　　F A X　(075)721-8400

2019 © 日本労働法学会　Printed in Japan

装丁　白沢　正

ISBN978-4-589-04014-5